理财商学院

投资理财入门与实战精解

龙　飞　编著

人 民 邮 电 出 版 社
北　京

图书在版编目（CIP）数据

投资理财入门与实战精解 / 龙飞编著. -- 北京 :
人民邮电出版社, 2018.10
（理财商学院）
ISBN 978-7-115-49104-6

Ⅰ. ①投… Ⅱ. ①龙… Ⅲ. ①投资－基本知识 Ⅳ.
①F830.59

中国版本图书馆CIP数据核字(2018)第184507号

内 容 提 要

本书共包括15个专题讲解，包括网络理财、手机理财、银行理财、储蓄投资、黄金投资、基金投资、期货投资、股票投资、债券投资、外汇信托、原油投资和大宗商品投资等内容，帮助投资理财新手成为投资理财高手！

本书共15章，主要内容有：学会理财，生活更精彩；理清资本，做到手里有钱心中有底；选对理财法，有梦就有赚钱路；网络理财，享受互联网的便利；手机理财，一部手机打天下；银行理财，稳定收益的生财之道；储蓄投资，存钱妙招祝你多赚利息；黄金投资，日进斗金不是梦；基金投资，日日收益天天赚钱；期货投资，稳赚未来钱；股票投资，做最能赚钱的那类人；债券投资，稳定收益也能赚钱；外汇信托，生财为道守财为基；原油投资，液体黄金让你赚爆；大宗商品，以“货”生财新思路。

本书适合刚入门的投资理财者，对于有一定投资理财经验的投资者和经验丰富的投资老手来说也有较高的参考价值。

◆ 编　　著　龙　飞
　责任编辑　李士振
　责任印制　周昇亮
◆ 人民邮电出版社出版发行　　北京市丰台区成寿寺路 11 号
　邮编　100164　　电子邮件　315@ptpress.com.cn
　网址　http://www.ptpress.com.cn

◆ 开本：700×1000　1/16
　印张：15.5　　　　　　2018 年 10 月第 1 版
　字数：248 千字　　　　2018 年 10 月河北第 1 次印刷

定价：49.80 元

读者服务热线：(010)81055296　印装质量热线：(010)81055316
反盗版热线：(010)81055315
广告经营许可证：京东工商广登字 20170147 号

PREFACE

前言

随着我国金融投资市场的不断发展，越来越多的人进入了金融投资市场。琳琅满目的投资理财产品让投资新人难以选择，急需指导。本书旨在为投资理财或正准备投资理财的读者们提供诸多有价值且实用的投资理财技巧。

本书从入门知识和投资实战出发，利用简洁的语言，以清晰的结构全面地呈现多种投资理财方式的基础与实战内容。

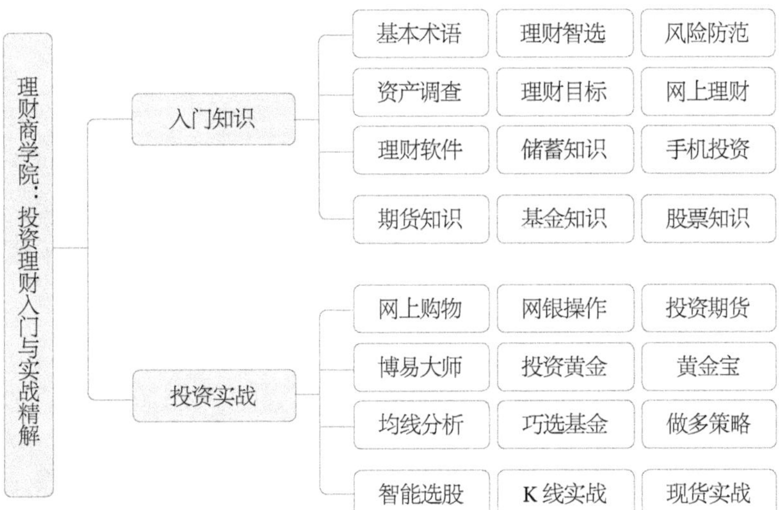

投资理财时是需要把理论与实战相结合的，也就是说，在掌握了投资理财入门知识的情况下，我们还要学会如何运用它来进行投资获利。在整个过程中，投资者需要包含以下 3 种有价值内容的书籍的帮助。

一是内容要接地气：同类书籍讲投资理论的多，且讲的理论太过高深，不接地气。本书从实用的角度，介绍具有实操性的干货技巧，如怎样挑选理财产品、如何进行投资的具体操作、如何查看投资品种的收益情况等。

二是内容要紧贴实际：同类书籍讲投资理财时，提到手机端的投资工具应用的是少之又少，但现在移动互联网如此方便快捷，手机端投资工具的应用已经越来越普及了，越来越多的投资者需要了解手机端的相关知识。本书详细地介绍了手机端中投资交易的具体操作，满足了广大投资者的现实需求。

三是内容包含多种实例：本书重于基础，并在讲解的同时搭配了具体的图示以进行辅助说明，力求让读者能快速掌握书中知识，尽快得到学习成果。

最后，希望大家能够切实地学懂、学透本书中的全部知识，能尽快地让书中的知识帮助大家早日实现理财目标。相信有了本书所提供的以上 3 种有价值的内容，读者们一定可以清晰地获得投资理财的入门知识，轻松地得到实用的投资理财技巧，并根据书中的指导快速学会技巧的具体运用。

本书由龙飞编著，参与编写的人员还有陈林、苏高、胡杨等人，在此表示感谢。由于作者知识水平有限，书中难免有错误和疏漏之处，恳请广大读者批评、指正，联系邮箱：157075539@qq.com。

作者

2018 年 3 月 1 日

CONTENTS

目录

第 6 章　银行理财，稳定收益的生财之道

第 7 章　储蓄投资，存钱妙招助你多赚利息

第1章

学会理财，生活更精彩

学前提示 >>>

在现代社会中，人们开始关注理财。尽管每个人理财的方式不尽相同，但是其理财的目的基本一样，即为了获利。但是在进行理财之前，我们需要对理财的一些常识有所了解，摸清自己的情况，做到有备而来。这就是所谓的“知己知彼，百战不殆”。

要点展示 >>>

理财好处多，准备要提前

如何清算收入来源，两招帮你搞定

搞懂理财方式与类型，找准生财之道

1.1 理财好处多，准备要提前

理财是对收入和支出进行分析、预测并加以合理安排的一种财务规划活动。做好个人理财可以给我们带来诸多好处。但理财也不能说理就能理，理财之前还需要做一些准备工作。

1.1.1 投资理财优化人生

据研究调查，会理财的人群的生活水平普遍高于不理财或不会理财的人群的生活水平，而社会上的成功人士和富豪几乎都有理财的习惯，由此可见理财对人生的重要性。理财可以给我们带来多方面的好处。

优化资产结构

对一般人来说，理财优化资产结构主要表现在调节“收支平衡”方面。“收支平衡”就是收入与支出相等。在现实生活中，人们不会总是保持收支平衡的状况，其通常的收支情况表现为图 1-1 所示的几种情况。

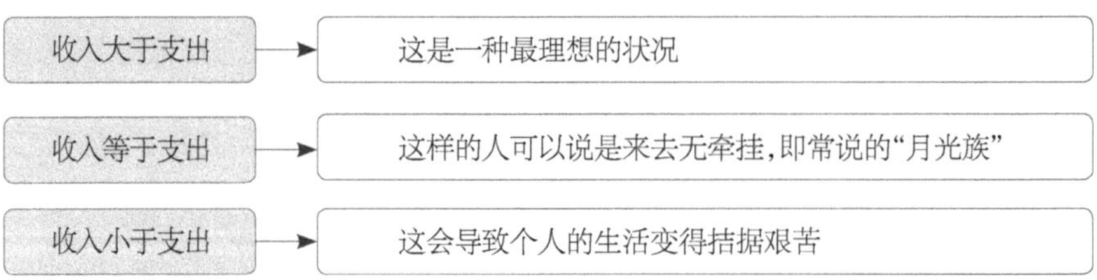

图 1-1 收支情况

理财是调节收支平衡的一个利器，可以帮助人们获取用于支付教育、购房、培育下一代、医疗养老等费用，使投资者更有条件经营未来的生活。

增加经济收入

在现代生活中，能否进行科学的理财在很大程度上决定了财富收益率的高低。不同的理财方法极有可能产生两种截然不同的收益。

理财最显而易见的好处便是会带来直接的经济回报，主要表现在以下两个方面，具体如图 1-2 所示。

对于很多家庭而言，其往往只注重收益的直接增加，而忽视由于减少或避免损失的收益的间接增加。

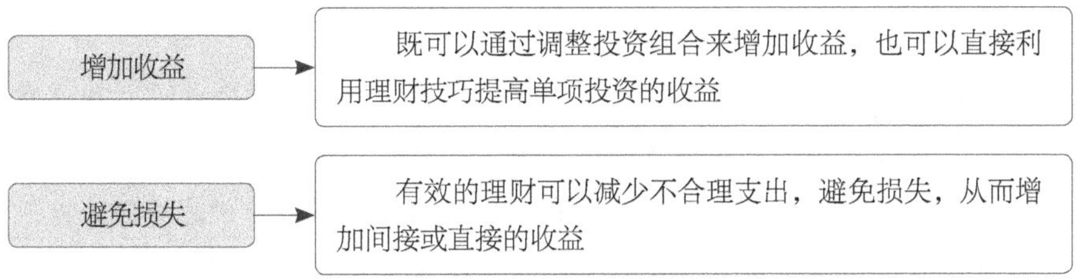

图 1–2 理财带来的经济回报

减少多余开支

现实生活中，存在许多“月光族”。面对各种生活成本的增加，人们千万不能觉得钱少就不必理财或“没财理”，而更应学会理财，及早进行理财规划。通过理财，人们可以压缩消费开支，有效地缓解生活压力，提高生活质量。

也许很多人会觉得理财无从做起，不知道怎么开始，其实每天付账、到银行存取款等行为，都属于理财活动。生活中只要用到钱的地方，都可以将其视为理财。

提高自身信誉

科学合理的理财不仅能增加个人的财富，还能提高个人的信誉。例如信用卡理财方式，一个人信用卡可以透支的金额越高，就说明了这个人的信用度也越高。人们在从事储蓄、基金、股票、期货以及房产等理财行为时，也会留下信用记录，从而增加自身在社会中的信誉度。

改变生活方式

如今，我国经济持续高速地增长，人们的消费水平也显著提高。同时，生活压力也在不断增加，尤其生活费用支出的快速增长给人们带来了更大的压力。如果不能及早、有效地进行理财，那么我们将来就不得不面临巨大的挑战并承受巨大的心理压力。

虽然钱不是万能的，但是没有钱也是不行的，生活中处处都少不了它。许多人由于缺乏资金，或者确切地说，是由于失败地管理了资金而陷入了困境。而理财可以使人们摆脱这种困境，帮助其实现财务自由。

抵御各类风险

每个人都有可能遇到财务风险。为了降低风险和实现人生各个阶段的目标，我们应该有一个合理的理财目标。

例如，老王因生病住院花费了 10 万元，其中，向社会基本医疗保险申请报销 7 万元的医疗费用，剩下的 3 万元需由个人负担。由于老王收入不高，正愁如何解决个人支付部分。幸亏他儿子在早年为他办理了商业健康保险，而且老王生病住院符合保险条款的相关规定。于是老王向保险公司申请赔付，解决了困难。

所以说，理财也为个人避免经济风险无形中设置了一道“防火墙”。

保障退休生活

随着人们生活质量以及社会医疗水平的提高，解决养老问题迫在眉睫。多数人都是在 55 岁或 60 岁的时候退休的，而人们在停止工作之后的 20 年、30 年，甚至是 40 年的生活怎么办呢？

退休后收入急剧减少，有的人甚至没有退休收入，只能靠以前的积蓄来维持生活。因此，人们要提早制定养老规划，保证自己在退休之后过上自立、有尊严、高品质的生活。退休规划需考虑的需求如图 1-3 所示。

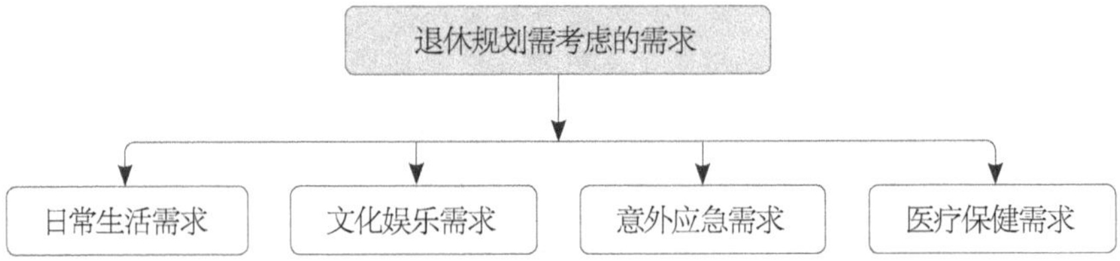

图 1-3 退休规划需考虑的需求

要满足上述需求仅靠社会养老保险是不够的，人们必须在有工作能力时积累一笔退休基金作为补充。

因此，我们要提早进行个人养老理财规划，以确保晚年的生活质量。

营造幸福生活

如今，普通家庭的生活负担相当沉重，人们不但要应对生活中的突发事件，还要买房、生儿育女、筹集养老金等，因此，许多人不得不把那些美丽的梦想紧紧收藏。如果有足够的经济实力，人们就可以撇开并不喜欢的工作，去做一些自己感兴趣的事，以实现自己的梦想。一切的财富积累，都离不开“理财”二字，而只有积累了财富，人们才能实现其他的梦想，让人生变得更加幸福。

1.1.2 做好准备才能赚大钱

理财投资已成为一门学问，现实中有多种理财投资产品供广大投资者选择，人们进入理财投资市场也变得十分便利，而且已经有不少人通过投资理财而富有起来了。但在进入理财投资市场赚钱之前，我们需要了解一些必要的准备工作。

认清自我、拒绝跟风

理财投资最忌盲目跟风，盲目跟风不仅容易让投资新手陷入别有用心之人的圈套中，损失宝贵的投资产金，而且还十分不利于投资新手形成自身独立的投资理财观念，也不利于投资新手投资理财能力的提升。

所以投资者要认清自身的能力和经济状况，拒绝盲目跟风投资。

把握方向、切勿投机

投资者在进行投资理财时需把握好方向，不仅要关注手中投资理财产品的走势方向，更要关注整个投资行为的大方向。不能被一时的利益蒙蔽了双眼，从而做出扰乱市场、非法投机的行为。

制订计划、开源节流

投资者在进行投资理财时不能没有计划、全凭感觉行事，一个科学合理的投资理财计划不仅可以帮助投资者快速积累财富，还能使投资者的投资理财能力得到提高。但是对于一些初入投资理财市场的投资新手来说，可能其手中没有太多的投资本金，这时其需要做的就是开源节流了，而开源节流就可以先从活用金钱方面入手。

活用金钱就是使金钱发挥它应有的价值。下面介绍 4 种活用金钱的技巧，具体如图 1-4 所示。

只花对的钱	每个人花钱都有目的，因此，即使钱已不属于自己所有了，但如果能换来比它更有价值的东西，这样才是花对了钱
少花钱等于多赚钱	如果现在的收入较低，则只能从支出上节约资金，这就相当于增加了收入
必需的开支不能省	不该花的钱尽量不要花，但必须花的钱绝不能吝啬。若为了不必要的事情花钱，而在有正当用途时却拿不出钱，这才是最丢面子、最尴尬的事
花钱也要看时机	要善于在经济景气时去赚钱，等到通货紧缩时则开始去投资。只要能把握大势，抓住时机，将钱投资出去，自然就能使金钱变多

图 1-4 活用金钱的 4 种技巧

统筹安排、规划理财

俗话说：“吃不穷、穿不穷，算计不到就受穷。”怎样理财以及怎样理好财，是每个人都应关心的话题。下面 4 招可以让普通人快速规划理财，如图 1-5 所示。

预算开支	理财的根本在于有财可理，首先必须要聚集财富，因此，必须做好一个强制性的开支预算，在收入的范围内计划好支出，使每月都能有所结余
强制储蓄	可以到银行开立一个零存整取的账户，每月强制性地存入一定的金额。另外，要慎用信用卡，避免透支成“负翁”
习惯记账	记账是为了提升自己对于金钱的控制力，也是最简单的经济学和会计学理论的实际应用，养成记账的习惯最终受益的是自己。人们通过记账可以节约资金，把有限的钱用在“刀刃”上。好的记账习惯，虽然不是致富的工具，但能培养一个人健全的理财观念，从而使个人可以终身受益
合理投资	可以合理地分配自己的储蓄、股票、债券、基金、保险以及不动产等各种金融产品，最大限度地获得资产的保值和增值

图 1-5 规划理财的 4 招

组合投资分散风险

投资者在做投资决定之前，要确定自己希望获得多大的收益，同时也要清楚自己能够承受多大的风险，应根据自己的实际情况进行合理预期，做到对自己的风险承受能力心中有数。

对于投资风险，投资者可以用组合投资的方式进行分散。例如，投资者在投资股票等高风险产品时还可以投资一些基金、债券等低风险的保值型产品，以确保自己在股票亏损时不至于失去太多的投资本金。

1.2 如何清算收入来源，两招帮你搞定

只要是在社会中工作生活，我们每天或是每月都会有收入。那么，你是否清楚自己目前实际拥有多少钱?

本节将为大家介绍两招，帮大家理一理生活中的两个收入来源，即主要收入和其他收入。

1.2.1 清一清主要收入来源

在一般情况下，普通人的收入包括工作收入、投资收入等，如表 1-1 所示。其中，工作收入是以人赚钱的，而投资收入则是以钱赚钱的。

表 1-1 常规收入方式

工作收入		投资收入	
收入方式	收入数量	收入方式	收入数量
薪水		房屋租金	
佣金		房屋出售	
奖金		股利分红	
补贴		收藏升值	
自营事业		其他投资	

1.2.2 找一找其他收入来源

很多人还有其他收入渠道，如兼职、写作以及收藏等，可以使生活更加舒适，当其中一个收入来源遇到意外时，不至于让整个家庭生活陷入困境。例如，身为大学美术老师的小沈考虑在工作收入中拓展一些可供选择的渠道，如表 1-2 所示。

表 1-2 拓展收入渠道

兴趣特长	能否用于赚钱	是否有时间兼职	拓展收入渠道
课外补习	能，中上水平即可给学生补课	有，每日晚餐后两小时	补习班
作画	能，可出售作品	有，周末	参加各种画展，或通过淘宝等网络渠道

读者可根据自己的实际情况添加上表内容。收入来源中，每次工作付出只能得到一次报酬收入的属于单次收入来源，如职员薪资等；能重复得到多次收入的，属于多次收入来源。我们只有拓展多次持续性收入来源的渠道，才能更轻松地长期获利。

1.3 搞懂理财方式与类型，找准生财之道

人们热衷于讨论“如何赚钱”这个话题，而对于这个话题，不同的人有不同的答案。理财也是一样，不同人有不同的理财方式，人们只有找准了适合自己的理财类型才能真正赚钱。

1.3.1 清楚自己已有的理财方式

清楚自己已有的理财方式是进行理财规划前必须的任务，下面将为大家介绍 4 种赚钱方法，如图 1-6 所示。

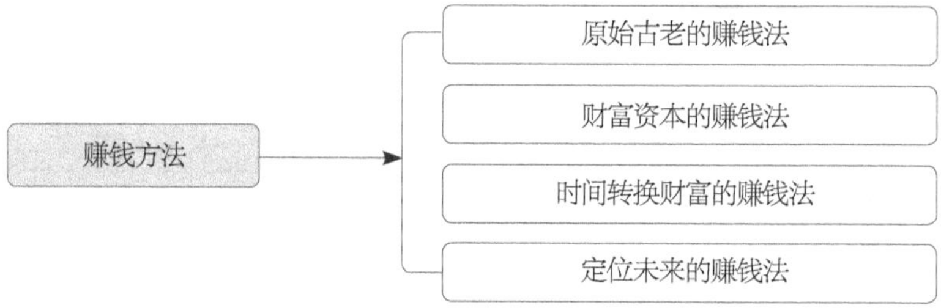

图 1-6 赚钱方法

原始古老的赚钱法

人赚钱，这是最初级的赚钱手段，当然这种方式的效率也是最低的。依靠劳动来获取报酬的人，一旦停止劳动就等同于切断了收入来源，他们往往会为生活所困扰。

但是，绝大多数人的财富完全依赖自己的工资收入，尽管这也是赚钱的一种方式，但是说到底也只是挣钱而已。可以这么讲，依靠薪水赚钱，相当于小学水平，这样的收入也只能解决生存问题。就算除去开支外还有部分结余，我相信很多人会选择存放在银行里，积年累月，连本带利，也就只能赚取一笔少得可怜的财富，这相当于初中水平。

因此，存钱始终是很原始的阶段，如果想让自己的财富能在短时间内迅速增值，就要学会以钱生钱。

财富资本的赚钱法

资产的积累决定了财富的增加，资产运作的同时会对财富产生影响。那些想靠工资来积累财富的人，基本难以致富。要想较快地积累一笔不小的财富，就必须通过高效的理财手段，让自己的钱开始运作起来。

你实际上操控着你的资产，以钱生钱，让钱为你服务。那么，如何让钱“活”起来呢？这在很大程度上取决于你如何运用手里的钱去进行投资。

【案例分析】时间转换财富的赚钱法

“复利”就是“钱生钱”，这个工具具有迅速性、高效性。爱因斯坦曾说复利的威力远远超过原子弹，简单而言就是“利上加利”运转，通俗点说就是“利滚利”。

复利计算公式：本利总和 = 本金 ×（1 ＋利率）× 期数。

举个例子：本金为 80 000 元，每年利率或者投资回报率为 18%，投资时间为 20 年。这么一算，第一年年底泥就可以连本带利得到 55 000 元。若将 50 000 元继续按 10% 的收益率再投资，30 年后获得本利和，用复利计算公式来计算就是：50 000 ×（1 ＋ 10%）× 30=1 650 000 元。

此外，在通过复利理财中，时间是回报率以外的一个重要投资因素。在复利运转下，要想获得高额的财富回报，就必须进行长久的理财投入。大多数理财产品在最开始的时候，财富的增长不是特别明显，但只需坚持用本利再进行理财投入，那么财富就会呈“指数爆炸”增长。

想要利用复利来达到可观的财富增长，则需要具备图 1–7 所示的 3 个条件。

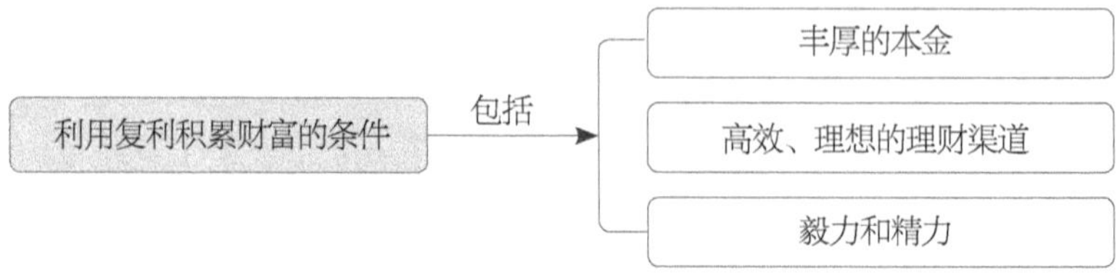

图 1-7 利用复利积累财富的条件

定位未来的赚钱法

传统上，人们对理财的理解是：用钱作为资产进行投资，以获得回报。随着时间的推移，“理财”一词作为智力理财、感情理财、健康理财等解读越来越得到更多人的接受和传播。在这些理财的手段中，回报最乐观、最稳当的就是在自我素质、能力方面的投入，即自我教育。

例如，哈利这个年轻人激情四射，年纪轻轻就是百万富翁。闲余的时间，他用来学习，并自学了与他工作没有任何联系的素描。朋友问他为什么选择学素描，他的回答却令人吃惊：“因为素描可以拓展我的知识面，提高我的创造能力。”

很明显，哈利并没因为满足于自己有所成就，而选择放宽对自己的要求。因为社会处在变化中，时代在发展，只有不断地学习才能跟上时代的节奏。钱对他而言就是生活品，只有先把它变成知识供自己消化、使用，才可能创造财富。

所以，哈利充分利用自己的零碎时间来学习法律、管理学、演讲等，他的学习内容是对他工作有帮助的。实际上，在工作中他也受益匪浅。

聪明的人，在自我教育上绝不会计较投入多少成本。因为他知道在教育理财方面不可以减少投入。开始自我教育理财，就是在为以后的成功奠定基础。

毋庸置疑，优秀的教育定能使人成功，然而自我教育并不是一蹴而就的，需要终身投入。观古今中外，卓越的人往往都不会对自我现状满足，他们时刻鞭挞自己不断学习。因为他们知道今日的投资是美好明天的基础。因此，教育理财是非常必要的。

1.3.2 定位自己的理财类型

不同人群的理财风格往往决定着他们未来的生活质量。有规划的人在晚年时支出充裕，生活质量高；无规划的人在中年时就难免陷入财务危机，导致入不敷出。所以提早进行理财风格的分类，找到适合自己的家庭理财方式，并有效地改善收支结构，是人们保证未来生活质量的首要任务。

下面将为大家介绍 4 种理财类型，如图 1-8 所示。

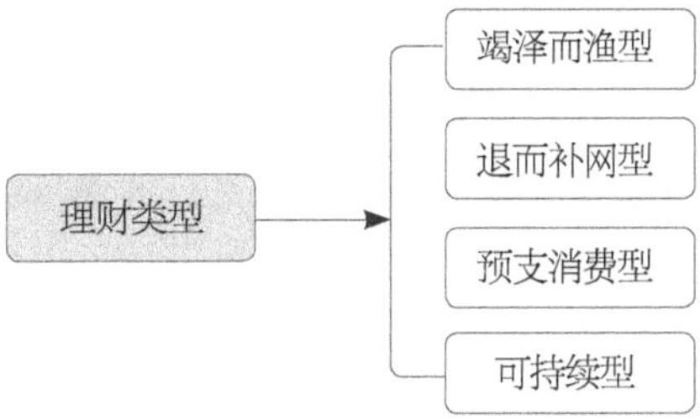

图 1-8 理财类型

竭泽而渔型

工作兢兢业业，不注重眼前享受，所赚的钱超过生活所需，维持较高的储蓄率，迅速积累财富，期待未来的生活品质能得到提高。而最终的结果可能是人生苦短。

理财建议：注重退休后的生活品质，不能过于保守，应当投资于一些收益较为稳定的基金和股票，或者购买养老保险，以达到个人收益最大化。

退而补网型

注重眼前享受，对目前享受的要求远大于对未来的期望。对未来考虑甚少，有时甚至借钱及时行乐。持这种价值观的人们，赚多少花多少，正所谓“今朝有酒今朝醉”，其也就是目前社会上所谓的“月光族”“啃老族”。

理财建议：注意在及时享乐的同时，不要忘了老有所养，要有一定的储蓄投资计划及保险计划，以便能够在晚年达到财务独立。

预支消费型

为了拥有房子，不惜节衣缩食，哪怕高额负债，收入扣除房贷后所剩无几，影响了生活质量也在所不惜。

理财建议：当购房目标耗费了太多资源时，必将会影响其他目标的实现以及生活水平的提高。因此，在理财过程中，要充分考虑自己的收入水平和还贷能力，还要注意购买房屋保险。

可持续型

一切为儿女着想，最重要的目标就是把财产尽可能多地留给子女，而牺牲眼前及未来的享受，完成“孝子（孝敬子女）”的壮举。由于对儿女成长、教育投资太多，留下不多的退休金，很可能会影响未来的生活质量。

理财建议：在为子女进行理财的同时，也要考虑到自己，在花费较大的子女教育或生活项目上要做好长期准备，适当地投资于一些中长期且收益比较稳定的金融产品。

第2章

理清资本，做到手里有钱，心中有底

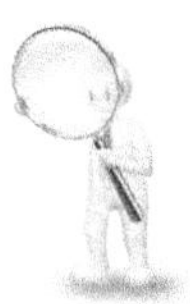

学前提示 >>>

为了在理财中尽可能获得最大盈利，需要对个人的状况做个全面的透析。无论是对你的个人收入，还是对已有的理财产品，都需要一一做个全方位的“体检”。这样才能做到“手里有钱，心中有底”。

要点展示 >>>

3步查清个人财务状况

4招清算家庭开支与负债情况

2.1 3 步查清个人财务状况

对于你的财产，你了解多少？相信很多人连自己有多少财产都不能做到心中有数，这样又怎能奢求它会带来无尽的财富呢？这就凸显出清点财产的必要性了。下面就为大家介绍 3 步查清个人财务状况的方法。

2.1.1 核查现有的资金和资产

第一步是核查清楚自己现有的资金和资产。首先可以从下面介绍的几类资本入手进行清算。

金融资产

金融资产主要包括现金和银行存款，货币市场基金按原值计价，利息收益作为当年的收入。金融资产（生息资产）是指那些能够带来收益或是在退休后将要消费的资产，主要包括手中的现金、在金融机构的存款、养老金的现金价值、股票、债券、基金、期权、期货、贵金属投资、直接的商业投资等。

金融资产是理财规划中最重要的一部分，因为它们是财务目标的来源。除了保险和居住的房产外，大多数的个人理财就是针对这些资产的，也可以把直接的商业投资单独列为一类，即经营资产。

除现金及现金等价物外，能够带来未来增值收益的金融资产，包括股票、债券、基金、期权、保险以及贵金属等，其计算方法如表 2–1 所示。

表 2–1 金融资产的计算方法

资产类型	计算方法	计算结果
债券	市价或面额	
股票	数量 × 股票价格	
基金	单位数 × 基金净值	
保单	费用型保单：不计入	
收入型保单	计入，现金价值	
其他金融资产		

实物资产

实物资产是生活中所必需使用的资产，如房子、汽车、家具、家电等。实物资产的积累也是很多人的理财目标之一，尽管它们不会产生增值收入，但它们可以提供消费，包括自住房产、投资性房产、汽车、家具家电、珠宝、有价值的收藏品等，其计算方法如表 2–2 所示。

表 2–2 实物资产的计算方法

资产类型	计算方法	计算结果
住房	买价，最近估价	
汽车	最近估价 – 损耗	
其他自用资产	最近估价	

奢侈资产

奢侈资产不是人们生活中所必需的。这一类资产大部分属于高档消费品，主要包括珠宝、度假的房产或别墅、有价值的收藏品等，如表 2–3 所示。奢侈资产与个人使用资产的主要区别在于奢侈资产变卖时的价值高。

表 2–3 奢侈资产

资产类型	进一步细分科目	计算结果
珠宝现值	珠宝种类 / 细目 / 数量 / 成本 / 市价	
度假别墅现值	坐落地点 / 面积 / 买入日期 / 成本 / 市价	
收藏品现值	收藏品种类 / 细目 / 数量 / 成本 / 市价	
其他奢侈资产现值	种类 / 细目 / 数量 / 成本 / 市价	

债权资产

债权资产主要指对外享有债权，能够凭此要求债务人提供金钱和服务的资产。债权资产的具体形式主要包括 3 种，如图 2–1 所示。

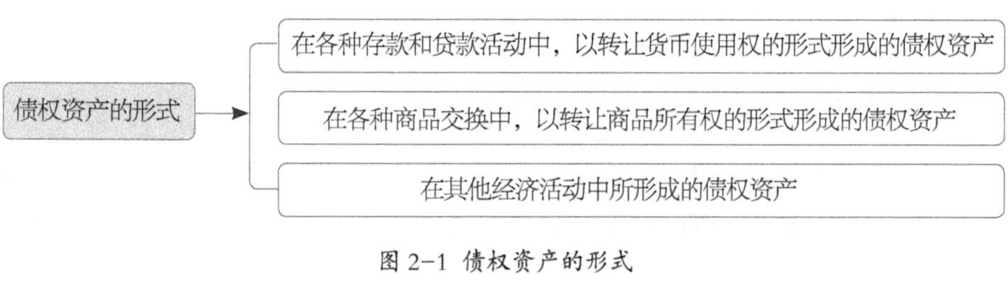

图 2–1 债权资产的形式

债权不是财产，而是财产权，是一种权利，是债权人的一种资格、自由或能力，确切地说是债权人要求债务人必须给付其一定财产的资格、自由或者能力。

资产负债

资产负债根据时间的长短，可以分为长期负债和短期负债，具体如图 2-2 所示。

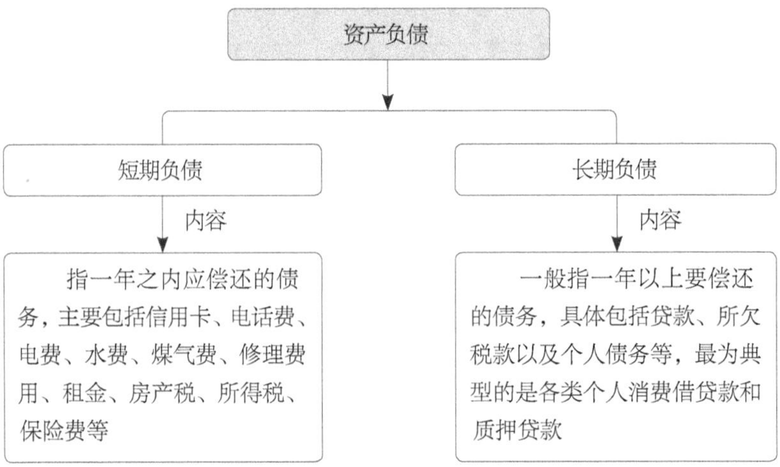

图 2-2 资产负债

资产长期负债的主要科目如表 2-4 所示。

表 2-4 资产长期负债的主要科目

主要科目	进一步细分科目	负债金额
信用卡应付款	发卡银行 / 当期应缴款 / 期限 / 循环信用余额	
汽车贷款	贷款期限 / 贷款额 / 利率 / 每期应缴额 / 贷款余额	
按揭贷款	贷款期限 / 贷款额 / 利率 / 每期应缴额 / 贷款余额	
股票质押贷款	股票名称 / 股数 / 贷款时价格 / 贷款额 / 质借余额	
股票融资融券	股票名称 / 股数 / 融资时价格 / 融资额 / 融资余额	
其他负债科目		

2.1.2 核查个人财务收支状况

要想做个富人，就要一切向富人看齐。在富人的理财观里，第一项就是财务要独立。如果连财务都不能独立，那么就不要提什么致富了。没有一个稳固的经济基础，又怎么可能一步步实现自己的财富梦想呢？第二步就是核查清楚个人财务的收支状况。

了解个人情况

当你的财务独立后，就需要清理一下个人的基本情况了，例如个人的年龄、从事的职业、身体的健康状况、有哪些家庭成员，以及家庭成员的年龄、职业、健康状况等。表 2–5 所示为个人基本情况表。

表 2–5 个人基本情况表

<table>
<tr><td colspan="2">姓名</td><td colspan="2"></td><td colspan="2">职业</td><td colspan="2"></td></tr>
<tr><td colspan="2">年龄</td><td colspan="2"></td><td colspan="2">健康状况</td><td colspan="2"></td></tr>
<tr><td rowspan="4">主要家庭成员及社会关系</td><td colspan="2">关系</td><td>姓名</td><td>年龄</td><td colspan="2">职业</td><td>健康状况</td></tr>
<tr><td colspan="2"></td><td></td><td></td><td colspan="2"></td><td></td></tr>
<tr><td colspan="2"></td><td></td><td></td><td colspan="2"></td><td></td></tr>
<tr><td colspan="2"></td><td></td><td></td><td colspan="2"></td><td></td></tr>
</table>

个人财务摸底

通过清理财务状况，人们可以深入了解自己的财产内容，及时合理地计量，有利于正确了解个人的资产状况，对正确设定理财目标、选择合适的投资组合、合理安排收入支出比例及资产的保值增值有十分重要的意义。

需要清理的财务状况的主要内容包括本人和家庭成员的收入，生活支出和各项费用，生活水平，生活中有无负债，有无潜在的债务隐患，用多少钱进行了风险投资，是否有相当于至少两个月生活费的备用资金等。可以将上述问题的答案写在纸上，再自我评估一下，看看是否对自己的答案满意。如果你收入稳定，没有债务，且家庭成员都身体健康，更没有过多的风险投资，则可以说财务状况总体上是健康的。

罗列生活开支清单

日常的收入项目主要包括工资收入、投资股票、基金等金融产品获得的收入和劳务报酬以及存款的利息收入等。可以将日常的收入情况记录在表 2–6 中。

表 2-6 每月收入状况

月份		月	月	月	月	月
项目		金额	金额	金额	金额	金额
薪资	本人工资					
	配偶工资					
	年终奖金					
	红利 / 奖金					
	其他收入					
利息	存款利息					
	股票股利					
	债券利息					
	其他					
其他	租金收入					
	资本利得					
	其他					
总收入						

同时也可以将你的支出情况一一列出来，记录在表 2-7 中。

表 2-7 每月支出状况

月份		月	月	月	月	月
项目		金额	金额	金额	金额	金额
衣	服饰					
	美发美容					
	干洗修补					
	其他					
食	餐饮费					
住	水电煤气					
	电话费					
	管理费					
	日用品					
	公积金					
行	交通费					
	油费					
	停车费					
	其他					

续表

月份		月	月	月	月	月
项目		金额	金额	金额	金额	金额
税	所得税					
	利息税					
	发票税					
保险	商业保险					
	社会保险					
	其他					
休闲	旅游娱乐					
	交际费					
	其他					
子女教育	学杂费					
	补习费					
	服装费					
	其他					
其他	医疗费					
	客户服务费					
	其他					
总支出						

知晓个人盈余状况

根据上面做的表格，我们就可以计算出自己的现金盈余状况了。现金盈余状况的相关分析如图 2–3 所示。

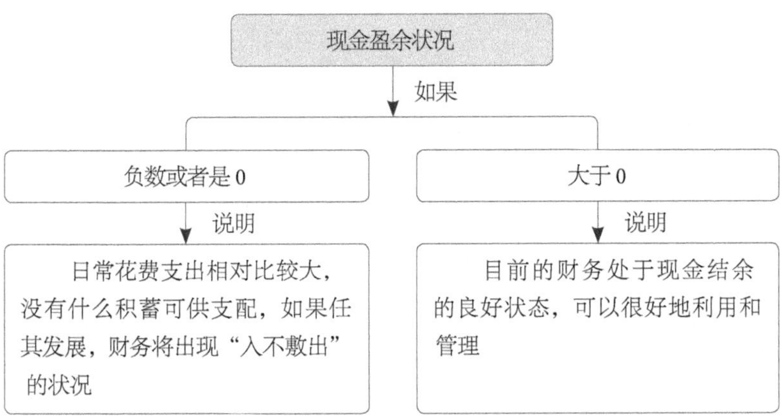

图 2–3 现金盈余状况的相关分析

2.1.3 诊断你的财务健康状况

第三步是诊断你的财务健康状况，一个处于“亚健康”的财务状况会是你迈向财务自由之路上的隐患，如果不能及早发现其中的问题，它甚至会让你多年奋斗的成果毁于一旦。许多人都已经认识到身体健康的重要性，并养成了定期体检的习惯。同样，财务健康关系到一个人终生的幸福，我们为了防患于未然也要经常做财务健康诊断。

财务“亚健康”的病状

财富的“亚健康”直接关系到人们的生活和未来的发展，不容忽视。财富的亚健康具有 4 个典型“病状”，具体如图 2-4 所示。

被负债压得喘不过气来 →	高负债比率无疑会让人们的生活质量严重下降，更可怕的情况是，遭遇危机有可能使收入减少而影响还债，被加收罚息直至被银行冻结或收回抵押房产
盈余状况不佳 →	调查数据显示，盈余状况不佳的主要为年轻人群（20 ~ 30 岁），其他年龄层次则较少出现此种状况。此种“亚健康”状态是隐性的，如果属于收入单一群体，在其工作稳定时不会有所影响，但是一旦发生特殊状况，收入中断，其个人和家庭都很可能会因为没有收入来源而陷入危机
不知道如何投资 →	投资比例过低很难达到资产增值的目的，而投资比例过高则容易带来过大的风险。因此，必须要有清晰的理财目标和明确的投资比例
保障与我无关 →	很多人的保障资金占比不到总资产的 10%，他们风险防范意识弱、退休后生活水平低，所以要增加保障资金的比重

图 2-4 财富“亚健康”的表现

测试财务健康水平

如何判断财务是否已经处于“亚健康”了呢？让我们先来做个小测试。

（1）不想评估自己目前的资产状况，或是从来都没有考虑过这个问题。

（2）房产占据了你目前所拥有资产的很大比例，甚至超过了 80%。

（3）每个月的住房按揭还款占到月收入的 50% 以上。

（4）经常使用信用卡透支消费。

（5）从不会对自己目前的职业发展产生担心。

（6）没有购买任何偏重保障功能的保险产品。

（7）一个月的总支出占到了总收入的 2/3 以上。

（8）几乎大部分的资金都用于定期和活期存款。

（9）把大部分的资金集中投资在股票或是股票型基金上。

如果觉得上述的情形在实际生活中似曾相识，那么你的财务很可能已经处于“亚健康”状态。统计一下与自己情况相符的选项，如果得到的结果在 4 项以下，则表明财务健康状况为“轻度亚健康”；4 ~ 8 项，为“中度亚健康”；超过了 8 项，那么财务状况可能已经处于“重度亚健康”了，你的财务将会不断出现隐患。

避免财务出现隐患

财务中隐藏的问题如果不及时被发现，易造成问题的累积爆发，影响人们正常的生活。通过理财体检，人们可以有效避免财务出现“亚健康”的状态，及时发现日常理财过程中存在的误区与隐患，从而使财务处于安全的状态，更好地应对危机。下面几种方法可以帮助你有效地避免财务出现隐患，具体如图 2–5 所示。

节流为本	为了在收入减少甚至中断时能更好地应对各种危机，“节流”是十分必要的。人们可以通过记账来控制自己的消费欲望，以减少不必要的开销
强制储蓄	强制储蓄是指必须进行的储蓄，不管发生什么情况，每月都要攒出一定数量的资金，这样可以有效积累财富，应付未来随时可能出现的变化
应急备用金	一般为以后的生活准备 3 ~ 6 个月的应急备用金，是比较合理的水平。如果收入来源不稳定，随时都可能发生中断，则可适当加大流动性资金，预留 7 ~ 9 个月的应急备用金比较合适
保险避免“财务裸奔”	如果突然发生疾病或意外，巨额医疗费用的支出或将给人们造成沉重的负担。没有保险就等于财务上的“裸奔”，任何人都需要足够的保险来保护自己与自己的财富
调整结构，合理预期收益	人们进行投资理财前应先搞清自身的风险承受能力，可以进行风险偏好测试，并根据测试结果明确自己的投资风格和特点，选择合适的产品和投资金额。另外，还需要树立正确的理财理念，做一个长期的投资者而不是一个短期的投机者
适当开源	可以利用空闲时间静下心来好好学习，多多“充电”，为“开源”做准备。毕竟，知识是永不“缩水”的财富

图 2-5 避免财务出现隐患的方法

防范 3 类理财错误

“亚健康”的财务状态目前并不会对你产生多大的影响，但是这些潜在的“健康”隐患却是一颗“定时炸弹”。在财务内外部条件出现改变的情况下，这些“定时炸弹”却可能对财务产生不小的冲击。如果你已经开始理财，那么一定要注意避免理财中的错误，以免使财务出现“亚健康”状态。图 2-6 所示的是必须要避免的 3 类错误。

支出上的错误 → 支出上的错误主要指没有理财规划、盲目支出、不理性消费等，这个错误会让你的生活变得很糟糕

投资上的错误 → 投资上的错误主要指没有投资战略、投资过于集中、借钱投资、频繁交易、按照内部消息和可靠人士的指点行事等

心态上的错误 → 心态上的错误主要指总认为自己没空理财、只求稳定、没耐心、贪图速成等。我们理财不仅要投入一定的精力，还要有良好的心态，否则很可能失去到手的发财机会

图 2-6 必须要避免的 3 类错误

个人财务保持独立

在通货膨胀、物价飞涨的今天，要想实现财务独立，守住辛苦赚来的钞票可真是一件看上去不太可能完成的任务。不过，金钱和海绵中的水一样，你只要肯“挤”总是会有的。如果你在经济上总是依赖别人，则你的财务状况便会处于一种极其危险的境地。俗话说“靠山山倒，靠人人跑”，当你依靠的“财源”离开了你时，你就会变得一无所有了。因此，为了财务的安全起见，每个人都应该努力让自己的财务保持独立。

2.2 4 招清算家庭开支与负债情况

除了个人理财，家庭理财也是理财生活中重要的一部分。本节将为大家介绍清算家庭理财的相关知识。

2.2.1 清算家庭的各种消费开支

家庭支出除了包括吃、穿、住、行、用、医疗等生活必备支出外，还包括捐赠、兴趣爱好花费等随机支出以及投资费用、保险费等理财支出。

计算固定消费

固定消费是在一定时期内金额固定不变且必须花费的支出，可将其当作最低生活成本。只有在扣除这部分开支之后，我们手中余下的收入，才是真正可

随意支配的收入，表 2-8 所示为普通家庭固定开支统计。

表 2-8 家庭固定开支统计表

本月的固定支出		
项目	金额	支付日期
电费		
煤气费		
水费		
固定电话费		
移动电话费		
书报费		
邮费		
房费		
互联网费		
保险费		
定期存款		
长期贷款利息		
信用卡		
应纳税		
零用钱		
活期存款		
固定支出合计		

本月其他生活费	
项目	购入金额
食品费用合计	
日常用品合计	
教育、培训费	
其他费用合计	
生活费合计	

读者可根据自己家庭的具体情况调整表格项目，计算出每个月固定支出的合计金额，然后将获得的合计数乘以 12，即可算出一年的固定支出总额。

计算非固定消费

非固定消费是指一定时期内必须使用，但使用金额并不固定的费用，如购书、聚餐等文化娱乐开支，健身、医药等医疗保健开支，购买日常衣物、购买零食等费用开支等，这些费用可根据家庭收入情况进行适当安排。

计算阶段性消费

阶段性消费是指如换季衣服、婴儿疫苗费、子女学费以及老人赡养费等消费。一般情况下，这些费用并非每月都会支出，但在某一阶段时却需要支出。

计算随机性消费

除了上述的开支外，还有随机性开支，如“人情费”、购置高档家用电器、购买珠宝首饰等。这种开支通常不在计划内，并非是必需的费用。由于人们常根据家庭情况随意消费，在不知不觉中就可能支出过多，所以随机性开支也是理财中最需要规划的开支之一。

2.2.2 清算家庭的短期负债与长期负债

家庭负债包括全部家庭成员欠其他非家庭成员的所有债务，可以将其分为短负债和长期负债两大类。

短期负债

家庭的流动负债是指一个月内到期的负债，主要包括信用卡、电话费、电费、水费、煤气费、修理费用、租金、房产税、所得税、保险费、当期应支付的长期贷款利息等。

长期负债

家庭的长期负债指一个月以后到期或多年内需每月支付的负债，其中最为典型的是各类个人消费贷款和质押贷款等。

2.2.3 为家庭财务做个“体检”

在清理了家庭的资产和负债状况后，即可诊断家庭的财务状况了，以帮助你了解有多少财可理，有多少债还没有还，对未来的收入和开支预先做好规划。

诊断家庭资产结构

每个家庭可能都面临资产结构配置的问题。那么，作为以实现完全的财富自由为目标的投资者，其必须正确诊断家庭资产的结构。家庭资产结构的分析如图 2–7 所示。

金融资产比率＝金融资产 ÷ 总资产 → 金融市场的波动一般较大，因此，若家庭的金融资产比率较大，则总资产的波动也将比较大。一个家庭的金融资产一般是由一系列风险收益情况各异的金融资产组合构成的，可以通过分析其中各类投资风险来考察家庭财务的风险状况

实物资产比率＝实物资产 ÷ 总资产 → 实物资产是以提供使用价值为主要目的的，一般家庭未购房前此比例较低。在购房后贷款未缴清前，多数家庭都会把积蓄用来偿还贷款，以至于无法累积金融资产，因此，此时的实物资产比率一般占七成以上

奢侈资产比率＝奢侈资产 ÷ 总资产 → 奢侈资产比率的大小可以在一定程度上反映家庭的收入状况。例如，富有家庭奢侈资产要比普通工薪家庭的多

图 2–7 家庭资产结构分析

诊断负债状况

负债比率的计算公式如下。

负债比率＝家庭总负债 ÷ 家庭总资产

一个家庭的负债比率如果过高，就会增加财务负担，一旦收入不稳定，则会造成无法还本付息的风险。家庭总负债由自用资产负债、投资负债和消费负债 3 个部分组成，因此，家庭需要考虑总负债中各种负债组合的比重以及市场形势，以判断家庭的财务风险，并视情况及时弥补。

诊断开支百分比

家庭支出比率和家庭消费比率的计算公式如下。

家庭支出比率＝家庭总支出 ÷ 家庭总收入

家庭消费比率＝家庭消费支出 ÷ 家庭总收入

家庭的消费支出是指家庭用于生活消费的全部支出，包括购买商品支出以及享受文化服务和生活服务等非商品支出。随着家庭收入的增加，其消费率指

标也会逐步减小，即符合经济学中所说的边际消费率递减规律。

诊断弹性财产

自由储蓄额和自由储蓄率的计算公式如下。

自由储蓄额＝家庭总储蓄额—计划用于投资的储蓄额

自由储蓄率＝自由储蓄额 ÷ 家庭总收入

财务弹性是指家庭动用闲置资金和剩余负债的能力，应对可能发生的或无法预见的紧急情况及把握未来投资机会的能力。自由储蓄率越高，家庭的财务弹性越大，则家庭筹资对内外环境的反应能力、适应程度及调整的余地越大，通常以 10% 作为自由储蓄率的下线。

诊断流动性比率

生活中除了日常开支，其他大部分的资金供给，例如现金、存款、股票、基金、债券等变现能力比较强的资产，都属于流动性资产，因此，家庭资产的流动性比率不能太低。资产的流动性是指资产在未来可能发生价值损失的条件下迅速变现的能力。

流动性比率的计算公式如下。

流动性比率＝流动性资产（包括现金或现金等价物）÷ 家庭每月支出

该比率越高，说明家庭资产的流动性越强。该指标的理想值通常为 3 ~ 6，此时，家庭在紧急情况下，通常有能力应付 3 ~ 6 个月的日常开支。

诊断储蓄的比率

储蓄可能用于将来退休后的开支，也可能作其他用途的开支。储蓄比率如果过低，则不利于分散风险。储蓄比率是家庭用作储蓄的那部分收入在总收入中所占的份额，可以从一定方面反映出家庭财务是否稳定。

储蓄比率的计算公式如下。

储蓄比率＝家庭每月储蓄额 ÷ 家庭每月收入总额

例如，家庭计划两年内实现环球旅游的目标，费用共计 30 万元左右，那么其储蓄水平应高于一般水平。因此，增加储蓄对于年轻家庭是一项重要的任务，建议对刚参加工作不到 3 年的人，其每月应将工资的至少 1/3 存起来。

2.2.4 做好家庭理财的支出管理

在了解了家庭开支项目后，我们即可学习如何管理家庭开支，以避免奢侈浪费或入不敷出的情况出现，其注意要点有制定预算、避免盲目花钱、避免盲目投资、不贪不攀、戒掉不良嗜好等。为了不做购物狂，不败光家庭资产，每一位家庭成员都应学会合理控制自己的消费欲望，其主要方法如下。

详细记账

现实生活中，很多家庭往往是没有消费计划的，结果造成支出浪费。通过记账，我们可以了解花费的钱究竟流向了何处。开始记账时往往会有困难，我们可以把账目记录在账簿或分成十二栏的分析纸上，一个月占一栏，一年下来，全年的账目就会一目了然了。如果家里有计算机，则可以在计算机通过 Excel 等软件，制作记账表格，用自动化办公手段，统计、管理家庭中的现金开支情况。

理性消费

近年来，随着信用消费越来越普遍，贷款购物逐渐流行起来，花“明天的钱”也成为一种时尚，这种方式在满足部分家庭消费需求的同时，也给某些家庭造成了沉重的负债。人生无常，坚持储蓄的好处多多，它是帮助家庭成员积累金钱的最有效方法之一。

因此，当你在购物时，应未雨绸缪，储蓄一部分钱为未来考虑。对大多数家庭的一般消费而言，则必须根据家庭经济的承受能力，坚持量入为出、略有节余、适当储蓄的原则，不能盲目地乱花“明天的钱”。

管理支出

要进行开支管理最好的方法就是做开支预算，压缩不必要的开支。编制家庭财务预算，能有效地控制家庭支出。预算一旦编制好后，家庭的每位成员，都应当将其作为当月开销的标准。家庭开支预算具有图 2–8 所示的作用。

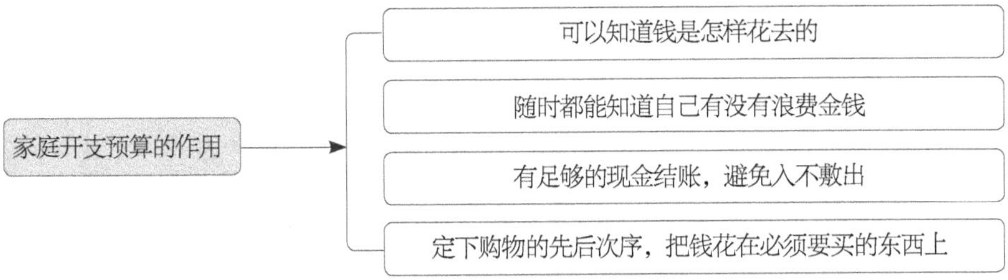

图 2-8 家庭开支预算的作用

学习理财

家庭理财，从开支的角度来讲讲求的是怎样使开支科学、合理，即把钱花在刀刃上，同时还应该通过各种投资来生钱。投资，从其表面上看也是花钱，但却是在花钱的同时收获金钱。

第3章

选对理财法，有梦就有赚钱路

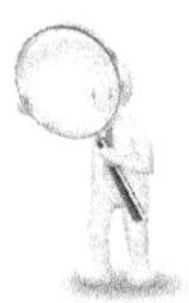

学前提示 >>>

现有理财产品的种类很多，而且这些理财产品都有各自的特点。作为一个理财的初学者，不可能每种都买，也并不是所有的理财产品都适合你。所以，投资者需要根据自己的条件做出选择，这样才可能积累更多财富，实现自己的致富梦想。

要点展示 >>>

找准理财方向，不同阶段各有理财妙招
找对理财方法，不同层次也能发家致富
3 个妙招，助你制定合适理财目标

3.1 找准理财方向，不同阶段各有理财妙招

人的一生可以划分为多个阶段，有的根据年龄划分阶段，有的根据生活状态划分阶段，还有的根据心态变化划分阶段等。不同阶段的理财行为的方向和重点也有所不同，但也都有其适合的理财项目。这就需要理财者找准方向，找对方法。

3.1.1 不同人生阶段的理财技巧

根据人生各个阶段不同的生活状况，人们应如何在有效规避理财活动风险的同时，做好人生各个时期的理财计划呢？一般情况下，人生理财的过程要经历以下 7 个时期，如图 3-1 所示。这 7 个时期的理财重心都不一样，所以一定要区别对待。

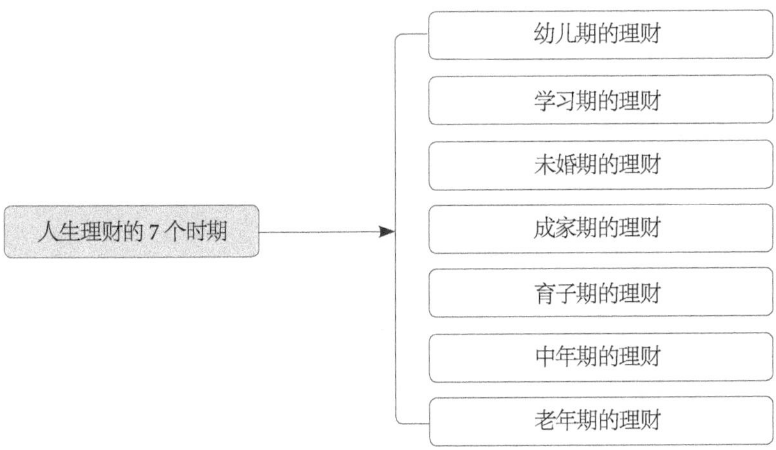

图 3-1 人生理财的 7 个时期

幼儿期的理财

从出生到 5 岁，这是人生的第一个阶段。在幼稚期的儿童会理财吗？答案显然是不会。儿童的衣食住行都是由父母或者是监护人提供的。但是，父母可以教给孩子一些简单的理财方法，如可以给孩子买个存钱罐等，从小培养孩子的理财意识。

学习期的理财

从上小学到上高中，再到上大学，这是人生接受教育的阶段。此阶段的人基本上没有收入来源，所以很少有理财经历。当然，有的人通过在上学时打工，也能赚点钱，但这并不是一个持续赚钱的过程，所以也很难形成系统的理财。因此，人们可以学习一些理财的知识，为将来有收入后提供良好的理财基础。

未婚期的理财

从学校毕业后，大部分人都进入了单身期，即参加工作至结婚这段时期。此时，他们需要面对恋爱、购房和结婚等人生大事，资金需求量十分大。此阶段的理财方法如图 3-2 所示。

增加工资收入 →	努力寻找一份高薪工作，为理财打好经济基础
积累投资经验 →	可拿出部分储蓄进行高风险投资，其目的是学习积累投资理财经验。可将积蓄的 60% 用于投资风险大、长期回报高的股票、基金等金融品种；20% 选择定期储蓄；10% 购买保险；10% 存为活期储蓄，以备不时之需
筹集购房首付 →	当通过工作或者金融投资有了一定的积蓄后，即可购买住房，将其用于自己居住或作为婚房
准备结婚资金 →	结婚会在短时间内花掉很大一笔钱，因此，单身期的人必须及早准备资金，以备结婚之用
购买人寿保险 →	由于此时经济负担较重，年轻人的保费又相对较低，可为自己买份人寿保险，减少因意外导致的收入减少或负担加重

图 3-2 未婚期的理财方法

成家期的理财

成家期是指结婚到孩子出生前（1 年 ~5 年）。此时已经结婚，夫妻双方可共同赚钱，经济收入增加，生活趋于稳定。此阶段的理财方法如下。

（1）合理安排家庭建设的支出。这一时期是家庭消费的高峰期，虽然经济收入有所增加，生活趋于稳定，但家庭的基本生活用品还是比较简单的。为了提高生活质量，往往需要支付较大的家庭建设费用，如购买一些较高档的生活用品、每月还购房贷款等。

（2）进行高收益的投资活动。待稍有积蓄后，可以选择一些比较激进的理财工具，如偏股型基金及股票等，以期获得更高的回报。可将积累资金的 50% 投资于股票或成长型基金，35% 投资于债券和保险，15% 留作活期储蓄。

从整个家庭生命周期来看，这个时期的理财规划可能最为重要，在以后的各个阶段只要根据家庭情况的变化对这个规划进行相应的调整即可。

育子期的理财

育子期大约有 20 年，此时孩子的教育费用、生活费用猛涨。这一阶段的理财方法如图 3-3 所示。

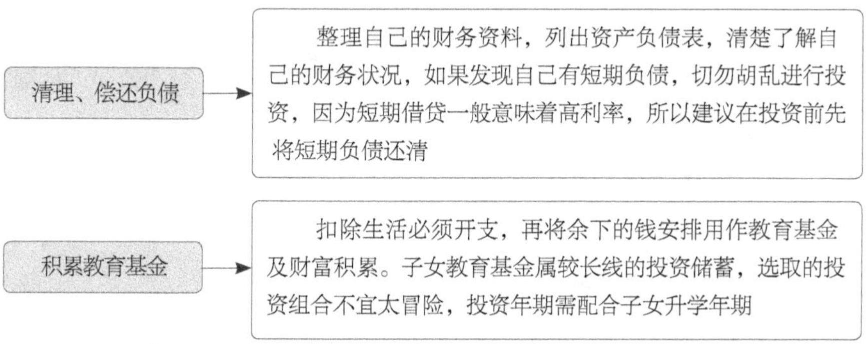

图 3-3　育子期的理财方法

当然，对于理财已经取得成功、积累了一定财富的人来说，其完全有能力支付子女的教育和生活费用，因此可以继续进行理财，发展投资事业，创造更多财富。

中年期的理财

家庭成熟期大约有 15 年，是指子女工作至本人退休阶段，是人生收入的高峰期。这个时期的特征是家庭成员数量随子女独立而减少，事业发展与收入通常均达到高峰期，家庭支出随家庭成员的减少而降低，家庭储蓄随收入增加和支出降低而大幅增加，从而使资产达到最高峰。此阶段的理财方法如图 3-4 所示。

- **清理负债，享受生活** → 这个阶段由于收入较高，支出较前期相对降低，生活水平可以更高一些。另外，还要及时还清负债，以便将来安享晚年
- **进行保险规划** → 孩子成人后，其保险需求会随着其新家庭的组建而变化，这时候一般不必再考虑孩子，只要把夫妻二人的保险规划好即可
- **进行退休规划** → 退休后能领到的养老金可能根本不足以应付退休后的生活，所以只能靠自己进行退休规划
- **进行稳健投资** → 在投资比例上，要适当降低股票类的投资，提高债券类的投资比重；在投资种类上要重点结合退休养老问题进行投资

图 3-4 中年期的理财方法

老年期的理财

老年期是指夫妻双方退休到一方去世的时期。此阶段投资和消费都比较保守，理财原则应该是身体健康第一、财富第二，主要以稳健、安全、保值为目的。这一时期的理财方法如图 3-5 所示。

- **经济状况** → 这一阶段收入较低，退休金、养老保险金及投资理财收入为主要收入来源，医疗保健方面的开支为主要支出方式
- **保险需求** → 由于年龄超限，市场上可供购买的保险产品极少，这一阶段主要保险需求在于打理自己以前购买的保险产品
- **投资方式** → 这一阶段的人群风险承受能力差，建议投资债券型基金、银行固定收益类理财产品等风险较低的金融产品。在选择投资组合比例上，可考虑储蓄和国债的比例占 85% 以上，剩余部分可用于其他金融投资

图 3-5 老年期的理财方法

3.1.2 不同事业阶段的理财技巧

每个人的际遇不同，人生目标也有很大的差别，从毕业到步入职场、进入社会开始，我们可能遇到诸多的考验。可见从经济独立开始，我们就要有计划地理财。在有效规避理财风险的同时，做好各人生阶段的理财规划。

事业拼搏阶段

从进入职场到成家立业，这时的人们没有太多的经济或家庭负担。理财应当以积累未来成立家庭所需的资金为主，所以务必以追求正职收入的稳定为首要目标，若有余力的话，再进一步拿出部分储蓄进行投资，以增加投资理财的经验。

不要认为自己年轻就可以冒险投资，亏了可以从头再来，奉劝有这种错误观念的年轻人，不要抱着“不成功、便成仁”的态度，而要端正自己的投资态度；分散风险、适当投资；多阅读有关投资的书籍，丰富自己的投资知识；只有不断总结投资经验，才能成为成功的投资者。

对于事业刚起步的年轻人来说，其不妨将积蓄中的 65% 长期投资报酬率较稳定的债券、基金等金融商品，并且不要进行太积极的操作；15% 选择定期存款；10% 购买保险；10% 用于活期存款，应付生活上的紧急支出。

立业有成阶段

这一阶段人自身的工作能力、经济状况都达到高峰状态，子女已完全能够自立，父母债务已逐渐减轻，最适合累积财富，因此，其理财的重点是扩大投资，但不宜过多选择风险投资的方式。此外，还要存储一笔养老资金，而养老保险是较稳健、安全的投资工具之一。

子女参加工作后，夫妻的经济负担在很大程度上得以解除。这时，夫妻应根据双方的经济收入的实际情况，建立合理的家庭理财计划，使家庭的稳定收入由小变大，得以保值增值，积累足够的财富以应对不时之需，并应该为夫妻退休之后的老年生活做好储备。

退休享受阶段

这段时期的主要内容应以安度晚年为目的，投资和花费都比较保守。理财原则是身体、精神第一，财富第二。保本在这一时期比什么都重要，最好不要进行新的投资，尤其不能再进行风险投资。另外，在65岁之前，认真梳理总结自己已经拥有的人寿保险，进行适当的调整。

老年家庭的理财之道应当优先考虑投资安全，以稳妥收益为主。目前投资工具虽多，但并不是只要投资就有钱赚。一般来说，人们的风险承受度和年龄成反比。老年家庭一生辛苦赚来的钱来之不易，如果投资风险大的项目，一旦损失，对老人的精神、对家庭的影响都会非常大，所以要特别注意投资的安全性，不可乱投资。需要注意的是，不可把家庭日常生活开支、借来的钱、医疗费、购房款、子女婚嫁等准备的钱用于风险投资。

3.2 找对理财选择，不同层次也能发家致富

除了人的不同阶段的理财选择不同外，不同层次的人群的理财选择也各不相同。这一现象主要是由3点造成的，如图3-6所示。但不论是哪一种理财选择，只要操作恰当都是能赚钱的。

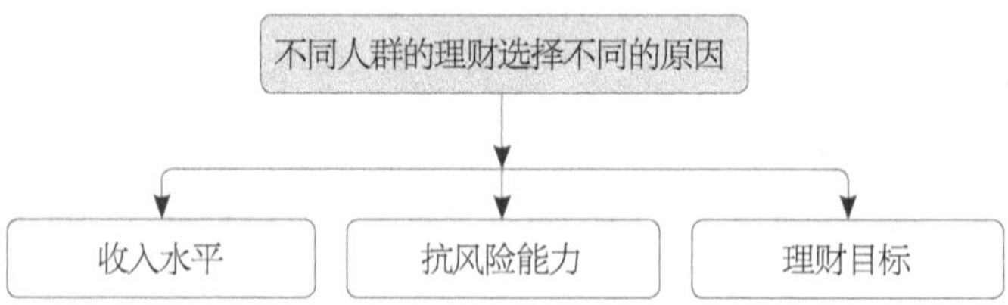

图3-6 不同人群理财选择不同的原因

3.2.1 不同职业阶层的理财技巧

理财是一件非常个性化的事情，每个人都会因为各自不同的收入而有不同的理财方式。如果不能根据自身的收入把握重点，可能资产不但无法增值，反而连本金都赔进去了，所以做好理财计划至关重要。

蓝领阶层的理财

蓝领阶层的月薪通常较低。下面介绍该阶层的理财方式，具体如图3-7所示。

积极攒钱	若已经小有积蓄，可以按每月 15% 的比例来安排自己的储蓄，比如月薪 3000 元的人每月可拿出 450 元左右存入银行。若刚刚开始工作，则需积累一些资本，可以按 25% ~ 30% 的比例将资金存入银行，以便快速积累财富
控制消费	日常生活中很多的消费支出是不必要的，因此，第一步是学会记账。月初的时候应该制定好消费计划，计划做好后最重要的是执行，所以最好每天记录生活账，可以选择用本子记账，也可以使用记账软件记账
善买保险	为自己购买一定金额的人身险，要是有贵重的实物，也可以给它上个保险，保险的额度应该根据自身的情况确定
慎重投资	投资有很多方式，如炒股、炒基金、炒国债等。其中，基金定投被称为“懒人理财法”，比较适合工薪族

图 3-7 蓝领阶层的理财方式

白领阶层的理财

白领收入较高。下面介绍该阶层的理财方式。

（1）减少开支。将每月消费控制在 3 000 元以内，从而提高财富积累的速度。

（2）购买保险。除了基本的社会保险外，必须拿出 15% ~ 30% 的收入购买个人意外伤害保险或养老保险等，用于加强保障。

（3）购房规划。成家之前的首要目标是购房，可以通过申请公积金及商业住房的按揭组合贷款的方式来解决。

（4）投资规则。每个月可拿出 1 000 元左右投资于定期定额的基金产品。

金领人群的理财

月薪在 10 000 元以上的人则属于高薪人群了。下面介绍该阶层的理财方式，具体如图 3-8 所示。

存款储蓄	可以每月拿出 20% ~ 40% 的资金进行定期储蓄，为“财富高楼”打好基石
保险保障	可根据个人情况，投入大约 10% 的资金购买保险。这是人生各个阶段都不能少的一项生活保障，所以一定要固定下来
风险投资	由于资金相对来说比较充足，所以可以优先考虑风险投资，如投资股票和基金等，并以积蓄的 30% ~ 40% 做风险投资
保守投资	可以尝试多买些债券，债券收益比储蓄要高，且风险较小，可以投资大约 15% 的资金
其他投资	自己可以进行适当的学习，进一步提升各方面的能力，也可以投资于房产、黄金等市场。总之，要让所有的闲钱流动起来，以便带来更多的收益

图 3-8 金领阶层的理财方式

3.2.2 不同收入层次的理财技巧

理财不是有钱人的专利，每个人都有“财”可理。由于拥有的财富不同，每个人的理财方法、理财侧重点也就各不相同。那么，不同收入的阶层将如何理财呢？

月收入 2 000 元 ~ 4 000 元的理财选择

月收入在 2 000 元 ~4 000 元的上班族，大多刚刚走上工作岗位。他们正处于人生的成长期，也是收入的起步阶段，在这一阶段，其理财的关键是平衡收入与个人支出，节流重于开源，抑制消费，承受风险，此外，投资自己，多学习、长见识也是必要的理财。

相应的理财方法如下。

（1）学会节流。工资是有限的，不必要花的钱要节约，只要节约，一年还是可以省下一笔可观的收入的，这是理财的第一步。

（2）做好开源。有了余钱，就要合理运用，使之能够保值增值，使其产生较大的收益。

（3）善于计划。理财的目的，不在于要赚很多的钱，而是在于使将来的生活有保障或生活得更好，善于计划自己的未来需求对于理财很重要。

（4）合理安排资金结构。在现实消费和未来的收益之间寻求平衡点。

（5）根据自己的需求和风险承受能力考虑收益率。高收益的理财方案不一定是好方案，适合自己的方案才是好方案，因为收益率越高，其风险就越大。适合自己的方案是既能达到预期目的，又是风险最小的方案，因此，不要盲目选择收益率最高的方案。

月收入 4 000 ~ 6 000 元的理财选择

月收入在 4 000~ 6 000 元的人群大多数已经有了三四年的工作经验了，且个人收入也还会有所提高，但其工作和生活的压力也会随之提高，如职位升迁、组建家庭、抚育孩子等。因此，在这一阶段的人群，一定要做好自己的资产分配。

这类人群的理财方法如图 3-9 所示。

必要的资产流动性 →	这主要是为了解决基本生活消费和预防突然性失业。可以设立在银行设立两个账户，一个用于日常消费（活期），每月存入 2 000 元；另一个用于存放 3 个月的基本生活费用（定期），7 000 元左右
合理的消费支出 →	赚的钱不是钱，省下来的钱才是钱。日常生活中有很多的消费支出是不必要的。因此，第一步要学会记账。记账不是仅仅记下每一天的生活支出，而是科学地计划和执行
完备的风险保障 →	如果没有一些风险意识，那么一场意想不到的灾难很容易让人陷入困境，所以，要为自己购买一定金额的人身保险，如果有贵重的实物，也可以给它上个保险。对于保险的额度应该根据自身的情况而定
规划教育投资 →	有生育小孩的人群，要提前考虑孩子的养育和教育问题，最好在孩子出生前一年开始攒钱。而且现在有很多保险公司都有关于孩子教育的业务，选择教育保险也是一项不错的投资。同时，也要为自己“充电”，这有利于自己的职业发展
积累财富 →	积累财富有很多的途径，如股票投资、基金投资、国债投资等各种投资。基金定投被称为“懒人理财法”，比较适合工薪族。而股票投资的风险高，对于不敢冒险且受压能力不强的人，其最好远离股市

图 3-9 月收入 4 000 ~ 6 000 元的理财方法

月收入 6 000 ~ 10 000 元的理财选择

月收入 6 000~10 000 元的水平对一般人来说是非常不错的了，但由于工作原因其开销也会增加。因此，对于这一收入水平的人来说，其不适合选择高风险的投资理财方式，相对而言，中庸的理财风格，比较适用于这一类人群。

这类人群的理财方法如图 3-10 所示。

减少开支 →	在保证生活质量的前提下，缩减不必要的开支，将每月消费控制在 3 000 元以内，从而提高财富积累速度。减少在奢侈品以及吃喝玩乐上的开支，每月可以暂时拿出 500 元购买基金，养成理财习惯
定期定额买基金 →	在减少信用卡透支额度的同时，可以选择一些“强制性”投资，如定期定额买基金，购买低风险的货币基金等
购买保险 →	一般单位所提供的社会保险和基本医疗保险的保障功能比较单薄，保险额度也有限。所以，需要补充全面的保障方案，如拿出 15% ~ 30% 的收入用于购买个人意外伤害保险或补充养老保险等，用于加强保障
购房规划 →	成家之前的首要目标是购房，月 6 000 元的收入水平对于购房者来说可能会有些资金不足，但可以通过申请公积金及商业住房的按揭组合贷款的方式来解决
投资规则 →	除了日常支出和按揭还贷外还有一些结余，所购置的房产可以用于出租，至少每个月有 1 000 元左右的收入，可以将这些收入投资于每月定期定额的基金产品

图 3-10 月收入 6 000 ~ 10 000 元的理财方法

月收入万元以上的理财选择

月收入万元以上的人群可以说是实实在在的金领阶层了。这类人群大多在 30 岁左右，正处于年富力强之时，一般来说收入会比较快速地增长，到后期可能趋于稳定，由于多年的工作积累，一定会有一笔不菲的存款，也有较强的实力进行风险投资。

同时，也要考虑结婚、购房、购车、赡养父母、生育后代的问题，并为此进行资金准备，而其理财的重点则是日常预算和债务管理方面。

相应的理财方法如下。

（1）降低现金的额度，发挥流动资金的最大效用。10 万元的现金（或等同现金）中的 3 万元 ~5 万元可按一定的比例存入银行、投资于人民币理财产品和货币基金，以保证留有足够的兼顾流动性和收益性的备用资金。

（2）经济收入增加而且生活稳定，家庭已有一定的财力和基本生活用品，风险承受能力较强。用 3 万元 ~5 万元的现金进行一些风险投资。债券是一种可以提供固定收益的投资品种，投资适当比例的债券，可使投资组合达到良好的分散化效果，从而降低整体的投资风险水平；另外附息债券通过定期支付利息，可以为投资者提供可预见的稳定收入，这对于退休规划而言尤其重要。

（3）房屋贷款的还款技巧。建议可用部分资金提前还贷，以减少利息支出。但要注意的是，选择这种方法要量力而行，不能为全部提前还清银行债务而打乱其他的资金计划。部分提前还款有 3 种方法可选择：月供不变，将还款期限缩短；减少月供，还款期限不变；减少月供，还款期限也缩短。

（4）从家庭理财规划来看，保险是所有理财工具中最具防护性的。如果是夫妻双薪家庭，建议夫妻互保，保障的种类有意外伤害类保险和医疗保障类保险。若是结婚前已买过保险，建议重新检查已有保单，适当增加保额和更换保单受益人。这个阶段的家庭已经积累了一定的财富，建议夫妇双方考虑购买重大疾病保险，因为投保年龄越小，保费越便宜。还可以考虑定期寿险，以尽可能小的费用来获得较大的保障。

3.3 3 个妙招，助你制定合适的理财目标

注重理财、善于理财，你就能步入财富的殿堂；而不注重理财、不善于理财，你即使有再高的工资、再多的收入，生活也会陷入拮据，度日艰难。既然理财如此重要，那么我们该如何制定家庭各个阶段的理财目标呢？下面就为大家介绍 3 个方法。

3.3.1 近期理财目标制定方法

近期目标就是在短时间内可以达到的成果，一般要贴切实际一点，不要好高骛远。例如，普通家庭的近期理财目标的制定可以从两方面进行考虑，如图3-11所示。

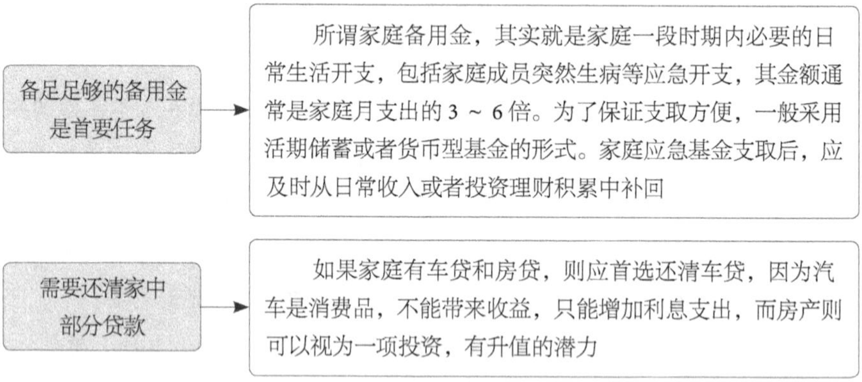

图3-11 近期理财目标制定方法

3.3.2 中期理财目标制定方法

由于家庭环境、财务状况、收入预期、支出规划等诸多方面的差异，每个家庭的中期理财目标与风险承受能力是不尽相同的。普通家庭的中期理财目标通常有大型消费品、旅游、父母赡养、子女教育计划以及财务安全规划等。

3.3.3 长期理财目标制定方法

人穷志短，要是没有钱，人们可能在老的时候看别人的脸色活着，这样的老年人是没有尊严的。为了安度晚年，过上有尊严的幸福生活，其年轻的时候就要注重理财，制定长期的理财目标，为养老进行财务上的储备。长期理财目标主要包括子女教育金、养老金、职业保障规划、财富积累规划等。

第4章

网络理财，享受互联网的便利

学前提示 >>>

面对金融信息海洋和瞬息万变的金融市场，我们只有充分利用互联网手段才能掌握先机。随着移动互联网的快速发展，人们已经可以轻松地随时随地进行理财了，掌握互联网理财技巧也是投资理财者必需的技能。本章就将介绍网络理财的相关知识。

要点展示 >>>

网络管钱，虚拟钱包好方便
网络省钱，学会省钱再赚钱
网络赚钱，低付出换来高回报
网络花钱，不麻烦地办麻烦事
网络借钱，一诺真的值千金

4.1 网络管钱，虚拟钱包好方便

随着网络的发展，人们对于自己财产储蓄的管理手段不再限于存折、储蓄卡等传统的操作管理手段了，现在人们还可以轻松地通过互联网来便利地操作和管理自己的财产。不管是转账汇款、收款查账，还是购物消费、投资买卖，人们在网络上都可以进行操作。

本节将为大家介绍 3 种有代表性的网络理财渠道。

4.1.1 银行网银

银行与我们的生活息息相关，它的出现改变了曾经的人们存放和管理自身财产的方式。随着网络的发展，银行也紧跟时代脚步，推出了网上银行，又一次改变了我们理财的方式。

网上银行方便快捷，被广泛应用于查询信息、付款汇款等业务。大多数在银行柜台进行的操作，人们在网上银行上都可以完成。

4.1.2 支付宝

支付宝是第三方支付平台，其功能更倾向于成为用户的“钱包”。用户可以通过支付宝还信用卡、转账、付款、收款、缴费以及充话费和进行卡券管理，因此，它是网络理财工具中功能比较全面的一种。

4.1.3 财付通

财付通是腾讯旗下的支付平台，是和 QQ 关联的。QQ 的广泛使用让财付通也成了人们日常生活的重要支付方式。财富通最为便利的一点就是可以快速地完成对腾讯服务或产品的充值支付。

4.2 网络省钱，学会省钱再赚钱

人们在网络上不仅可以购物消费，还可以通过一定的技巧省钱。本节就将介绍 3 种网络省钱技巧，虽然每次节省的钱不会很多，但能让人们在只是显示数字变动的网络交易中更加体会到金钱的可贵。

4.2.1 网购学会先砍价

在小店铺买东西是网购达人“升级打怪”的第一关，其实网购和现实购物一样是可以砍价的。另外，网上由于都见不着面，人们便可以尽情砍价，男生也不必因为放不下面子而不砍价，当你成功后就会有很大的成就感。

【案例分析】在京东平台与店家砍价

京东商城是一个目前规模比较大的电商平台，不仅用户在上面购物消费可以直接联系店家，进行砍价，京东商城本身还时常会推出砍价的优惠活动，鼓励用户砍价。

4.2.2 网购要货比三家

购买者如果不清楚某项商品的市场价，便可以复制商品关键词，通过搜索比较，以便了解价格，当然价格低得太离谱的就要小心了。我们现实购物的时候就喜欢闲逛，在网上也一样，多去几家店看看然后比比价格，比比信誉，选择一个更好的适合自己的商品。

4.2.3 网上团购省运费

如果买家在淘宝网等电商网站只想买一件普通商品，而且其价格比较低的话，加上 10 元的运费，网购的优惠就荡然无存了。但是和朋友、同事或家人一起买的话，不仅邮费便宜了，可能还会因为团购而有意想不到的折扣。

【案例分析】京东团购节省运费

1 在京东商城搜索“团购商品”便可找到提供团购的商品，**2** 选择要购买的商品，如图 4-1 所示。进入店铺向商家提出团购要求，进行沟通后即可获得相应优惠。

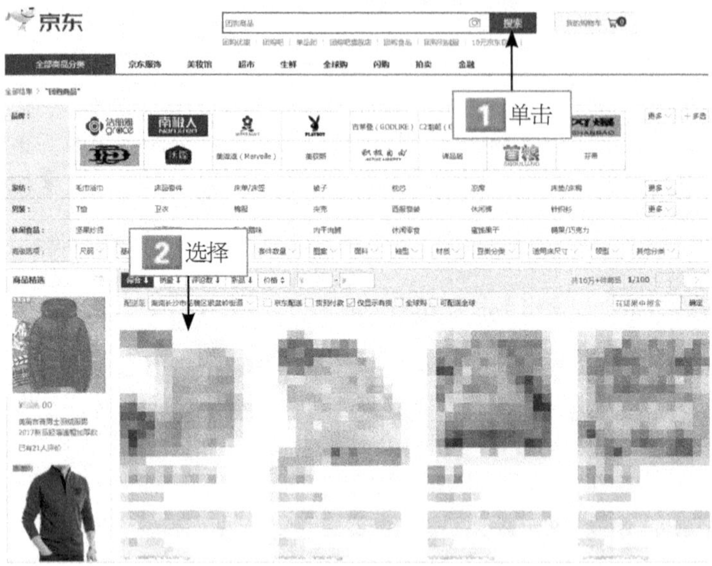

图 4-1 京东团购

4.3 网络赚钱，低付出换来高回报

通过网络投资理财也是个好的选择，网上投资能大大节省人们在交通、资讯、时间等方面的付出。本节就以网上投资基金为例，介绍几种网络赚钱的方法。

4.3.1 软件下载与安装

利用功能强大的基金交易软件来投资基金无疑是一个很好的选择，但在使用基金软件投资基金之前，需要先下载并安装好基金交易软件。

【案例分析】同花顺爱基金软件的下载与安装

“同花顺爱基金”就是目前市面上一个比较不错的基金交易软件，其具体的下载与安装方法如下。

进入“同花顺爱基金”首页，单击左上角的“PC客户端”超链接，如图 4-2 所示。

图 4-2 单击“PC 客户端”超链接

在新打开的页面中，单击“立即下载”按钮，如图 4-3 所示。

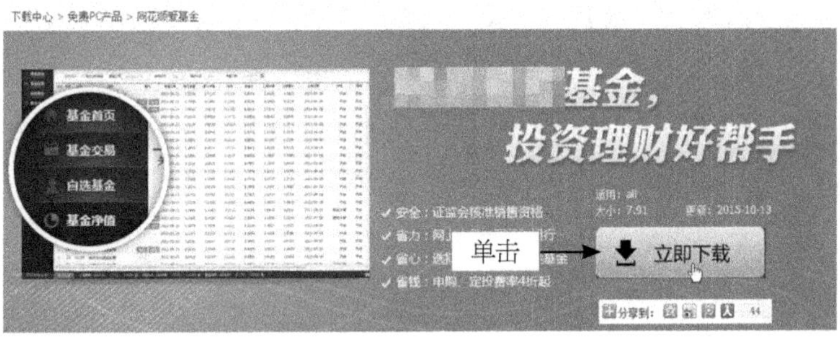

图 4-3 单击“立即下载”按钮

执行上述操作后，弹出“新建下载任务”对话框，1 设置文件名和保存路径，2 单击“下载”按钮，如图 4-4 所示。执行上述操作之后，等待下载完成，即可在保存路径中找到软件的安装包。

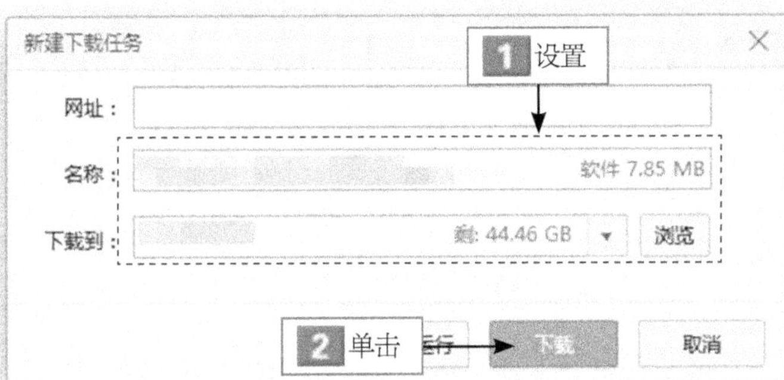

图 4-4 “新建下载任务”对话框

下载完成后，可以将其安装，以进行相应的操作。下面介绍同花顺免费版的安装方法。

找到软件安装包的保存位置，并使用鼠标左键双击相应交易软件的安装程序，如图 4-5 所示。

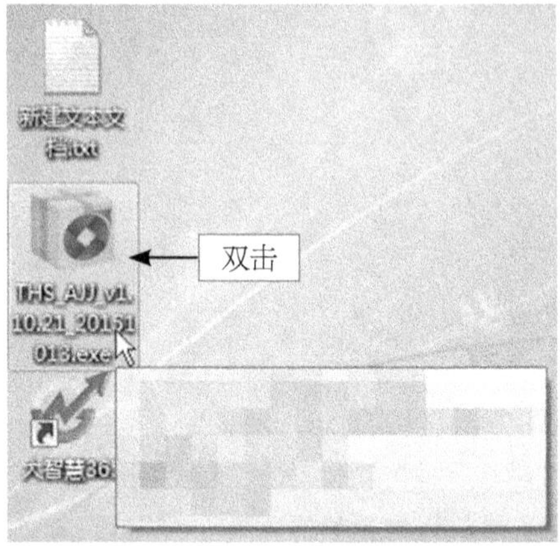

图 4-5 双击交易软件的安装程序

执行上述操作后，弹出“安装 - 同花顺爱基金”对话框，1 在对话框中勾选“已阅读并接受”，2 单击“下一步”按钮，如图 4-6 所示。然后，进入“选择目标位置”界面，3 单击“浏览”按钮，如图 4-7 所示。

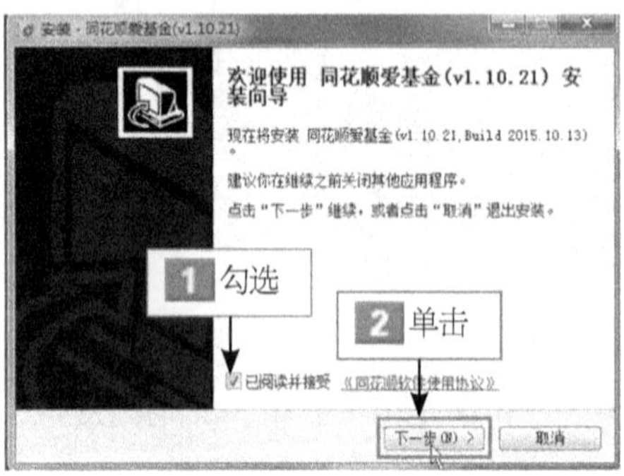

图 4-6 单击“下一步”按钮

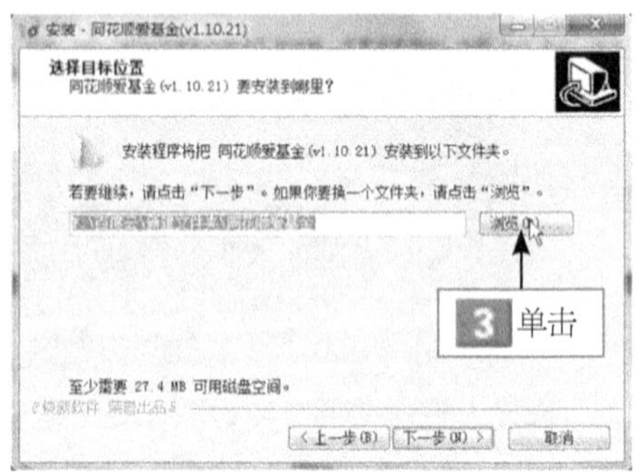

图 4-7 单击“浏览”按钮

执行上述操作后，弹出“浏览文件夹”对话框，设置安装路径。选择好安装路径后，1 再单击“确定”按钮，如图 4-8 所示。然后，返回到“选择目标位置”界面，2 单击“下一步”按钮，如图 4-9 所示。

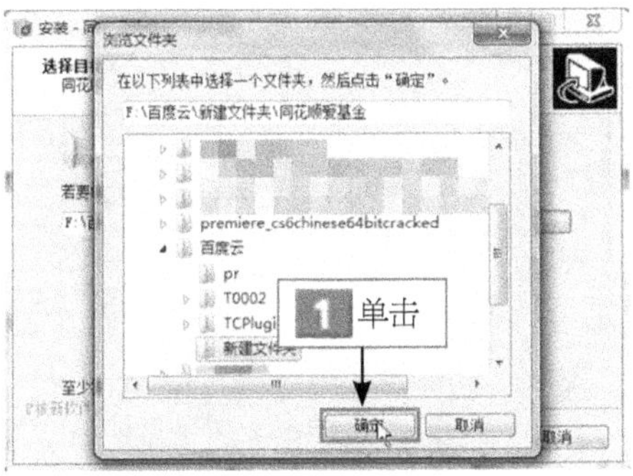

图 4-8 单击“确定”按钮

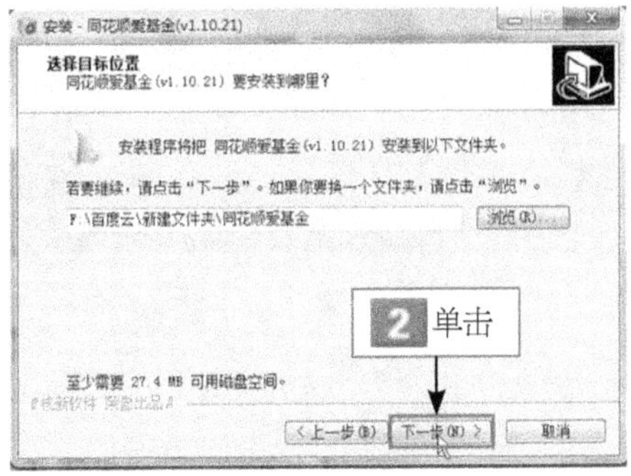

图 4-9 单击“下一步”按钮

执行上述操作后，进入“选择附加任务”界面，**1** 在该界面设置图标创建位置，**2** 并单击“下一步”按钮，如图 4-10 所示。然后，进入“正在安装”界面，开始安装软件，并显示安装进度，如图 4-11 所示。之后只需耐心等待片刻，便会完成安装。

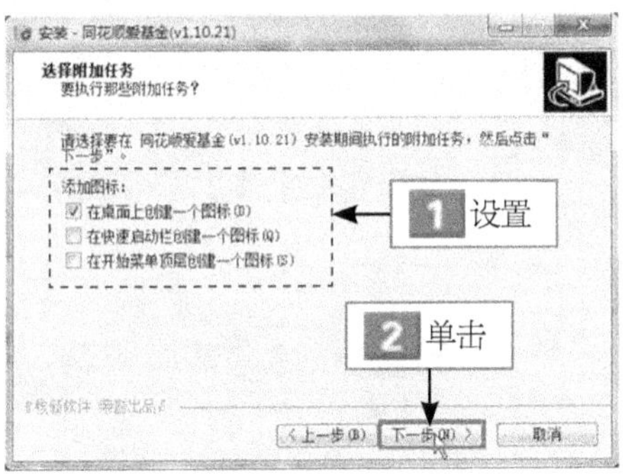

图 4-10 单击“下一步”按钮

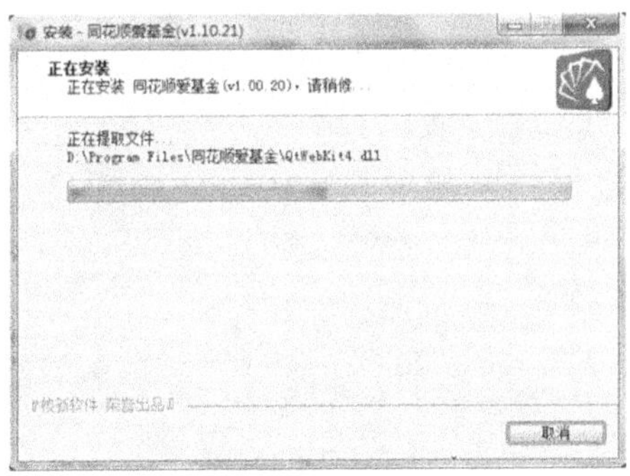

图 4-11 安装软件并显示安装进度

4.3.2 软件注册和登录

下载并安装好基金交易软件还只是第一步，接下来还要进行基金交易软件的注册和登录。下面还是以同花顺爱基金交易软件为例，为大家介绍基金交易软件的注册和登录操作。

【案例分析】同花顺爱基金的注册和登录

首次打开同花顺爱基金时，软件会提示用户进行注册，**1** 单击“免费注册”按钮，如图 4-12 所示。执行操作后，弹出“同花顺注册”对话框，**2** 设置账号、密码、手机号码、安全邮箱等选项，**3** 单击“立即注册”按钮，如图 4-13 所示。

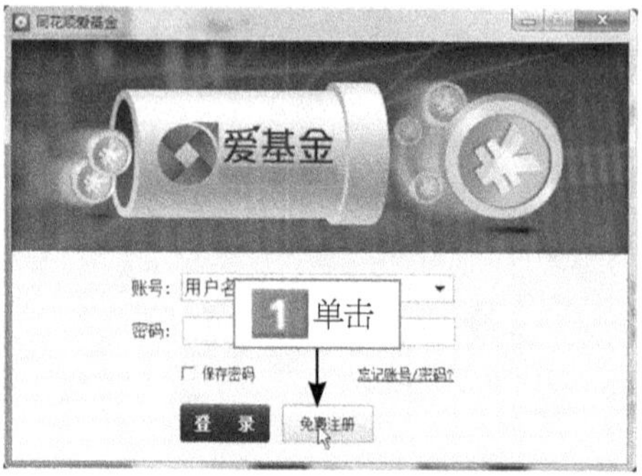

图 4-12 单击“免费注册”按钮

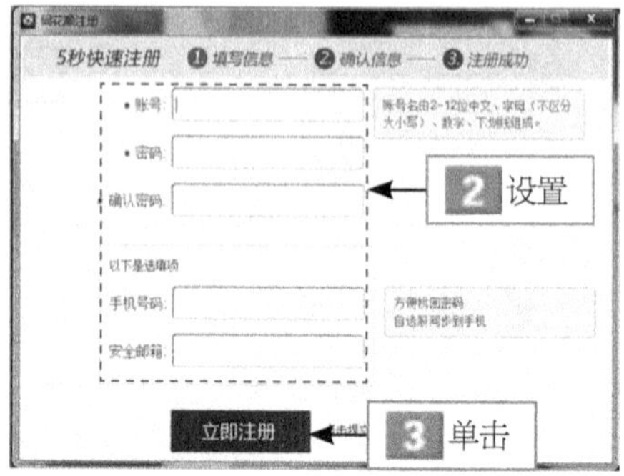

图 4-13 单击“立即注册”按钮

进入“确认信息”界面，用户可根据提示完成手机认证和邮箱验证，完成相关验证操作后，即可成功注册，如图 4-14 所示。然后返回“同花顺爱基金”登录界面，输入账号和密码，单击“登录”按钮，如图 4-15 所示。

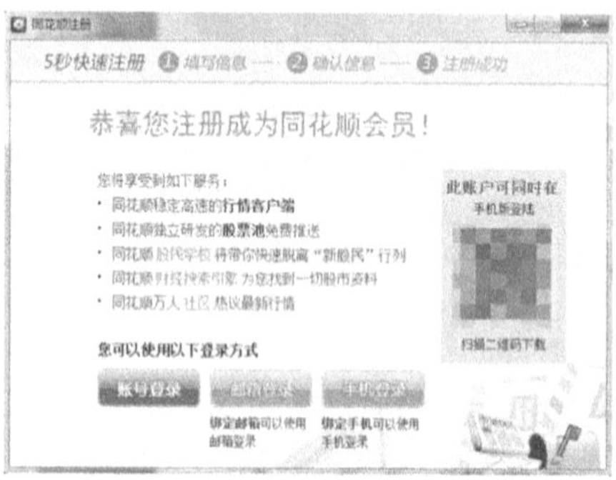

图 4-14 “注册成功”界面

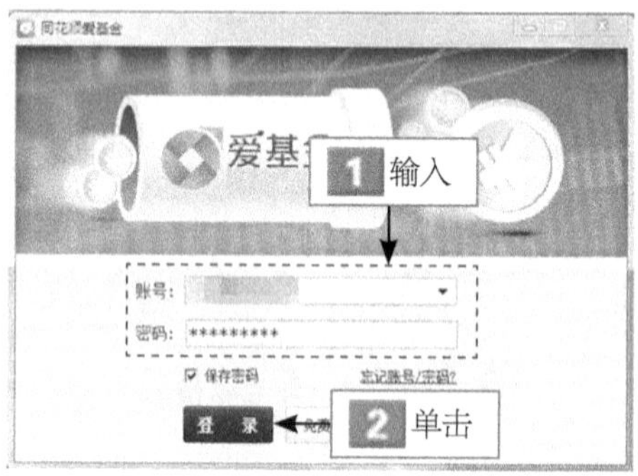

图 4-15 单击“登录”按钮

执行上述操作后，即可成功登录同花顺爱基金软件。

4.3.3 在网上查看行情

在基金交易软件上查询基金走势，比在网页上更加详细专业。下面介绍通过同花顺爱基金查询基金走势的方法。

【案例分析】用同花顺爱基金查基金走势

登录同花顺爱基金平台，1 使用鼠标左键双击想要查询的基金名称超链接，如图 4-16 所示。执行操作后，即可看到该只基金的走势图，2 用户可以在此设置涨幅区间、叠加品种、时间段等条件，如图 4-17 所示。

图 4-16 双击相应基金名称

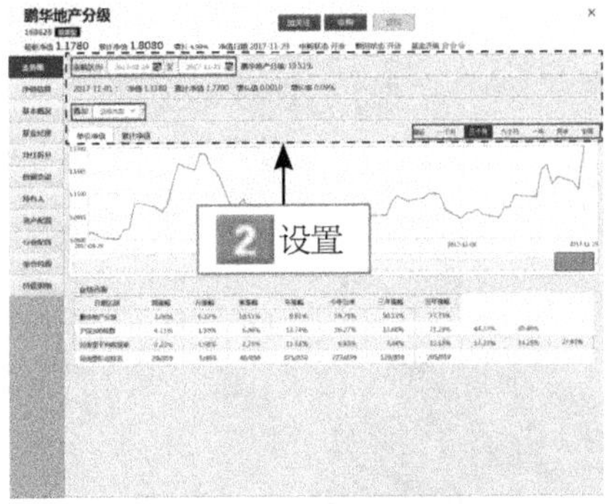

图 4-17 设置条件查看基金走势图

1在“叠加”列表框中选择“沪深 500”和“基金指数”选项，即可显示相应的叠加走势，如图 4-18 所示。2单击顶部的“加关注”按钮，进入“自选基金”界面，即可看到添加关注的基金，如图 4-19 所示。

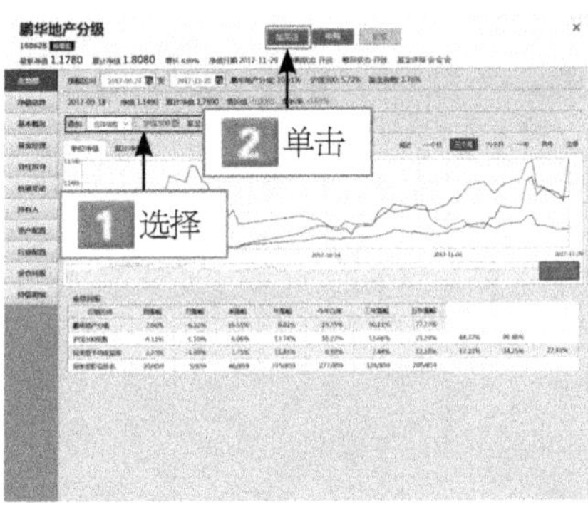

图 4-18 叠加走势显示

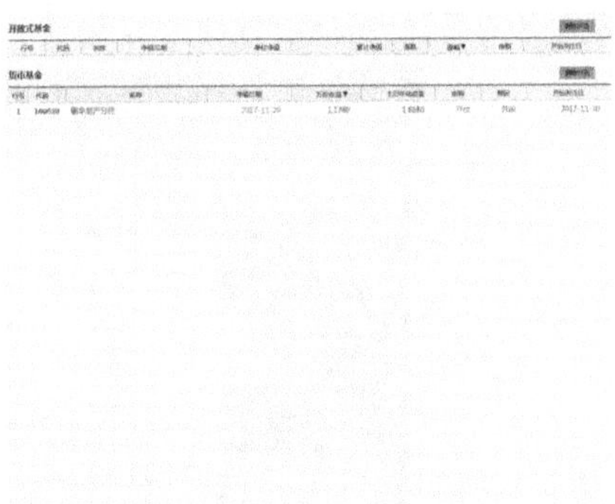

图 4-19 “自选基金”界面

4.3.4 在网上进行交易

下面以工商银行为例，为大家介绍利用网络进行理财交易的相关知识。

【案例分析】通过中国工商银行网银交易基金

登录银行网银之后，就可以进行基金的交易了。首先进入中国工商银行的“我的网银”界面，1并单击其页面中的“基金”按钮，如图 4-20 所示。执行上述操作之后，页面将转至“基金购买”界面。如果投资者事前已经有了看好的基金品种，2可以直接在搜索栏中进行搜索。图 4-21 所示为搜索“工银瑞信”的结果。

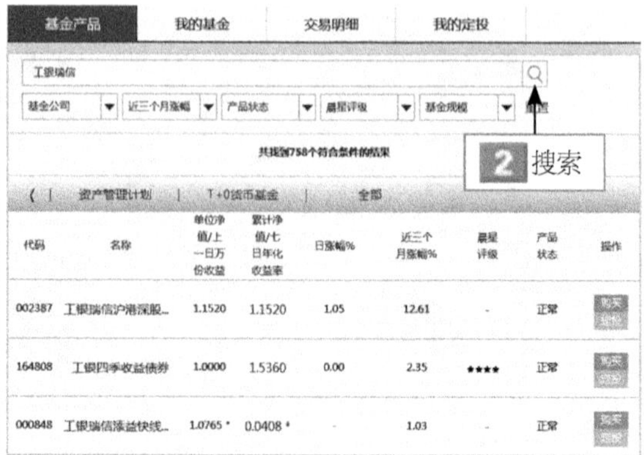

图 4-20 “我的网银”界面　　　　图 4-21 搜索“工银瑞信”的结果

在“基金购买”界面单击需要购买的基金品种后方的购买按钮，页面将转至基金购买的信息填写界面，如图 4-22 所示。在基金购买信息填写界面中，**1** 填写相关信息，**2** 并单击“提交”按钮。

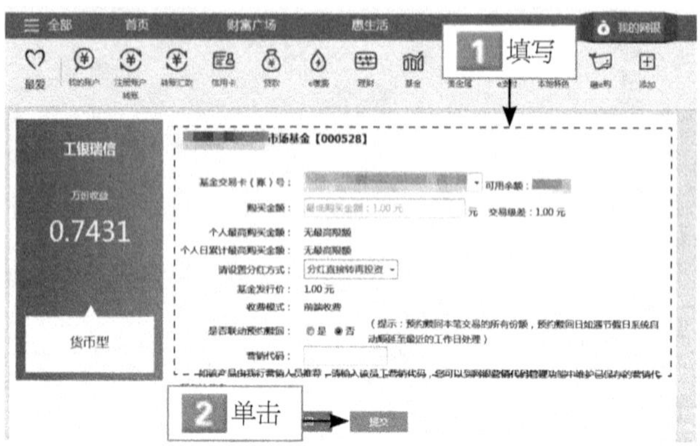

图 4-22 基金购买信息填写界面

执行上述操作之后，页面将转至基金购买信息的确认界面，如图 4-23 所示。在基金购买信息的确认界面中对信息进行确认之后，单击“确认”按钮。

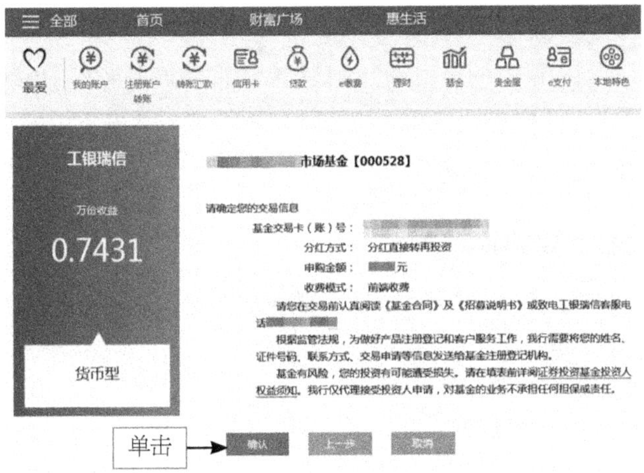

图 4-23 基金购买信息确认界面

执行上述操作之后，如果新转出的页面中显示“交易成功”，就说明基金申购申请提交成功了，如图 4-24 所示。

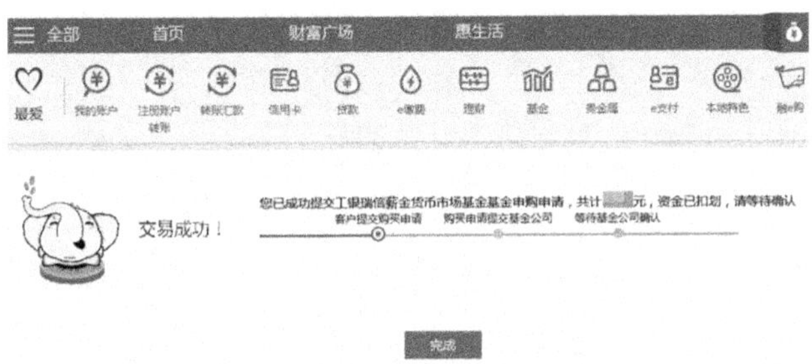

图 4-24 基金申购申请提交成功界面

4.4 网络花钱，不麻烦地办麻烦事

网络不仅可以用于理财投资，让人们十分方便地管钱、赚钱，还可以用于购物和消费，为人们提供花钱渠道。随着移动互联网的发展和普及，人们更是可以随时随地想花就花，不用担心受到诸多麻烦的限制。

本节将为大家介绍利用网络购物和消费的相关知识。

4.4.1 购物付款

淘宝是目前国内最大的电商平台，其平台上商品种类丰富，小到螺丝、图钉，大到家电、家装，人们都可以在淘宝上购买到。下面就以淘宝网页版为例，为大家介绍如何在网上购物付款。

【案例分析】淘宝购物付款

首先，进入淘宝商城，选择好商品，选择购买后确认好订单信息，如图 4–25 所示，然后单击“提交订单”按钮。

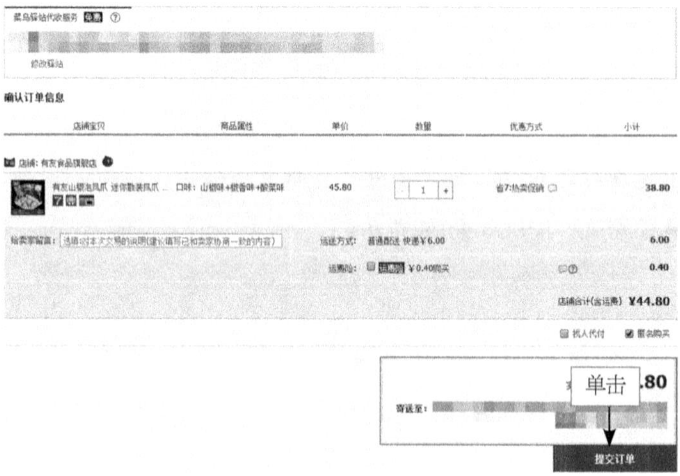

图 4–25 订单确认页面

接着会弹出支付宝支付的页面，1 选择支付方式，2 然后输入密码，3 单击“确认付款”按钮，即可完成付款，如图 4–26 所示。

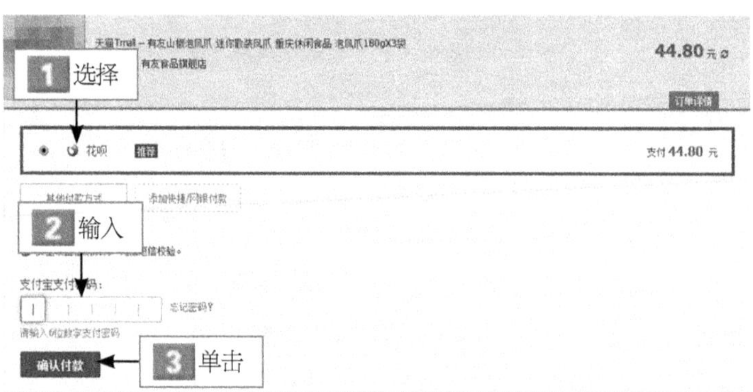

图 4–26 支付界面

4.4.2 话费缴纳

网上话费充值交易的功能在很多平台上都有，用户在支付宝上也可以进行快捷的手机话费充值操作。

【案例分析】支付宝缴话费

1 用户在支付宝主界面单击“充值中心”按钮，如图 4–27 所示。可以直接进入“充值中心”界面为手机充值话费。进入“充值中心”界面后，2 用户直接输入手机号码、3 选择充值金额，完成支付即可实现在线手机充值，如图 4–28 所示。

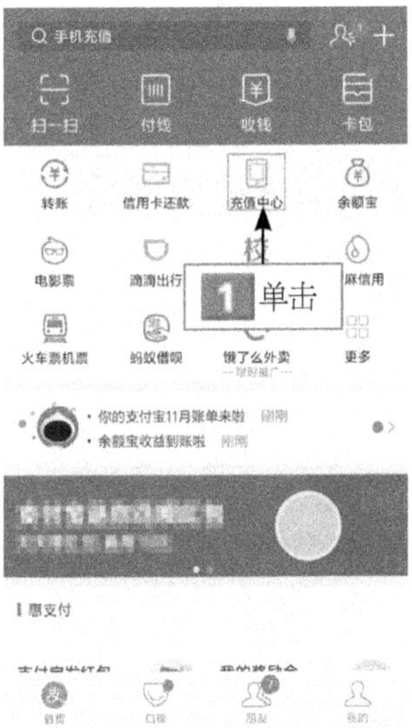

图 4–27 支付宝主界面

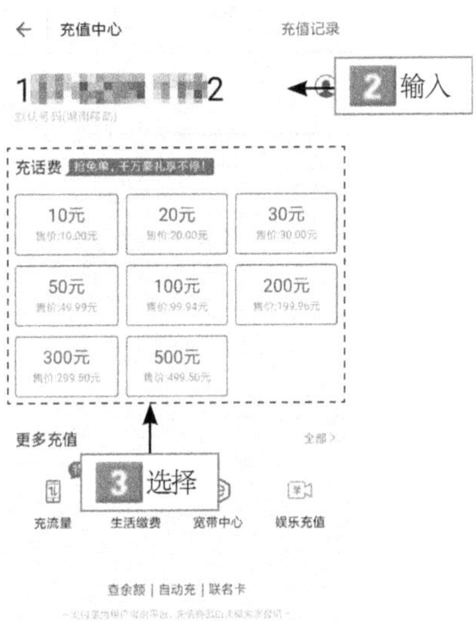

图 4–28 充值中心界面

整个过程只需要很短的时间，而且充值的手机话费是实时到账的。

4.4.3 购票付费

出行坐飞机是个不错的选择，但机票价格并不便宜，所以人们更要选择安全可靠的方式来购买。下面将以携程为例介绍用手机购买机票的方法。

【案例分析】携程订购机票

携程旅行的飞机票订购流程如下。

1 选择起始城市、出发时间等信息，2 单击“搜索”按钮，如图 4–29 所示。

3 选择航班并单击即可自动跳转到下一个界面，如图 4-30 所示。

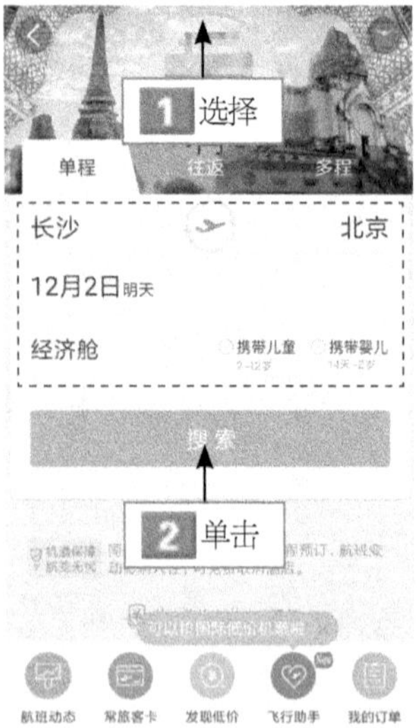

图 4-29 单击“搜索”按钮

图 4-30 选择航班

1 单击“旅行套餐”右侧的“预订”按钮，如图 4-31 所示。**2** 单击“选择乘机人”按钮，如图 4-32 所示。

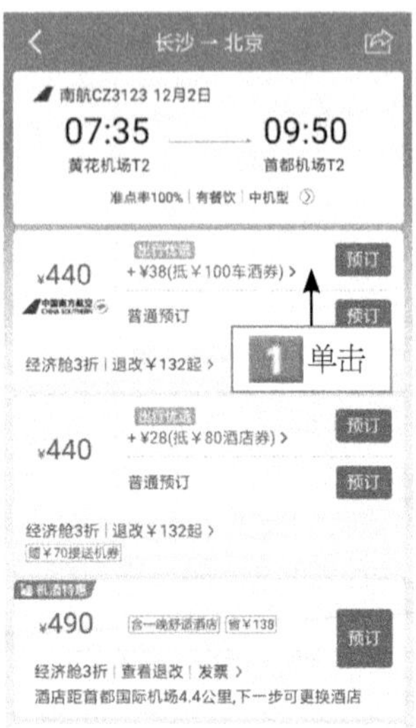

图 4-31 单击“预订”按钮

图 4-32 单击“选择乘机人”按钮

选择保险套餐，**1** 勾选复选框，如图 4–33 所示。**2** 确认信息无误后单击“下一步”按钮，如图 4–34 所示。

图 4–33 选择保险套餐

图 4–34 单击“下一步”按钮

进入“支付方式”界面，单击“支付宝”按钮，如图 4–35 所示。支付款项完成后，即可完成机票订购，如图 4–36 所示。

图 4–35 单击“支付宝”按钮

图 4–36 完成机票订购

4.5 网络借钱，一诺真的值千金

随着近年来“超前消费”理念的兴起，网络上也出现了很多预支消费的“借钱”服务，让消费者的信用也能变现。本节将为大家介绍两种生活中常用到的网络借钱方式。

4.5.1 蚂蚁花呗

蚂蚁花呗是阿里巴巴旗下的信用支付手段，其使用范围广泛，是网上购物的好助手。无论是天猫，还是淘宝，都可以使用花呗进行消费。如果平时偏向于在淘宝或天猫上购物，那么蚂蚁花呗会是不错的选择。

消费者如果使用淘宝购物消费，在付款时可以选择“花呗”的方式进行支付，如图 4-37 所示。使用“花呗”支付不会扣除使用者支付宝账户或是银行卡中的资金，这笔消费款项将会被记录到使用者的花呗账单中，如图 4-38 所示。使用者可以下一个月再偿还花呗账单中的款项。

图 4-37 使用“花呗”支付

图 4-38 花呗账单

4.5.2 京东白条

京东白条是京东推出的一种“先消费、后付款”的支付方式，它也属于网络虚拟信用卡的一种。在金融层面上来讲，京东白条属于互联网消费金融产品。

京东白条的主打优势为“30 天免息，随心分期”，同时它还打通了京东集团下的系列业务，不断扩大领域，为消费者提供了更多的消费场景，让信贷服务更加贴心、便捷。

京东白条涉及的领域包括分期旅游、租房、装修等，而且还专门针对大学生、农村人群设计了消费金融产品。由此可以看出京东白条不仅运用范围越来越广，而且还不断推出特色服务。

利用京东白条进行消费的步骤跟蚂蚁花呗的大致相同，如图 4-39 所示。

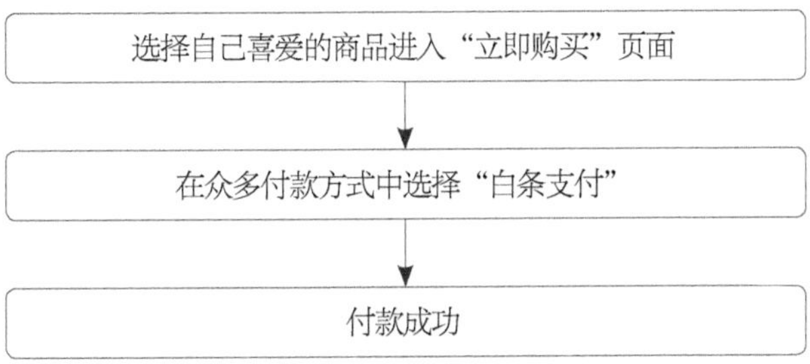

图 4-39 京东白条付款的步骤

第5章

手机理财，一部手机打天下

学前提示 >>>

随着智能手机的普及，移动支付成为我们日常各方面支付的一个重要方式，方便快捷的移动互联网能让手机更好地服务于生活。如今人们出行常常都不用带太多东西，带上手机就可以周游四方了。本章将为大家介绍手机理财的相关知识。

要点展示 >>>

手机管钱，轻便随身的移动管家
手机省钱，省到即是赚到
手机赚钱，随时随地理财无阻
手机花钱，一机在手支付不愁
手机借钱，信用远比想象的值钱

5.1 手机管钱，轻便随身的移动管家

手机支付在当今社会已不是什么新鲜东西了，无论是在街边的小摊，还是在繁华的商场，人们都可以很轻松地使用手机支付，因此，手机就如同人们的第二个钱包。随着移动互联网和手机应用的发展，手机对现金的管理功能变得更加全面，就如同一个随身的小管家。下面将为大家介绍 3 种常用的手机管钱软件。

5.1.1 网银 APP

银行与我们的生活息息相关，手机银行越来越普及，很多人会选择用它进行转账、汇款、交费等，非常方便、快捷，手机就像钱包，可以完成各种支付操作。目前各大银行都有自己的网银 APP（Application，手机软件），人们可以很容易地在手机应用市场中找到，如同 5-1 所示。网银 APP 功能完备，使用起来也很简单。图 5-2 所示为工商银行的网银 APP 主页，其界面简洁直观，功能完备。

图 5-1 手机应用市场中的网银 APP

图 5-2 工商银行网银 APP 主页

5.1.2 微信钱包

微信不仅是一种社交工具，同时还是一种理财工具。它的支付功能很强大，人们通过绑定银行卡进行快捷支付，可以使付款变得方便、快捷。

在微信中“我”的界面中找到“钱包”选项，如图 5-3 所示。进入“我的钱包”界面后，完成简单的银行卡绑定程序后就可以使用微信支付功能了。我们在微信上还可以直接进行部分腾讯产品的充值服务，如 Q 币充值等，如图 5-4 所示。

图 5-3 微信中“我”的界面

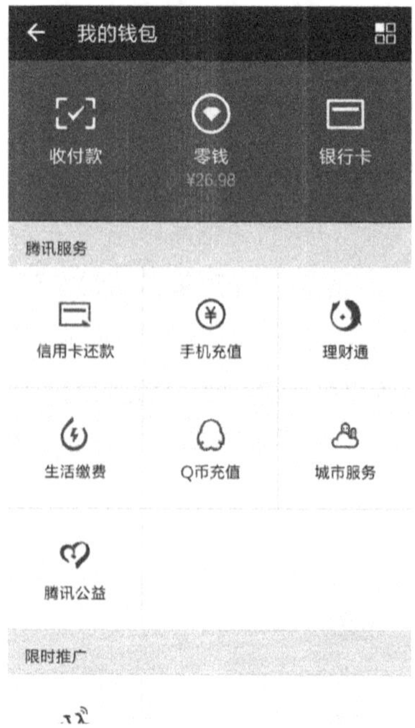

图 5-4 “我的钱包”界面

5.1.3 支付宝钱包

支付宝是一款很流行的第三方支付软件，其用户数量庞大，覆盖面广，图 5-5 所示为支付宝的主界面。支付宝不仅是一款支付软件，而且其功能繁多，涉及生活消费、投资理财、健康医疗等多个方面，图 5-6 所示为支付宝的部分功能。

图 5-5 支付宝界面

图 5-6 支付宝的部分功能

5.2 手机省钱，省到即是赚到

手机理财有很多小窍门，利用手机来支付费用既省钱，又方便快捷。虽然省的钱可能不多，但积少成多，也能小赚一笔。本节将介绍几个手机省钱的技巧。

5.2.1 点外卖省钱

快节奏的生活，使很多人经常来不及在家买菜做饭，消费者越来越热衷于选择外卖送餐这样方便的方式，既快捷，又实惠，不用自己出门买菜，也不必自己绞尽脑汁地想菜单，使用手机点外卖，可以定位附近的外卖餐厅，有多种口味可供选择，非常便利。本小节将以“淘宝外卖”软件为例介绍如何用手机叫外卖。打开“手机淘宝”软件，1 单击“外卖”按钮，如图 5-7 所示。进入淘宝外卖界面，2 在左上角填写配送地址，3 然后便可以在选项区选择外卖食品了，如图 5-8 所示。

图 5-7 单击“外卖”按钮

图 5-8 选择外卖食品

5.2.2 租房子省钱

在房价日渐上涨的今天，不少人对买房有着很大的压力，因此，不少人选择了租房。这也是个不错的选择，既可以减轻生活的负担，也可以拥有自己的空间，是一个非常省钱的生活方式。本小节将以“搜房网”软件为例介绍如何使用手机软件进行租房。

打开“搜房网”首页，界面显示买新房、买二手房、找租房等信息，单击“整租”按钮，如图 5-9 所示。浏览图文，找到满意的房型后便可以进行收藏，如图 5-10 所示。

图 5-9 单击“整租”按钮

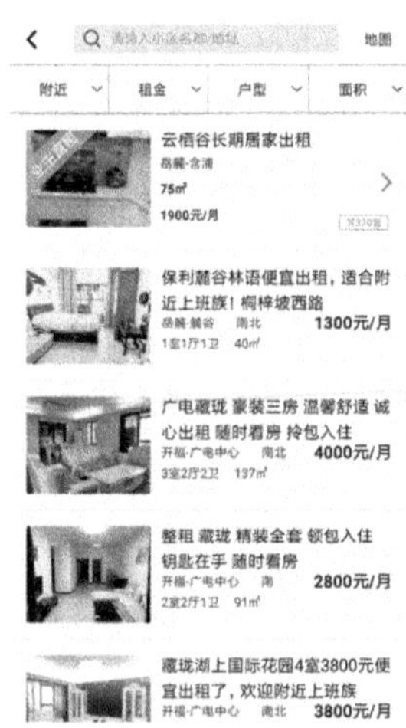

图 5-10 选择房型

浏览房源信息，了解住房条件，认为合适即可拨打电话，联系相关租房事宜。

5.2.3 找工作省钱

找工作是每个人走进社会的头等大事，也是对于想要换工作的人来说重要的事情之一。我们现在不用在报纸上苦找招聘信息，也不用东奔西跑看墙上招聘信息的小广告，用手机就可以随时随地查询工作信息，随时投递简历，从而能比较迅速地得到公司回复，顺利找到工作。

以“58 同城”为例，其找工作的步骤如下。

1 在主界面单击“全职招聘”按钮，如图 5-11 所示。2 选择或搜索需要的职位，如图 5-12 所示。

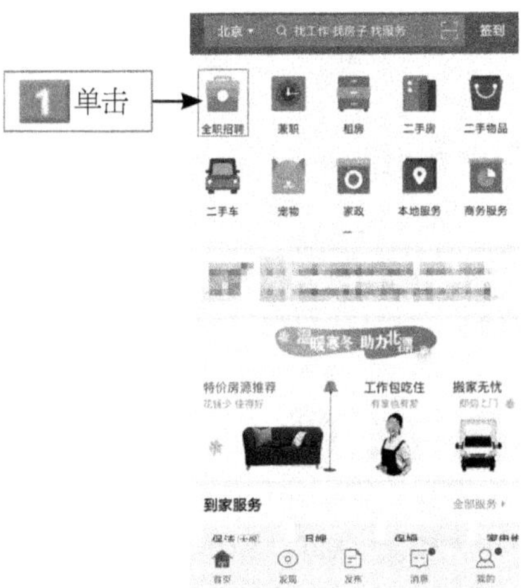

图 5-11 单击“全职招聘”按钮

图 5-12 选择职位

在招聘信息中挑选合适的，1 或附加条件再进行筛选，如图 5-13 所示。2 单击任意信息查看详情，注册用户还可以直接投递简历，3 单击“申请职位”按钮或进行电话联系即可，如图 5-14 所示。

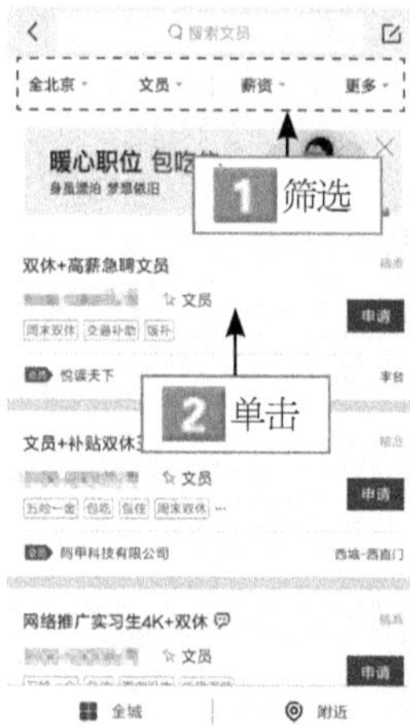

图 5-13 附加条件筛选

图 5-14 单击“申请职位”按钮

5.3 手机赚钱，随时随地理财无阻

如今，越来越多的人都开始使用手机进行投资理财。用手机投资具有传统投资方式无法比拟的优势，如快捷、方便、随时、随地、费用低等。本节将为大家介绍利用手机投资赚钱的方法。

5.3.1 软件下载与安装

手机投资赚钱第一步就是要下载手机投资的 APP，以便随时随地在手机上进行交易，掌握第一手实时资讯。本小节以手机 “同花顺”APP 为例，介绍通过应用商店下载投资 APP 的步骤。

【案例分析】同花顺 APP 的下载和安装

在手机上开打应用商店，1 单击手机屏幕上方的搜索栏，如图 5-15 所示。2 在搜索栏输入想要安装的软件（如“同花顺”等），3 单击“搜索”按钮，如图 5-16 所示。

图 5-15 单击搜索栏

图 5-16 单击“搜索”按钮

执行上述操作后，显示搜索结果，选择适合的应用程序（如同花顺 - 股票炒股），单击“安装”按钮，如图 5-17 所示。执行操作后，即可开始下载该 APP，并显示下载进度，如图 5-18 所示。下载完成后，应用商店会完成自动安装 APP 的操作。

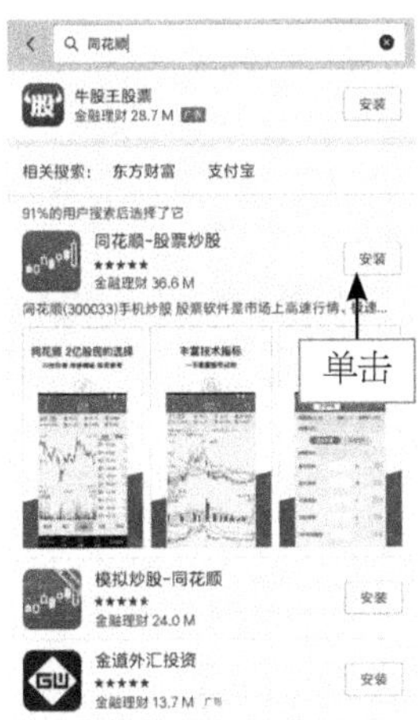

图 5-17 单击“安装”按钮

图 5-18 下载软件

5.3.2 软件登录和注册

手机投资赚钱的第二步就是手机投资 APP 的注册与登录。本小节以“大智慧”APP 为例，介绍注册与登录的具体操作方法。

【案例分析】大智慧 APP 的登录和注册

大智慧手机版是由上海大智慧软件开发有限公司针对时下市场流行的各款手机操作系统平台，按照用户的使用习惯独立设计、开发的。其界面友好，用户无需花费过多时间学习，便能在较短的时间内轻松玩转“大智慧”。“大智慧”APP 已成为当下投资者在移动状态中的必备之选。

进入“大智慧”APP，初次启动需要短时间的加载，如图 5-19 所示。进入“大智慧”主界面，单击“点击登录”按钮，如图 5-20 所示。

图 5-19 进入“大智慧”APP

图 5-20 单击“点击登录”按钮

进入“登录”界面后，1 单击“手机及其他登录”按钮，如图 5-21 所示。进入跳转页面，2 单击“注册”按钮，如图 5-22 所示。

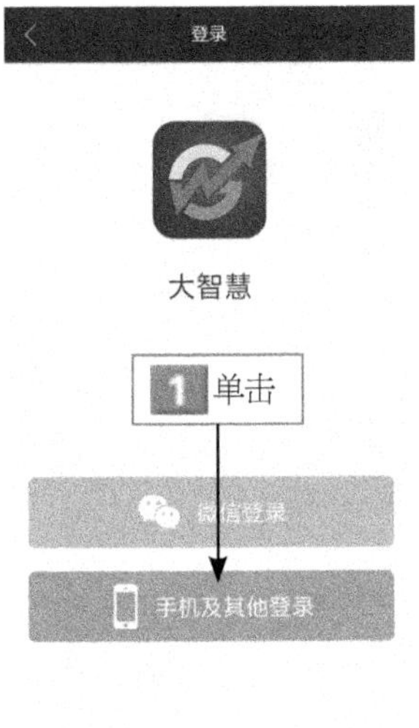

图 5-21 单击“手机及其他登录”按钮

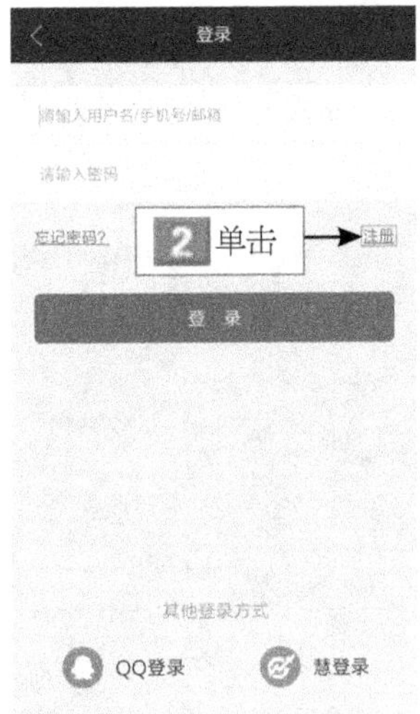

图 5-22 单击“注册”按钮

进入“注册”界面，1 输入手机号和密码，2 单击“获取验证码”按钮，如图 5-23 所示。3 输入验证码，4 单击“下一步”按钮，如图 5-24 所示。

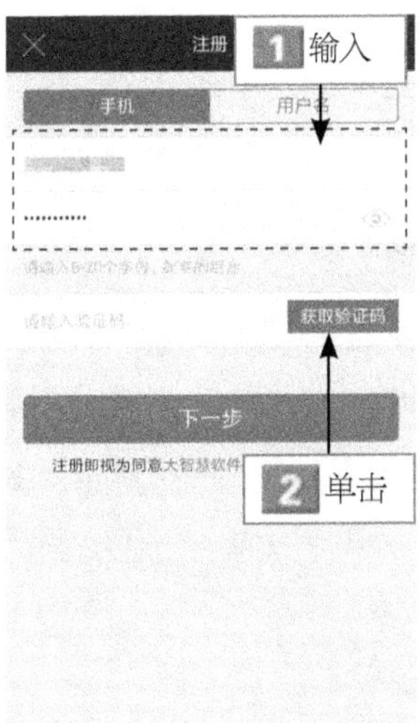

图 5-23 “注册”界面

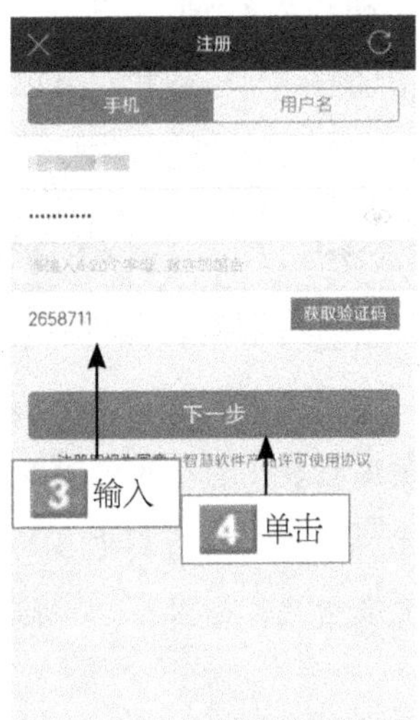

图 5-24 点击“下一步”按钮

完成注册后即可登录“大智慧手机版”，单击左上角的按钮，如图 5-25 所示。执行上述操作后，即进入“个人中心”界面，用户可以在此修改昵称、密码以及绑定安全手机等，以增强账号的安全性，如图 5-26 所示。

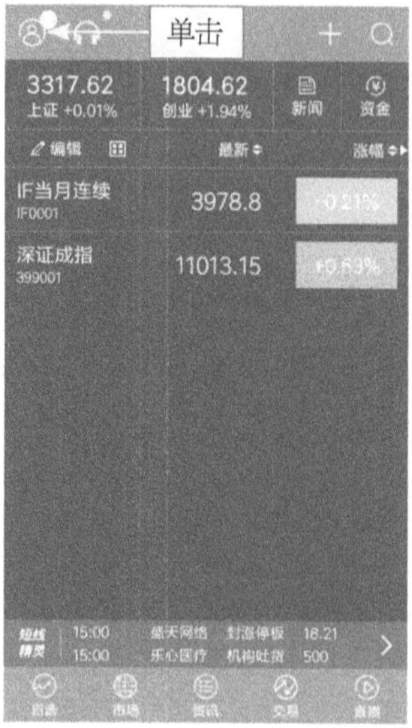

图 5-25 登录大智慧手机版

图 5-26 “个人中心”界面

5.3.3 用手机查看行情

查看市场行情是手机投资 APP 的一个重要功能。下面介绍使用通达信手机炒股软件查看市场行情的具体操作方法。

【案例分析】用通达信 APP 查看股票行情

打开“通达信”APP，1 单击“行情”按钮进入“市场”界面，用户可以在此选择相应的股指类型，如沪深、板块、港股等，系统会在该界面中列出龙虎榜单、沪深指数、资金排名以及主力监控标签，如图 5-27 所示。如果这些都不够用，用户还想同时看到更多的指数，2 用户可以单击右上角的“更多”按钮来添加更多指数，如图 5-28 所示。

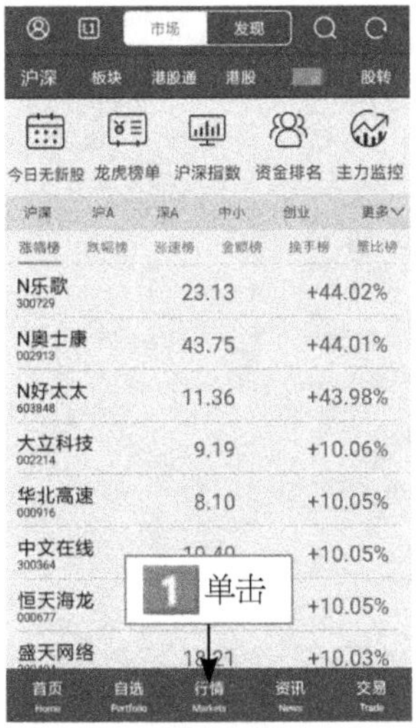

图 5-27 “市场”界面

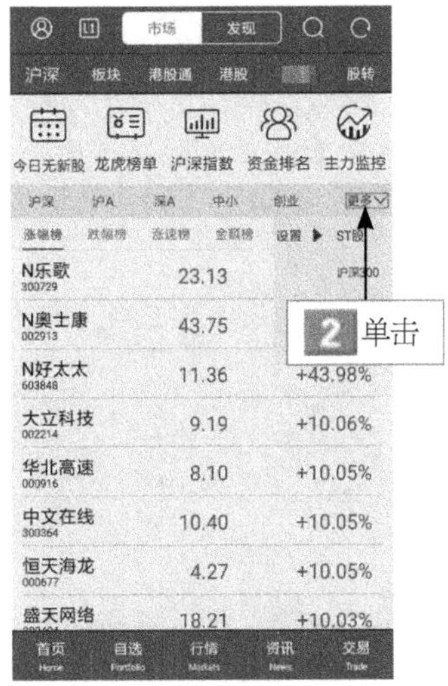

图 5-28 选择更多指数

单击“沪深指数”按钮进入“沪深指数”界面，可以显示股票的现价列表，如图 5-29 所示。单击“涨幅”标签，即可对沪深两市的股票涨幅进行降序排列，如图 5-30 所示。

图 5-29 “沪深指数”界面

图 5-30 涨跌幅度排序

单击名称可查看相应股票详情，单击上角的“+”按钮，可将该股票添加到自选股，如图 5-31 所示。滑动屏幕还可查看该股票的相关新闻，如图 5-32 所示。

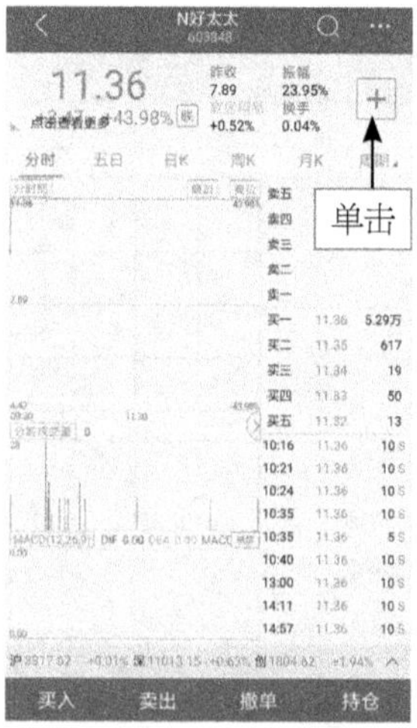

图 5-31 股票详情界面

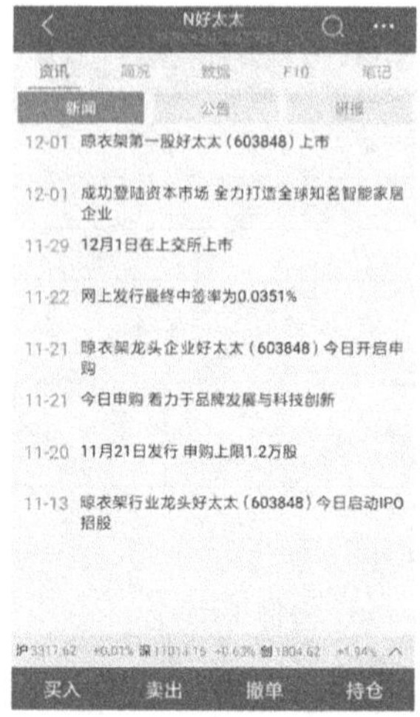

图 5-32 股票新闻

进入“市场”界面，单击“板块”标签，将显示各个板块的涨跌幅情况，如图 5-33 所示。单击“港股”标签，在这个界面里，显示的是沪港通（沪港通是沪港股票市场交易互联互通机制）开通后，投资者可以买卖的港股，如图 5-34 所示。

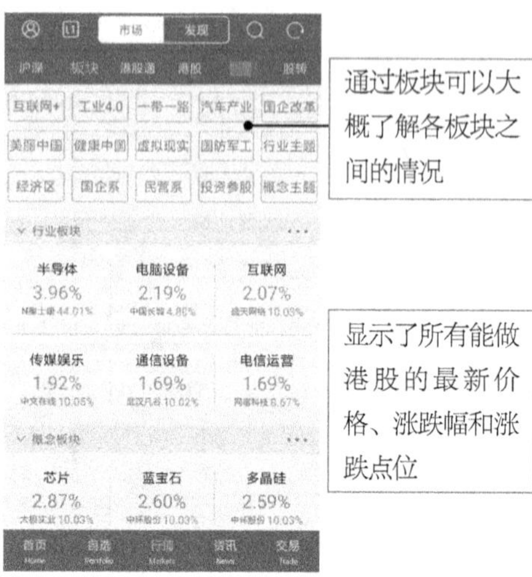

图 5-33 “板块”界面

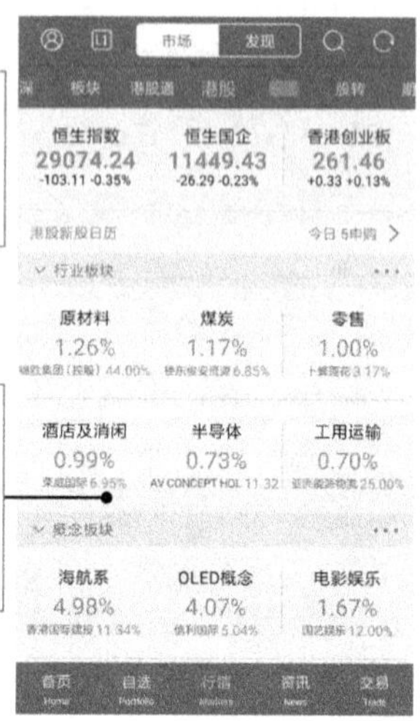

图 5-34 “港股”界面

专家提醒

港股是指在香港联合交易所上市的股票。香港的股票市场比沪、深股票市场更加成熟、理性，对目标行情反应灵敏。

5.3.4 用手机进行交易

充分了解行情后，用户就可以开始用手机进行投资交易了。下面以“通达信”APP 为例，为大家介绍用手机交易股票的方法。

【案例分析】用通达信 APP 进行股票交易

投资者可以通过“通达信”APP 的“市场”界面挑选股票，如图 5-35 所示。如果投资者已有目标股票，也可以单击上方的按钮，查询股票，如图 5-36 所示。

图 5-35 “市场”界面

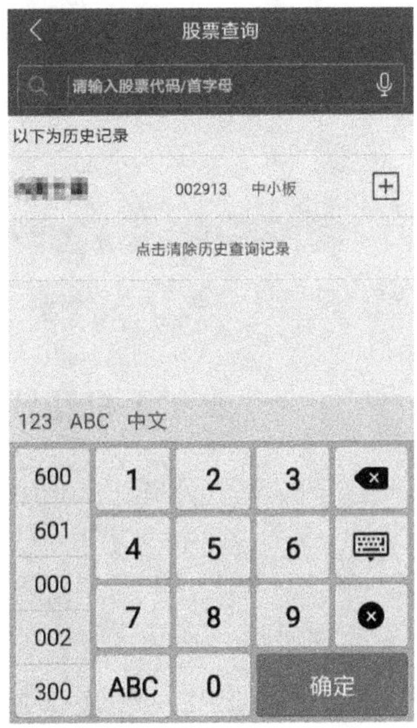

图 5-36 “股票查询”界面

选择好股票后进入该股票详情界面，**1** 单击“买入”按钮，如图 5-37 所示。**2** 输入购买信息，**3** 单击“普通买入”按钮即可完成股票买入交易，如图 5-38 所示。

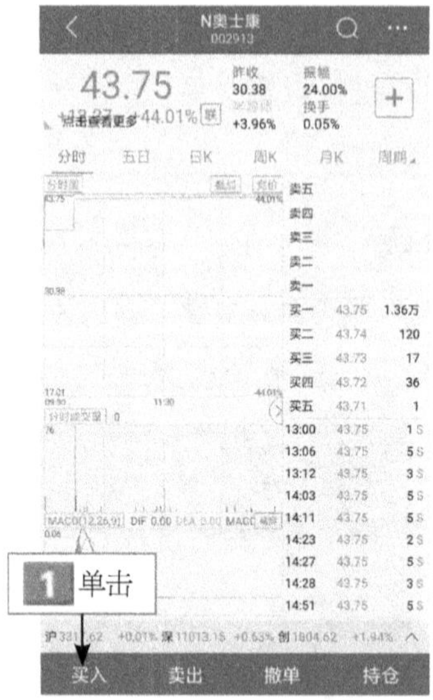

图 5-37 单击“买入”按钮

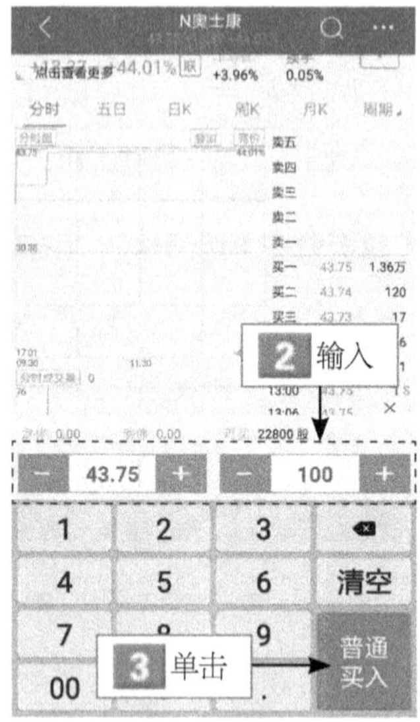

图 5-38 单击“普通买入”按钮

5.4 手机花钱，一机在手支付不愁

通过手机人们可以轻松地购物和订票，完成各种消费的支付。本节将为大家介绍手机花钱的几种方法。

5.4.1 购物付款

京东商城是国内大型的综合网络购物平台，它整合了数千家品牌商家，提供了 100% 品质保证的商品，7 天无理由退货的售后服务，购物积分返现以及送货上门等优质服务。用户在该平台购物挑选的余地较大，可以进行较多的对比。用户如果使用手机 APP 登录京东商城，则可以随时随地在掌上“逛遍商业街”，相比在电脑前购物更加方便。

下面就以“京东”APP 为例，为大家介绍手机购物付款的方法。

【案例分析】京东购物付款

首先在京东商城选择好想购买的商品，**1** 单击“立即购买”按钮，如图 5-39 所示。然后跳转至“确认订单”页面，确认好商品信息和收货地址后，**2** 单击“立即下单”按钮，如图 5-40 所示。

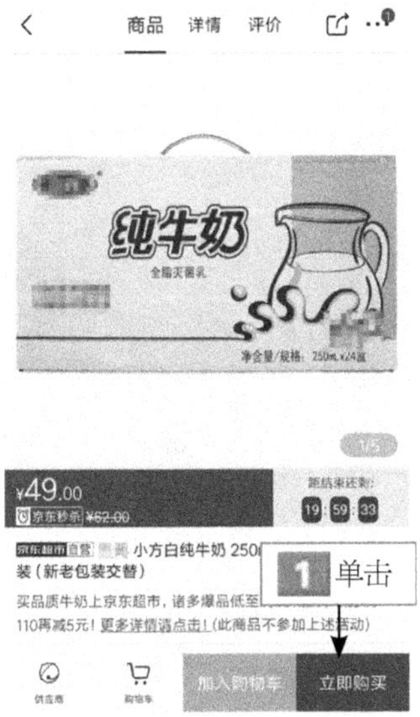

图 5-39 单击“立即购买”按钮

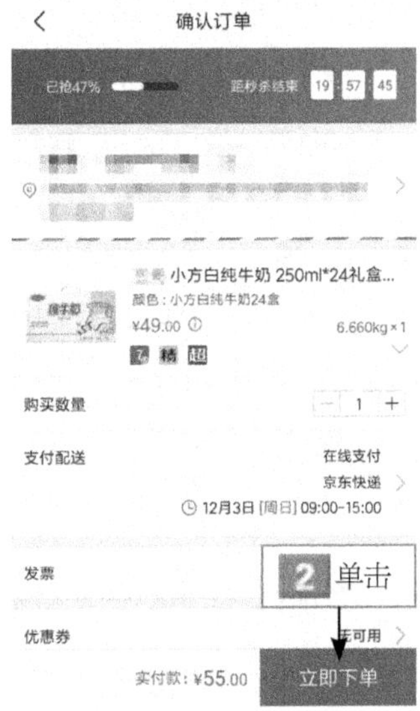

图 5-40 单击“立即下单”按钮

执行上述操作后，进入“京东收银台”界面，**1** 选择支付方式，**2** 单击页面下方的支付按钮，如图 5-41 所示。**3** 然后输入密码，确认支付即可完成网购支付操作，如图 5-42 所示。

图 5-41 京东收银台

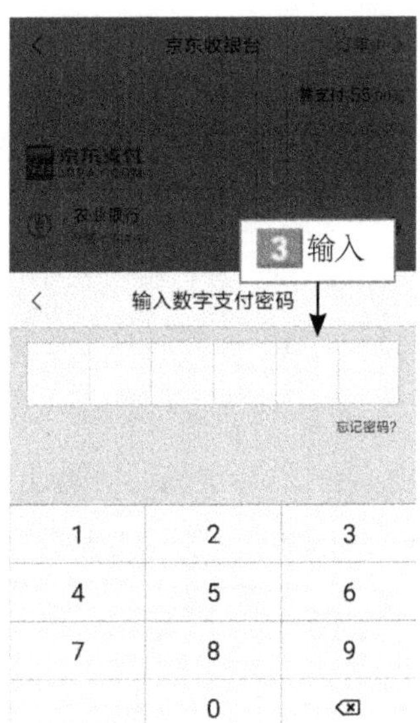

图 5-42 完成支付

5.4.2 付出租车费

出租车是我们日常生活中非常重要的一种交通出行工具，可是打车难、打车贵却一直是个难题，而打车软件正好可以解决这个问题。

5.4.3 购票付费

许多用户外出旅游时，常常是玩到半路才能确定回程的时间。对于“手里没票”的驴友，其可能无法尽情游玩，还需要担心“能不能买到回程票”。有了“12306”这个铁路客户服务中心的软件，买票即可轻松完成。下面以“12306”软件为例，介绍其具体使用方法。

【案例分析】12306 买火车票

进入“12306”软件后先选择“单程”或“返程”按钮，1 单击出发地按钮，进行出发地位置设置，如图 5-43 所示。2 输入城市名称，3 单击出发地名称，如图 5-44 所示。

图 5-43 单击出发地按钮

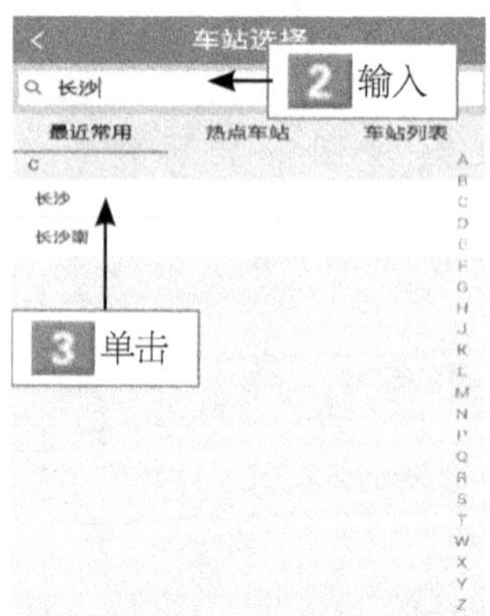

图 5-44 输入出发地

然后单击目的地按钮，1 设置目的地，如图 5-45 所示。确定日期、席别等信息后，2 单击“查询”按钮，如图 5-46 所示。

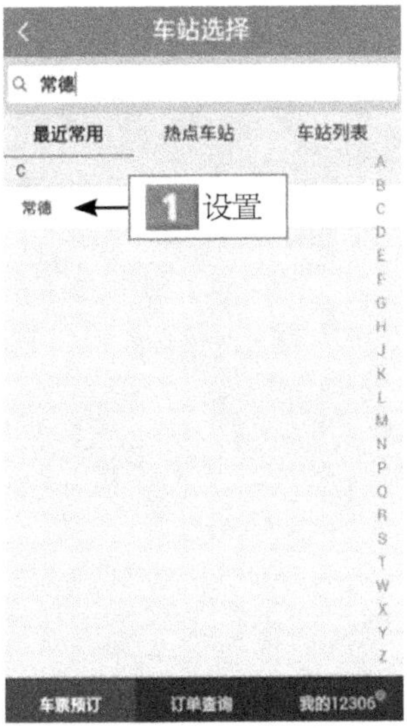

图 5-45 设置目的地

图 5-46 单击“查询”按钮

选择一趟适合的车次，1单击即可进入订票，如图 5-47 所示。2输入用户名或密码，3单击“登录”按钮，如图 5-48 所示。没有账户的用户要先进行注册，具体步骤可按照软件提示进行操作。

图 5-47 选择车次

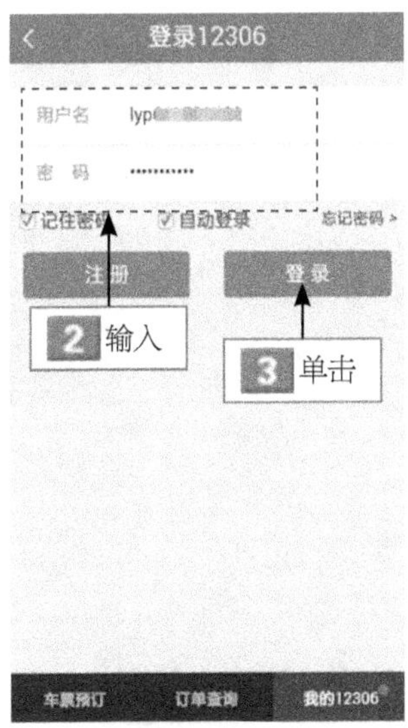

图 5-48 账户登录

1单击“添加乘客”按钮，如图 5-49 所示。2选中乘客后，若用户需要再添加乘客，3 则单击“添加”图标，如图 5-50 所示。

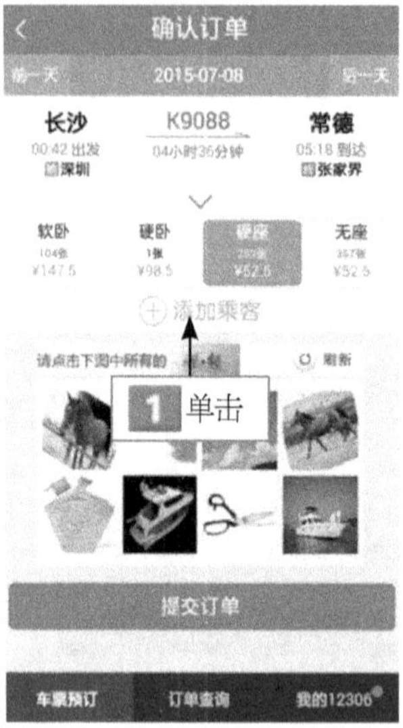

图 5-49 单击“添加乘客”按钮

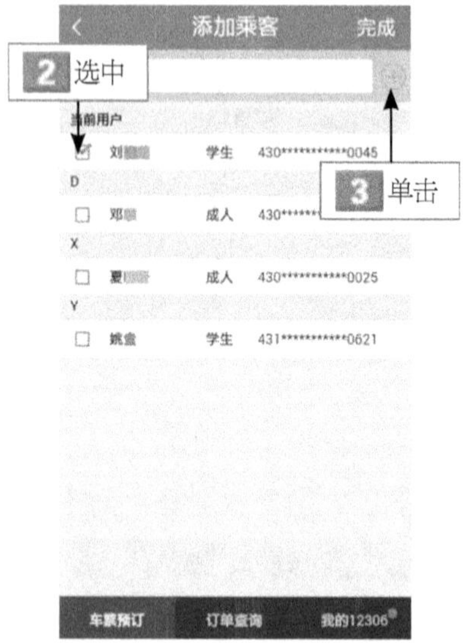

图 5-50 单击“添加”图标

1 输入乘客信息后，2 单击“完成”按钮，如图 5-51 所示。添加乘客后，用户应在选择席别、输入验证码之后，3 单击“立即支付”按钮，如图 5-52 所示。

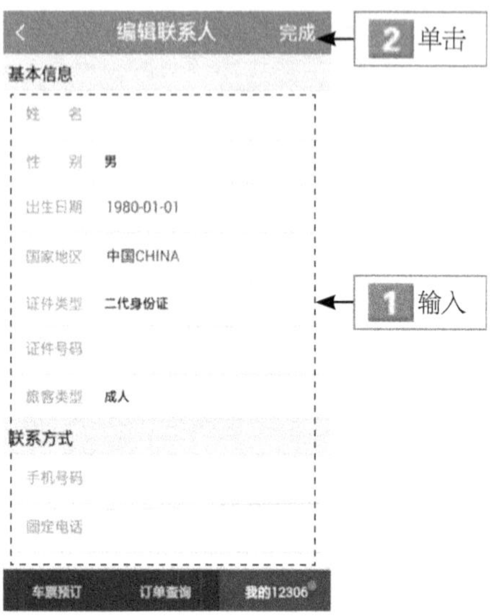

图 5-51 单击“完成”按钮

图 5-52 单击“立即支付”按钮

5.5 手机借钱，信用远比想象的值钱

手机与网络一样，也是可以借钱预支消费的。本节将为大家介绍两款常见的手机借钱软件。

5.5.1 蚂蚁借呗

“蚂蚁借呗”是支付宝推出的一款信贷产品，也是信用支付的表现形式，虽然它与“蚂蚁花呗”同在支付宝名下，但其功能有所差异。“蚂蚁花呗”专注于线上购物，不能取现，用于其他消费；“蚂蚁借呗”则属于现金借贷，可以取现，也可以购买任何形式的商品。

在“蚂蚁借呗”上借钱的步骤比较简单，主要是要了解借钱的一些细节，如借款的金额、借款的时间、收款的方式等。下面详细介绍在“蚂蚁借呗”上的借钱过程。

进入“蚂蚁借呗”的主页，如图 5-53 所示，单击“去借钱”按钮，进入到如图 5-54 所示的借钱页面，仔细查看页面的信息，特别是《个人消费贷款合同》。

图 5-53 借呗主页

图 5-54 借钱页面

确定了借款数额、借款时间和还款方式之后再对“收款账户”进行选择，跳转到图 5-55 所示的页面。用户有两种选择，一种是直接转到支付宝余额，另一种是转到储蓄卡。选好之后，就可以单击“确定”按钮，然后在弹出来的空白格中输入支付密码即可完成借钱，如图 5-56 所示。

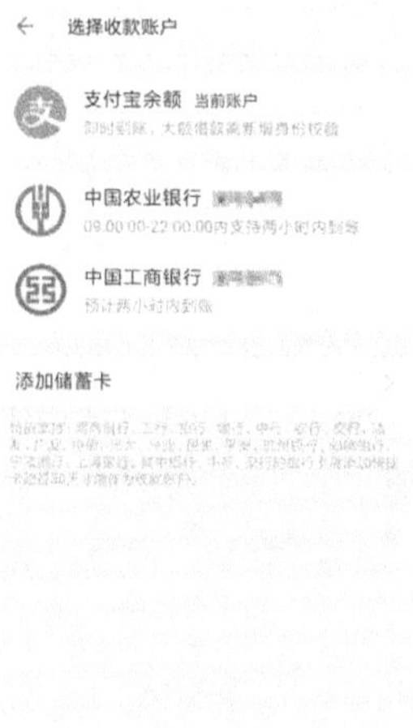

图 5-55 选择收款账户

图 5-56 输入支付密码

5.5.2 京东金条

“京东金条”是京东推出的一款现金借贷产品，它的使用仅限于信用记录良好的白条用户，是“京东白条”的延伸，比“京东白条”的使用范围更加广泛，运用更加灵活。

“京东金条”的使用类似于“蚂蚁借呗”，主要包括借款和还款这两个环节。下面主要介绍相关步骤及注意事项。首先了解“京东金条”的借款步骤。

进入京东钱包 APP 主页，如图 5-57 所示，1 单击页面右下方的“白条”按钮，进入到白条主页，如图 5-58 所示，2 单击“金条可用额度”。

图 5-57 京东钱包 APP 主页

图 5-58 白条主页

接着进入图 5-59 所示的京东金条额度主页，**1** 单击页面下方的“我要借款”按钮，进入借款页面，如图 5-60 所示，**2** 输入对应信息，**3** 单击“收款银行卡”选项。

图 5-59 京东金条额度主页

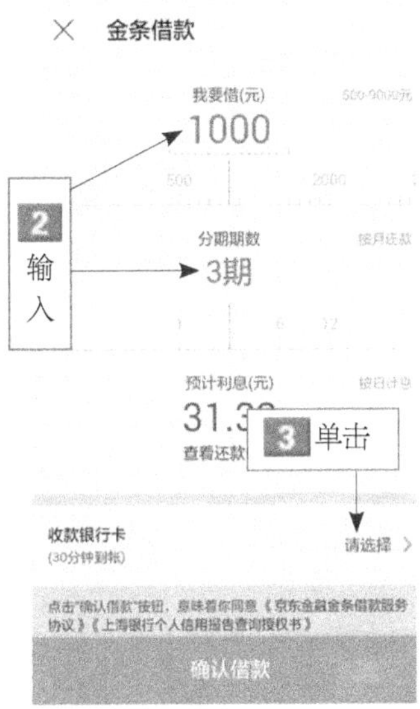

图 5-60 借款页面

页面会跳转到图 5-61 所示的页面，**1** 用户可以任意选择金额要转入的银行卡，或者另外添加新的银行卡。之后用户可以对借款页面的信息进行再次确认，如图 5-62 所示，**2** 单击“确认借款”按钮即可完成“京东金条”的借款。

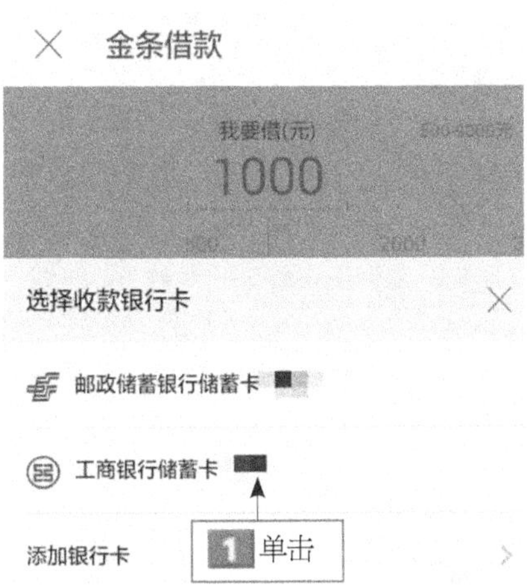

图 5-61 收款银行卡选择页面

图 5-62 单击“确认借款”按钮

第6章

银行理财，稳定收益的生财之道

学前提示 >>>

银行，对于我们来说不是个陌生的名词。说到银行理财，一般人会简单地将其认为就是存储。存储只是银行理财业务之一。除此之外，银行还有许多其他理财业务。银行理财产品通常都收益稳定，对于理财初学者来说是一种不错的选择。

要点展示 >>>

4 步归类，银行理财产品有这些
银行理财哪家好？各银行理财产品一览
4 步主要操作，银行理财这样进行
5 种选择技巧，定位适合的银行理财产品

6.1 4 步归类，银行理财产品有这些

近年来，各大银行发行的理财产品数量激增，理财产品种类也日渐丰富，在为投资者增加投资渠道的同时，过于专业的投资品种也经常让投资者无所适从。

本节通过 4 步归类，为大家介绍银行理财产品分类的相关知识。

6.1.1 按收益类型分类

相应银行理财产品是否保证或承诺收益，这对产品的风险收益影响很大。一般来说，按照收益类型分类，银行理财产品可以分为保证收益类与非保证收益类两种，其中非保证收益类又分为保本浮动收益和非保本浮动收益两类，如图 6-1 所示。

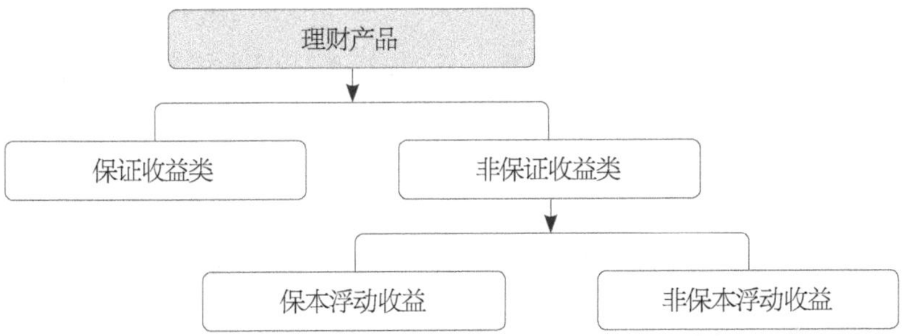

图 6-1 理财产品按照收益类型分类

（1）**保证收益型产品：**是指无论投资结果如何，到期银行均向投资者支付本金及固定收益的银行理财产品。

（2）**保本浮动收益产品：**是指商业银行根据约定条件向客户保证本金支付，依据实际投资收益情况确定客户实际收益，本金以外的投资风险由投资者承担的理财产品。

（3）**非保本浮动收益产品：**指商业银行根据约定条件和实际投资情况向客户支付收益，并且不保证本金安全，投资者承担投资风险的理财产品。该类产品的投资风险完全由投资者承担。

6.1.2 按照标价币种分类

根据币种不同，理财产品一般包括人民币理财产品、外币理财产品以及双币理财产品三大类，如图 6-2 所示。银行理财产品的标价货币，即允许用于购买相应银行理财产品或支付收益的货币类型。

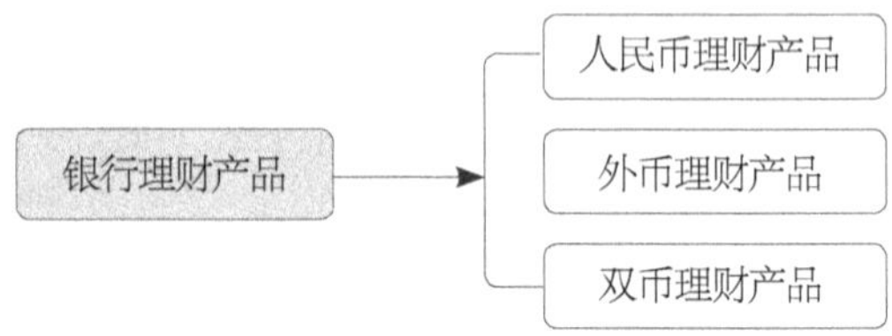

图 6-2 不同币种的银行理财产品

外币理财产品只能用美元、港币等外币购买，人民币理财产品只能用人民币购买，而双币理财产品则同时涉及人民币和外币。

6.1.3 按照投资方向分类

按照投资方向的不同，银行理财产品可分为固定收益类、现金管理类、国内资本市场类、代客境外理财类等，风险排序基本与相应投资的标的市场风险排序相近，单款产品的风险与投资的具体标的风险相关。

6.2 银行理财哪家好——各银行理财产品一览

银行理财产品是商业银行为特定用户开发设计与销售的资金投入和管理方案。各大银行为了扩展业务，分别推出各具特色的理财产品，不同的理财产品面向不同的客户群体。下面就为大家介绍几种较为常见的银行理财产品。

平安银行的理财产品

平安银行的理财产品主要有两种，如图 6-3 所示。

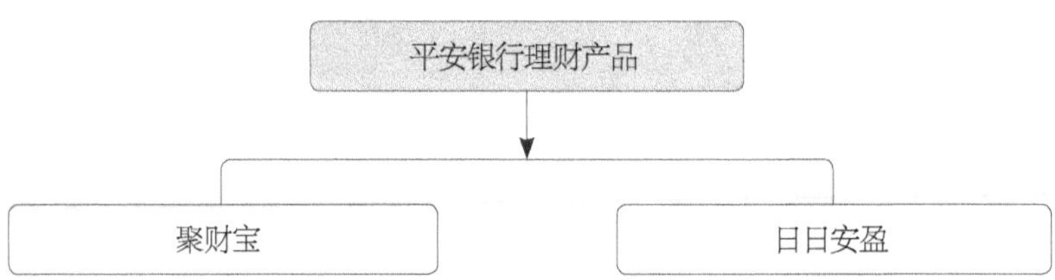

图 6-3 平安银行的理财产品

（1）聚财宝

“聚财宝”是平安银行倾心打造的本外币理财产品主打品牌。该品牌下有结构、保本、非保本、银信合作、组合产品等几大类型产品，分别满足客户对收益性、流动性的不同需要。“聚财宝”是平安银行为个人客户度身定做的，满足客户闲置资金自动升值需求的人民币理财产品，具有较高的收益性、较强的流动性、可靠的安全性和手续的简便性等特点。

（2）日日安盈

“日日安盈”是平安银行推出的一款高流动性、低风险的理财产品。该产品的显著特色在于：保本，随时可申购赎回，赎回资金实时到账，在为客户带来稳健收益的同时，保证客户资金的高度流动性，能有效提高资金使用效率。该产品的购买途径便捷也是该产品的一大特色：平安网银客户可随时通过平安一账通网银申请购买，足不出户即可完成业务办理。

广发银行的理财产品

广发银行的理财产品主要有两个系列，如图 6-4 所示。

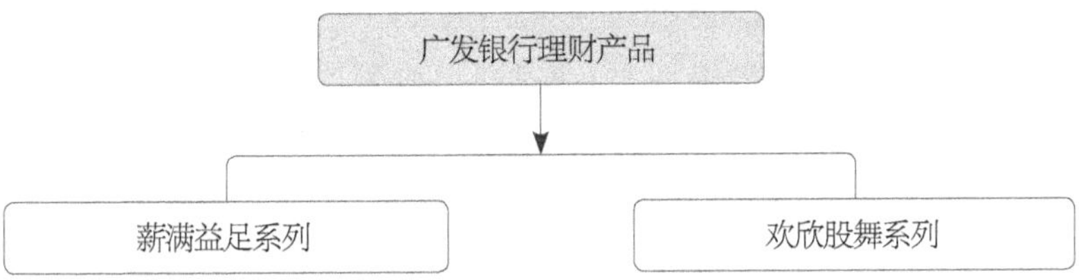

图 6-4 广发银行的理财产品

（1）薪满益足系列

“薪满益足”系列理财产品属于非保本浮动收益类理财产品，其投资范围包括债券、货币市场工具、债权类及权益类资产等。

“薪满益足”系列产品特点是期限短、流动性强、投资方向明确，其根据投资起点金额的不同，分为大众客户版（5 万元起）、准财富管理客户版（15 万元起）、财富管理客户版（30 万元起）、私人银行版（100 万元起）。目前主要发行的常规产品包括周周发产品、月末到期产品、理财夜市专属产品以及资金归集专属产品等。

（2）欢欣股舞系列

“欢欣股舞”人民币理财计划属于保本浮动收益类理财产品，其投资期限主要为 1 年，所募集的资金本金部分纳入广发银行资金统一运作管理，投资于货币市场工具（包括但不限于同业存款、拆借、回购等）、债券（包括但不限于国债、央票、金融债、短期融资券、企业债、中期票据、公司债），收益部分投资于与一篮子港股价格挂钩的金融衍生产品，投资者的理财收益取决于一篮子港股价格在观察期内的表现。

工商银行的理财产品

“理财金账户”是中国工商银行为贵宾客户提供的一项个性化、全方位、贵宾式的新型金融理财产品。本产品以无纸化、电子化为特征，以科技领先、高效便捷、安全可靠的电子系统为保障，集后台智能的综合账户系统、个人理财系统和客户关系管理系统等多项先进技术于一体——工行理财金账户卡。

“理财金账户”具备存款账户、贷款账户和投资账户 3 种账户功能，可满足高端客户的多种理财需求。

农业银行的理财产品

从产品面向的投资者群体来看，农业银行的客户群体既有普通大众，也有高端的贵宾客户及私人银行级的高净值客户。“灵珑”产品，正是农业银行资产管理团队在进行客户细分之后，为高端投资者量身打造而成的。

“金钥匙 · 灵珑”系列理财产品是农业银行基于其主打品牌“安心得利”为个人高端客户量身打造的。

该款产品定位于高净值客户，为其在提供了相对较高的预期收益的同时，延续了农业银行一贯的稳健风格，将理财产品的风险等级控制在中低水平，体现了良好的差异化服务和上佳的资产管理水平。该系列产品一经推出，即受到市场的广泛欢迎。

6.3 4 步主要操作，银行理财这样进行

通过上面两节了解了银行理财的产品后，下一步就需要进入银行理财的实战操作了。本节将分以下 4 步为大家介绍银行理财的主要操作。

6.3.1 风险能力测试

商业银行需要评估客户的风险承担能力，再根据风险评估结果从低到高确

定 5 个等级，依据客户的具体情况可再进一步进行细分。

在客户首次购买银行理财产品之前，商业银行会要求客户填写《风险承受能力评估表》。《风险承受能力评估表》包括客户年龄、理财经验、收入情况、理财目的、收益预期、承受风险能力、流动性要求等内容。

图 6-5 所示为交通银行的网上银行风险能力测评页面。

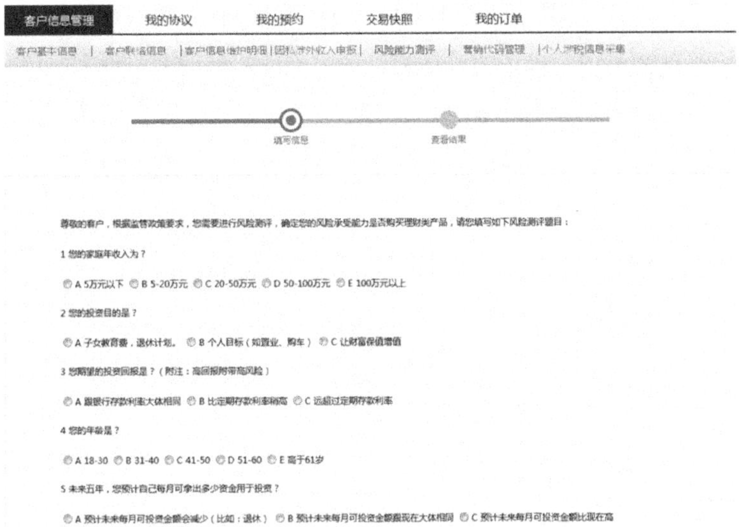

图 6-5 网上银行风险能力测评

用户答完测试题后，单击“提交”按钮，即可看到测评结果，如图 6-6 所示。

图 6-6 网上银行风险能力测评结果

6.3.2 查看产品并开户

用户在了解了自己的风险能力后，即可查看银行推出的理财产品，如图 6-7 所示。

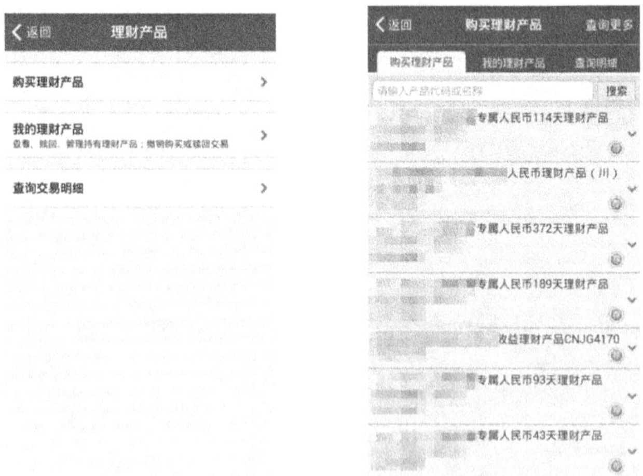

图 6-7 进入“购买理财产品”界面查看理财产品

单击任意产品即可弹出“购买”菜单，如图 6-8 所示。单击“购买”按钮进入理财产品详情界面，用户可查看该产品的详情，如图 6-9 所示。未开通理财交易账户的用户，在理财产品详情界面单击“购买”按钮后，会弹出确认开户的对话框，单击“确定”按钮即可开通账户。

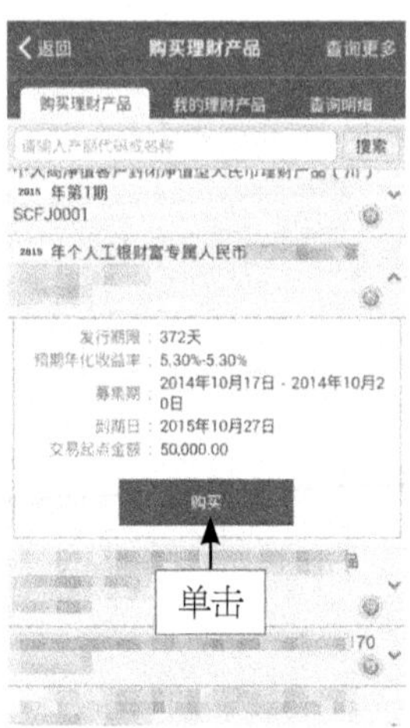

图 6-8 弹出“购买”菜单

图 6-9 查看产品详情

6.3.3 购买理财产品

用户选好产品后就可以购买了。以工商银行为例，用户登录工商银行网上银行后，1 选择“财富广场”选项，在弹出的列表栏中，2 单击“理财”选项，如图 6-10 所示。

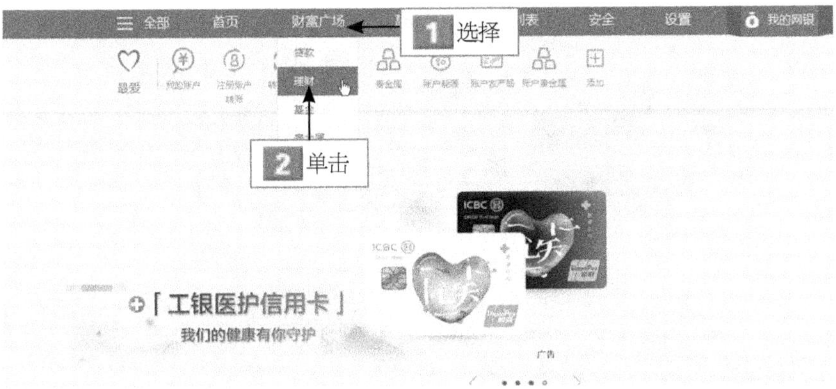

图 6-10 单击“理财”选项

执行上述操作后，进入“理财产品”界面，用户可以在该页面选择要购买的银行理财产品，单击“购买”按钮即可购买，如图 6-11 所示。

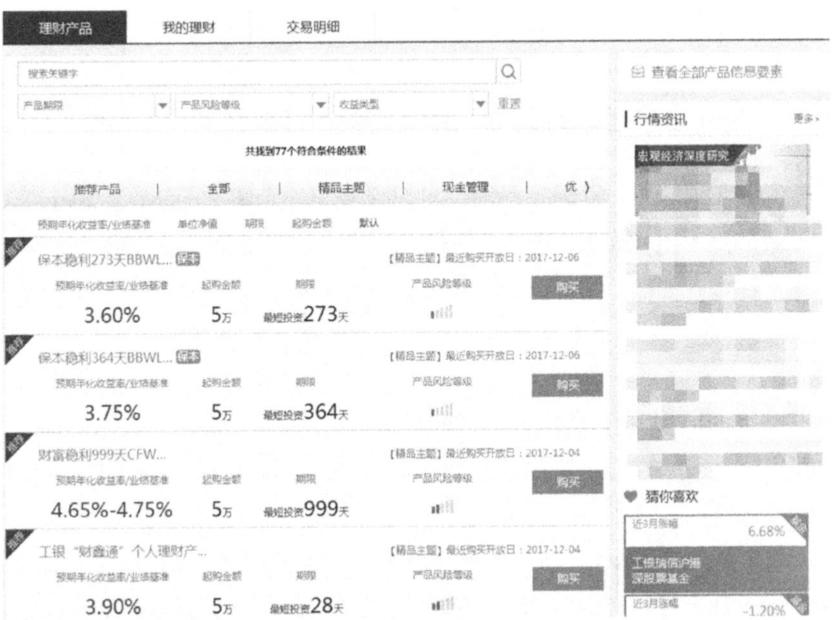

图 6-11 工商银行网上银行理财产品界面

6.3.4 卖出理财产品

银行理财产品也是商品，也是可以卖出的。如果用户觉得自己的银行理财产品价格不错，或因其他原因想要卖出，那么也可以进行赎回操作，如图 6-12 所示。

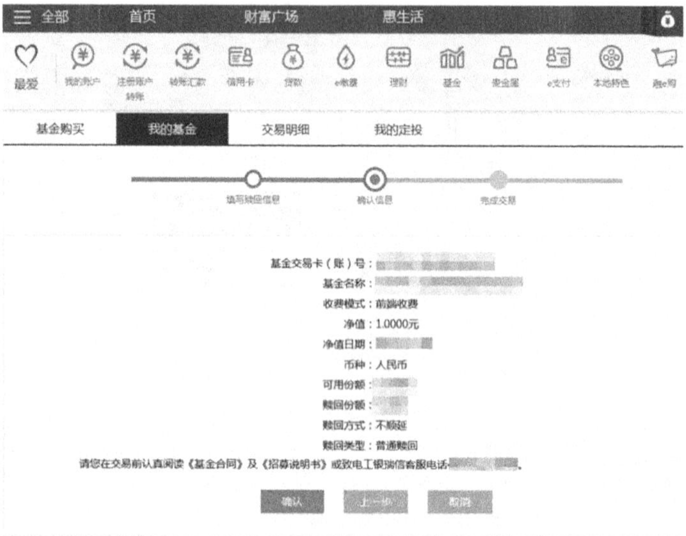

图 6-12 工商银行网上银行理财产品赎回

6.4 5种选择技巧，定位适合的银行理财产品

投资者在选择银行理财产品时，对自己要有一个清醒的认识。由于银行理财产品分为保本型和非保本型，投资者应该根据自己的风险承受能力和资产状况合理选择理财产品。下面就为大家介绍几个挑选适合自身的银行理财产品的技巧。

6.4.1 投资前的准备工作

在投资之前做好准备工作是非常必要的，而综合的评估与分析能够将投资风险降到最低。

一些人缺乏风险意识，只想着把钱放在银行里面存着以获得一点点的利息，其实就算是储蓄也是有方法的。在开始理财之前，投资者要做好 3 方面的准备工作，具体如图 6-13 所示。

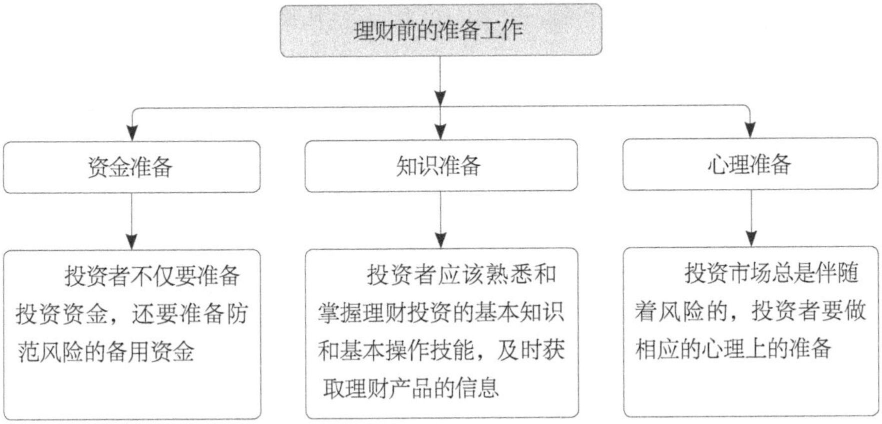

图 6-13 理财前的准备工作

6.4.2 选择合适的理财产品

当前理财观念深入人心，很多人都希望通过购买银行理财产品以实现财产的保值增值。投资者要选择合适的理财产品可以从 3 方面出发，具体如图 6-14 所示。

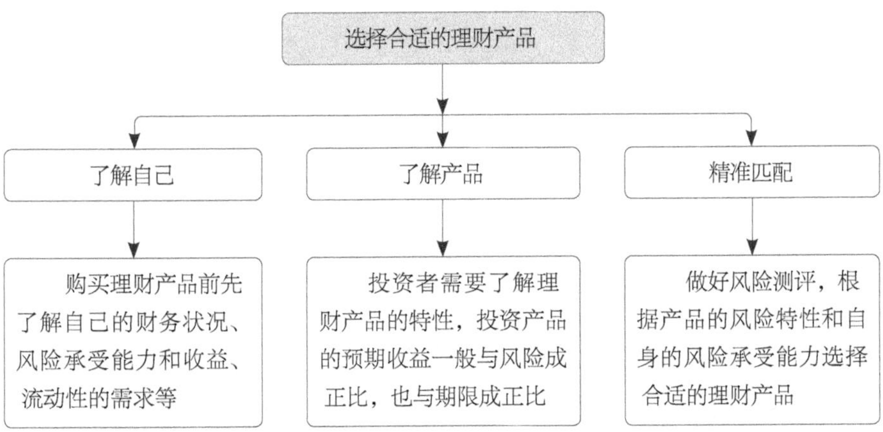

图 6-14 选择合适的理财产品

6.4.3 按生命周期选择产品

生命周期理论认为投资人处在不同的生命周期，会持有不同的投资理念和投资策略。一般来讲，年轻人的投资理念相对比较激进，随着年龄的增长，投资人的理念会越来越保守。

表 6-1 所示为不同年龄阶段适合的理财产品的选择。

表 6-1 不同年龄阶段的理财产品的选择

人生阶段	风险偏好	社会阶段	投资目标	理财组合建议
20 岁 ~30 岁	冒险投资	事业刚刚起步，单身日常消费、积极积累财富	创造财富高收益	高风险占 50%、中等风险占 26%、低风险占 10%、安全流动型占 5%
30 岁 ~40 岁	冒险投资	事业起飞，筹措房款、子女教育金，收入、开支增加	创造并积累财富中高回报	高风险占 50%、中等风险占 30%、低风险占 10%、安全流动型占 10%
40 岁 ~60 岁	稳健投资	事业高峰期，经济负担减轻，但面临税负问题，提早退休准备	创造并积累财富中高回报	高风险占 30%、中等风险占 30%、低风险占 15%、安全流动型占 15%
60 岁以上	保守投资	享受生活，生活及医药开支增加	保本稳定收益	高风险占 10%、中等风险占 15%、低风险占 40%、安全流动型占 35%

6.4.4 银行理财存在的风险

银行理财产品的风险主要包括图 6-15 所示的两种。

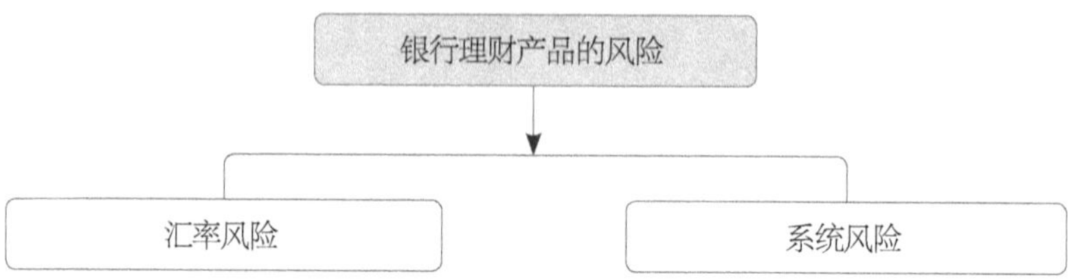

图 6-15 银行理财产品的风险

1. 汇率风险

以银行保本浮动收益型产品为例，此类产品的特点是保证本金、风险自担，其运作方式是将大部分资金投入债权或者存款，而将小部分投入股票、基金或者黄金期货进行炒卖的。股票市场这两年来整体走势震荡，投资难度加大。这也就意味着，投资股票产品也存在很大的风险。如果提前赎回，还会亏损本金。同时，这种类型的产品投资币种除了人民币外，还有外币。假如在投资期间，外币对人民币的汇率降低，投资者不但得不到收益，还会面临亏损本金的风险。

2. 系统风险

银行系统扮演的角色较为主动，因此，银行的经验、技能、判断力、执行力等都可能对产品的运作及管理造成一定影响，并因此会影响客户的收益水平。银行客观上有调节特定时段理财产品收益率的空间，银行只要确保付给投资者的加权平均收益率不高过资金池的加权平均收益率即可。假设银行给投资者的加权平均收益率是 3%，但运作下来的加权平均收益率可能是 6%，则剩下的就归银行所有了。

6.4.5 银行理财的常见误区

相对于证券市场和银行储蓄而言，银行理财产品具有收益和风险适中、保值能力强的特点。但是，要实现利益最大化，投资者就应在购买银行理财产品时避免几个误区，如图 6-16 所示。

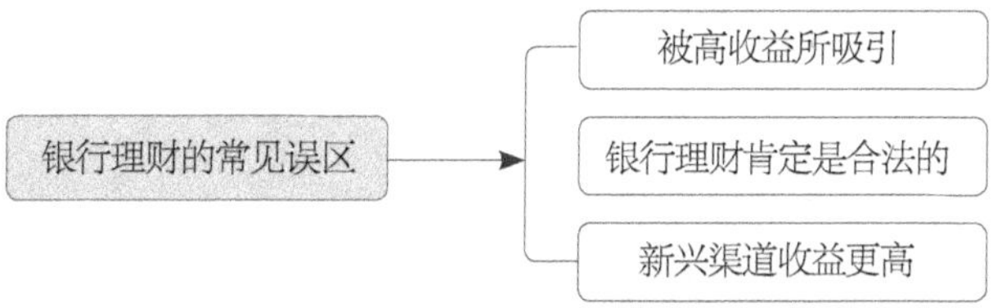

图 6–16 银行理财的常见误区

1. 被高收益所吸引

市面上绝大多数理财产品的收益情况与投资对象的市场表现直接挂钩，理财产品说明书上的利率实际只是预期的收益率，即是预测投资产品在一定期限内可能得到的回报收益率，而实际上并非一定能达到该收益率。

2. 银行理财肯定是合法的

面对千差万别的理财产品，投资者必须明确高收益理财产品背后的法律风险。尤其是针对高收益的理财产品，投资者更应当了解清楚其投资范围和对象等，否则一旦银行资金投向违规的领域，被监管部门处罚，投资者的权益必然会受损。

3. 新兴渠道收益更高

短信、微信、微博正在成为理财产品销售的新兴渠道。需要投资者注意的是，通过这些交流平台，我们应仔细了解销售人员强调的收益如何高，并对于亏损风险要有所了解。其中，当收益率为浮动区间的理财产品时，要重点了解“年化收益”“最高收益”等内容并注意这些“承诺”是否落实在了理财合同中，对双方是否具有法律约束力。

第7章

储蓄投资，存钱妙招助你多赚利息

学前提示 >>>

储蓄是最常见、最大众化的投资理财方式，是让小钱变大钱的最安全的投资方式之一。随着网络信息的不断发展，储蓄变得十分方便，合理的储蓄手段也能让收益更大化，能帮助储户赚取更多的利息。所以，储蓄投资方式越来越受到大众的青睐。

要点展示 >>>

入门必知，储蓄投资有学问
5 种常见操作，储蓄投资不只存钱
4 种储蓄技巧，这样存钱更赚钱
4 点注意事项，确保储蓄收益是关键

7.1 入门必知，储蓄投资有学问

人们对银行储蓄并不陌生，但人们普遍认为银行只是一种暂时存放自己资金的机构而已，却忽视了储蓄也是一种投资方式。本节将为大家介绍储蓄投资的基础入门知识，带大家了解储蓄中的学问。

7.1.1 储蓄的主要种类

储蓄的种类是银行按照居民生活经济状况和货币收支规律而制定的具体存储方式和方法，其目的是满足人们理财的不同层次和不同形式的实际需要。储蓄主要包括 7 种，如图 7-1 所示。

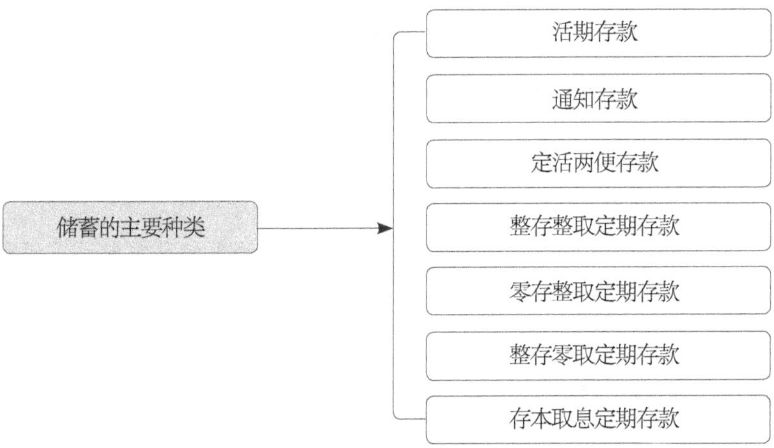

图 7-1 储蓄的 7 种主要种类

1. 活期存款

活期存款是指银行不规定存期，储户可以随时存取款，存取金额不限的一种储蓄方式。目前银行一般约定活期储蓄 5 元起存，多存不限。银行于每年 6 月 30 日结算一次利息，前次结算的利息并入本金供下次计息。

2. 通知存款

通知存款是一种不约定存期、支取时需提前通知银行、约定支取日期和金额方能支取的存款。例如，如果家中有 5 万元以上的资金，人们就可以到银行办理通知存款业务，无须告诉银行想存多长时间，但如要取钱，就必须提前通知银行。

人民币通知存款最低起存金额为 5 万元、单位最低起存金额为 50 万元，个人最低支取金额为 5 万元、单位最低支取金额为 10 万元，外币最低起存金额为 1 000 美元以及等值外币。其中，个人通知存款不论其实际存期多长，按存款人提前通知的期限长短划分为 1 天通知存款和 7 天通知存款两个品种。1 天通知存款必须提前 1 天通知约定支取存款，7 天通知存款则必须提前 7 天通知约定支取存款。

3. 定活两便存款

定活两便存款是银行为那些存款数额较大，又需频繁支出的储户而设置的特殊储蓄方式。定活两便存款具有活期储蓄存款可随时支取的灵活性，又能使储户享受到接近定期存款利率的优惠。定活两便存款的起存金额为 50 元，存款时不约定存期，由储蓄机构发给存单，储户取款时凭存单支取。

4. 整存整取定期存款

整存整取定期存款是定期储蓄的一种，是指约定存期，整笔存入，到期一次支取本息的一种储蓄方式。整存整取定期存款的起存金额为 50 元，存期分为 3 个月、半年、1 年、2 年、3 年和 5 年 6 个档次。本金一次存入，银行发给储户存单，储户凭存单支取本息。储户在开户或到期之前可向银行申请办理自动转存或约定转存业务。存单未到期，而储户要提前支取的，按活期存款计息。

5. 零存整取定期存款

零存整取定期存款是指约定存期、每月固定存款、到期一次支取本息的一种储蓄方式。这是一种强制存款的方法，即每月固定存入一笔数额相等的金额，一般以 5 元起存，存期可以分为 1 年、2 年和 5 年，每个月存入一次，到期便可以支取本息，其具体的利息计算方法与整存整取、定期存款利息计算的方法一致。如果中途有漏存的话，可以在下月将存款额补齐，否则将会按照活期利率计算利息。零存整取定期存款具有以下优点，如图 7-2 所示。

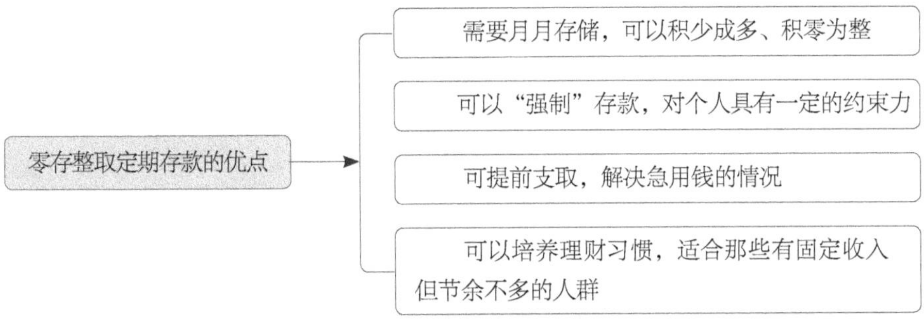

图 7-2 零存整取定期存款的优点

6. 整存零取定期存款

整存零取定期存款就是一次存入本金，在存期内每次（月）支取本金，到期一次提取利息的一种银行储蓄方式。一般 1 000 元起存，存期分为 1 年、3 年、5 年，由储蓄机构发给储户存折，储户凭存折分期支取本金，支取期分为 1 个月、3 个月或半年一次，由储户与储蓄机构协商确定，利息于存期约满并结清时支取。

7. 存本取息定期存款

存本取息是指一次性存入较大金额，分次支取利息，到期支取本金的一种定期储蓄方式。储户于开户次月起每月取息一次，以开户日为每月取息日。存本取息定期存款一般是 5 000 元起存，存期分为 1 年、3 年和 5 年，由储蓄机构发给储户存款凭证，储户到期一次支取本金，利息凭存单分期支取，具体支取时间由储户和储蓄机构协商确定，1 个月或几个月均可。如果储户需要提前支取本金，则要按定期存款提前支取的规定计算存期内利息，并扣除多支付的利息。

7.1.2 储蓄的利息计算

利息是指一定数量的本金存储一定时期，按规定的利率计算出来的金额。计算利息应具备 3 个要素，具体如图 7-3 所示。

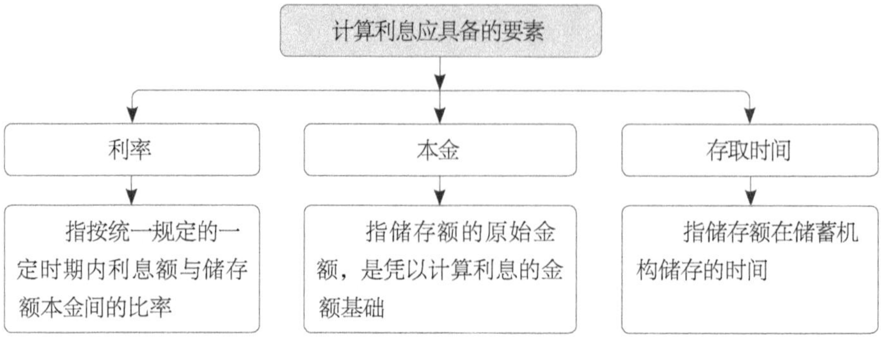

图 7-3 计算利息应具备的要素

利率分为年利率、月利率和日利率3种，相应所得利息称为年息、月息和日息。其中，日利率用万分号表示为“‱”；月利率用千分号表示为“‰”；年利率用百分号表示为“%”。

一般情况下，银行公布的都是年利率，其中，年息、月息与日息3者之间的换算关系如下。

日利率 = 月利率 ÷ 30 = 年利率 ÷ 360

年利率 = 月利率 × 12 = 日利率 × 360

使用的利率要与存期相一致，当存期按年计算时，应使用年利率计算利息；当存期按月计算时，应使用月利率计算利息。

利息计算方法如图 7-4 所示。

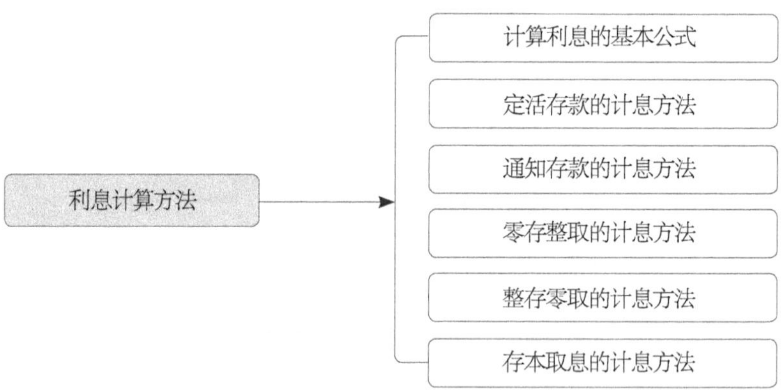

图 7-4 利息计算方法

1. 计算利息的基本公式

利息作为资金的使用价格在市场经济运行中起着十分重要的作用，是货币所有者因为发出货币资金而从借款者手中获得的报酬，也是借贷者使用货币资金必须支付的代价。

（1）如果国家的存款利息不征税，则其计算公式为：利息＝本金 × 利率 × 存期期限。目前，我国的存款利息采取不征税的政策。

（2）如果国家收取利息税，则利息的计算公式为：利息＝本金 × 利率 × 存款期限 ×（1 －利息税）。另外，应计利息精确到小数点后 12 位，已计息天数按实际持有天数计算，存期要与利率相对应，不一定是年利率，也可能是日利率，还可能是月利率。

2. 定活存款的计息方法

定活两便存款是一种较为特殊的储蓄方式，其计息方式如下。

如果存期在 3 个月以内，则按活期计算；存期在 3 个月以上的，则按同档次定期存款利率打 6 折计算；存期在 1 年以上（含 1 年）的，无论存期多长，整个存期一律按支取日定期整存整取 1 年期存款利率打 6 折计息。

定活存款的计息公式为：利息＝本金 × 存期 × 利率 ×60%。

3. 通知存款的计息方法

在银行选择通知存款的方式存入资金时，存款人可自由选择 1 天通知存款或 7 天通知存款，但存单或存款凭证上不注明存期和利率，银行按支取日挂牌公告的利率水平和实际存期，利随本清。其中 1 天通知存款需要提前一天向银行发出支取通知，并且存期最少需 2 天；7 天通知存款需要提前 7 天向银行发出支取通知，并且存期最少需 7 天。

目前的利率：1 天为 0.8%；7 天为 1.35%。

通知存款的基本计算公式为：利息＝本金 × 存款期限 × 相应利率。

如果预计存期超过 3 个月，就不要选择通知存款的方式了，因为定期存款 3 个月的利率为 2.85%，比 7 天通知存款要高出 1.5 个百分点。

4. 零存整取的计息方法

零存整取定期存款的计息方法一般为“月积数计息”法，储蓄余额是按由小到大的方向排列的。

零存整取定期储蓄计息公式为：利息＝月存金额 × 累计月积数 × 月利率。

其中累计月积数＝（存入次数＋ 1）÷2× 存入次数。目前银行零存整取的年利率分为 3 种，如图 7-5 所示。

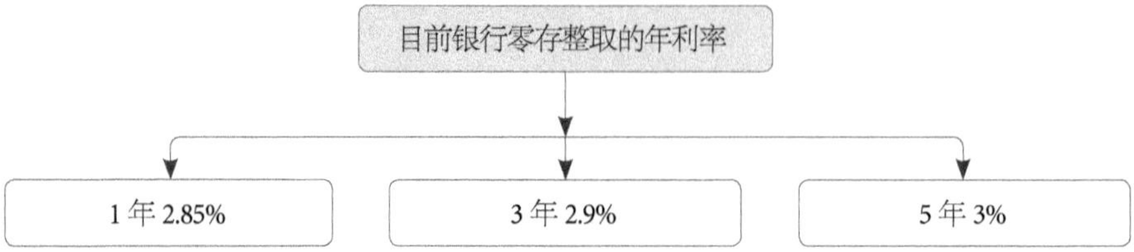

图 7-5 目前银行零存整取的年利率

例如，月存金额为 1 000 元，则 1 年期的累计月积数为（12 + 1）÷2×12 = 78，利息为 1 000×（2.85% ÷12）×78 = 185.25 元，到期的本息合计为 12 000 + 185.25 = 12 185.25 元。

我国于 2008 年 10 月 9 日取消了利息税，目前储蓄是免税的。

5. 整存零取的计息方法

整存零取存款恰好与零存整取存款相反，其储蓄余额是按由大到小的方向进行排列的。各银行整存零取的年利率与零存整取的年利率一致。

整存零取的计息公式为：每次支取本金 = 本金 ÷ 约定支取次数。

到期应付利息 = [（全部本金 + 每次支取金额）÷2] × 支取本金次数 × 每次支取间隔期 × 月利率。

6. 存本取息的计息方法

存本取息定期存款就是每次支取的利息金额，按所存本金、存期和规定利率先计算出应付利息总数后，再根据储蓄用户约定支取利息的次数，计算出平均每次支付利息的金额的储蓄方式。

其计息公式为：每次支取利息数 =（本金 × 存款期限 × 利率）÷ 支取利息次数。

例如，某家庭于 2013 年 2 月 8 日在中国银行存入 100 万元存本取息定期存款，定期 3 年，年利率为 2.85%，约定每月取息一次，计算利息总额和每次支取的利息额分别如下。

利息总额 = 1 000 000×3×2.85% = 85 500（元）

每次支取利息 = 85 500÷3÷12 = 2 375（元）

由以上结果可得知，该家庭每个月都可以支取 2 375 元的利息。

7.2 5种常见操作，储蓄投资不只存钱

网上银行的出现很大程度上改变了人们储蓄投资的习惯，人们越来越习惯于在便利的网上银行进行各种储蓄的投资操作。网上银行十分便利，功能也齐全，很多存钱之外的操作也可完成，免去了人们在银行排队的麻烦，因此，越来越多的人都选择在网银上进行储蓄投资的操作。

本节将以工商银行网上银行为例，为大家介绍几种储蓄投资的常见操作，如图 7-6 所示。

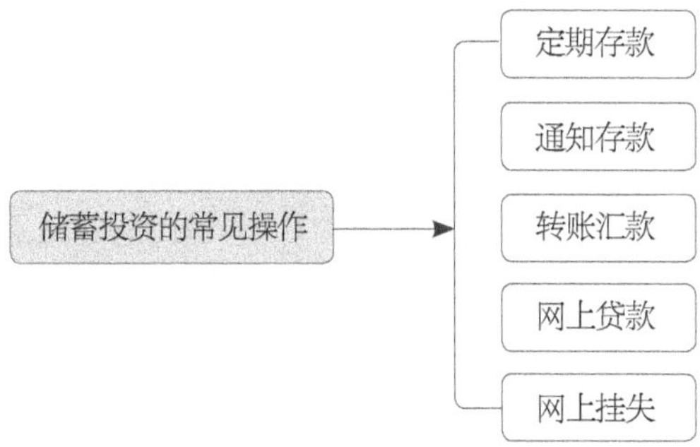

图 7-6 储蓄投资的常见操作

7.2.1 定期存款

定期存款就是储户把账户里拥有的货币，根据要存放的年限存放到银行中，银行有权对存放的货币进行放贷或其他用途，账户户主可以从银行获得一笔收益的存款方式。

工商银行的用户在进入工商银行网上银行页面后，**1**选中“全部”栏中的“存款.贷款”选项，**2**单击弹出选中的“定期存款”选项，如图 7-7 所示。

图 7-7 单击“定期存款”选项

根据自己的情况选择存款的金额及期限，并单击“存入”按钮，如图 7-8 所

示。然后根据提示完成操作即可。

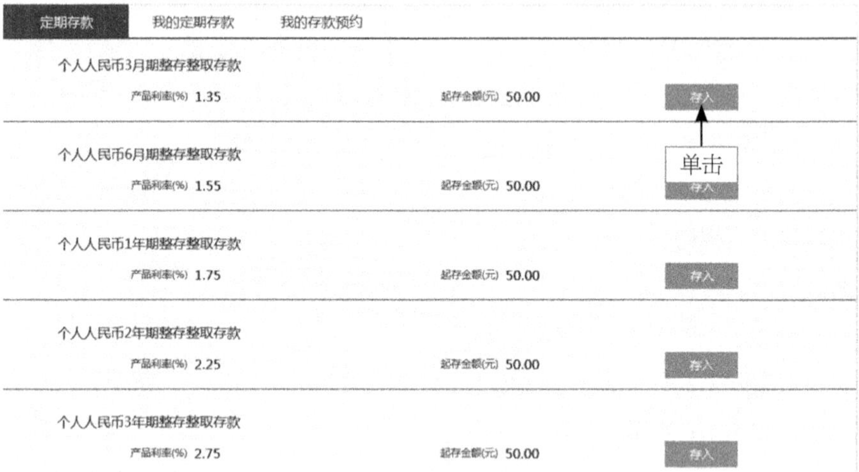

图 7-8 工商银行网上银行定期存款界面

7.2.2 通知存款

通知存款比定期存款灵活，没有约定存期，储户在提前通知银行支取日期和金额后，就可以选择一次或多次支取。

在工商银行网银中进入“通知存款”界面的方法与进入“定期存款”界面的方法相似。用户进入“通知存款”界面后再根据需要选择存款类型，单击“存入”按钮，如图 7-9 所示。

图 7-9 工商银行网上银行通知存款界面

然后在跳转页面中，1输入存款金额，2填写相关信息，确认信息后，3单击“提交”按钮即可完成，如图 7-10 所示。

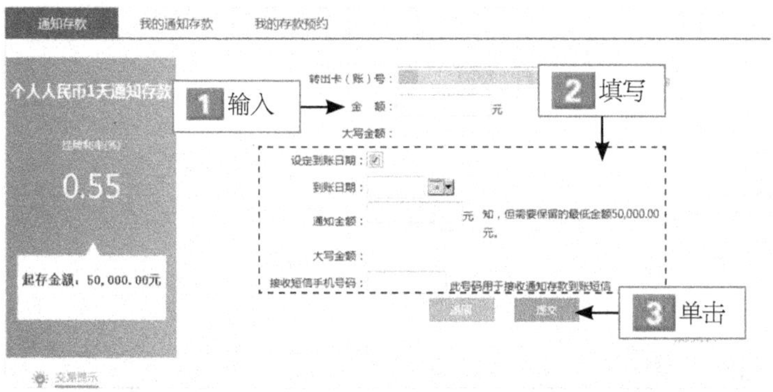

图 7-10 填写相关内容并单击“提交”按钮

7.2.3 转账汇款

工商银行网上银行支持在网上进行转账汇款，用户可以在需要时操作该业务。例如，用户可以进入工商银行网上银行，1单击“转账汇款”一栏，2填写需要转出的账号与金额，3再单击“下一步”按钮，如图 7-11 所示。然后根据提示完成后续操作即可。

图 7-11 工商银行网上银行转账汇款界面

7.2.4 网上贷款

进入工商银行网上银行，1单击“贷款”选项，根据要求和自身条件选择贷款类型，如图 7-12 所示。在选择好之后，2 单击“立即申请”按钮，会跳转至相应界面，然后根据提示完成后续操作即可。

图 7-12 工商银行网上银行贷款界面

7.2.5 网上挂失

进入工商银行网上银行，1 单击“挂失”选项，2 选择需要挂失的卡号，3 单击“提交”按钮，如图 7-13 所示。然后根据提示确认信息后即可完成挂失操作。

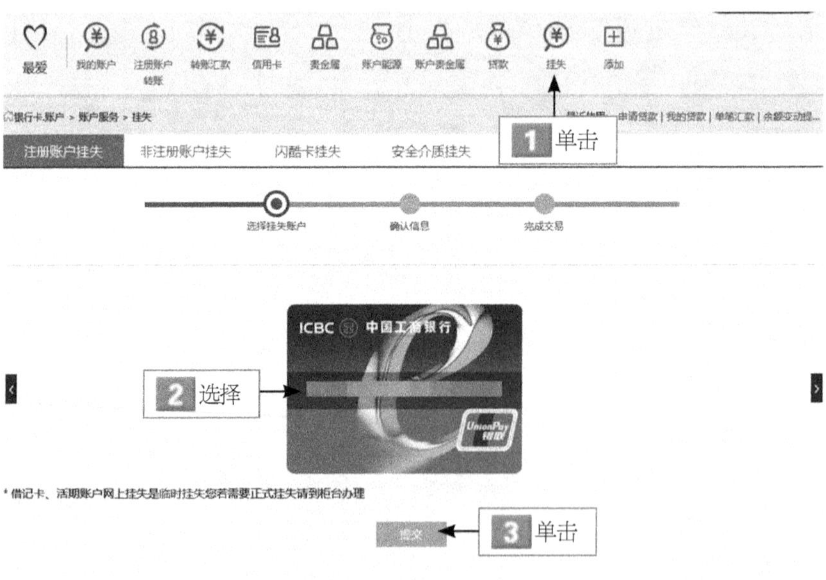

图 7-13 工商银行网上银行挂失界面

7.3 4 种储蓄技巧，这样存钱更赚钱

在储蓄存款低息和储蓄仍然是家庭投资理财重要渠道的时期，应用储蓄技巧显得很重要，它将使家庭的储蓄存款的保值增值效果达到最佳。本节将为大家介绍几个实用的储蓄技巧，让你存的钱能更赚钱，如图 7-14 所示。

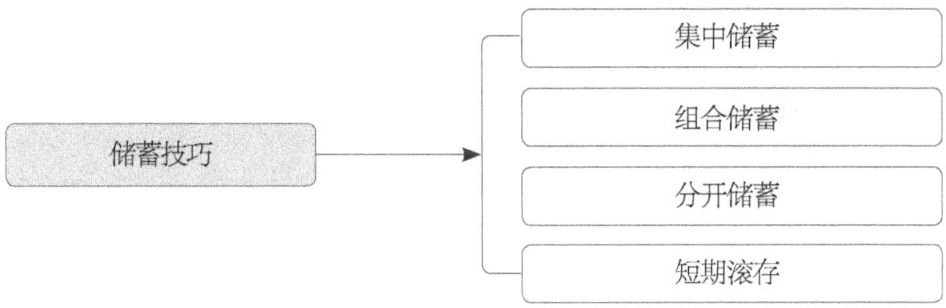

图 7-14 储蓄技巧

7.3.1 集中储蓄

对大多数人来说，储蓄理财是其生活中非常重要的一部分，储蓄不仅为人们增加了收入，赋予人们一种稳定感和生活中的方向感，而且成为人们经济中最重要的资产，是一项重要的流动资产。储蓄具有安全性强，有确定收益等的优点，如果能够合理地储蓄，我们会有不少的利息收入。将储蓄集中管理，主要有以下 3 个方面的好处，具体如图 7-15 所示。

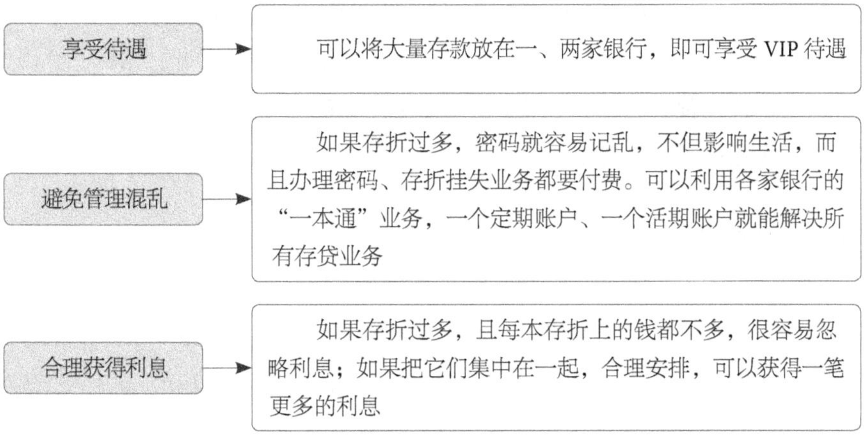

图 7-15 集中储蓄的好处

7.3.2 组合储蓄

例如，某家庭现在有 5 万元存款，可先存入存本取息储蓄户，1 个月后取出第 1 个月的利息，再开一个零存整取的账户，然后将每个月利息收入存入零存整取账户。这样，不仅可以得到存本取息的利息，而且其利息在存入零存整取账户后又获得了利息。这种方法称为“组合储蓄”，是一种存本取息与零存整取相结合的储蓄方法，比较适用于拥有大量闲置资金的家庭。

家庭即使选择了较低风险的储蓄，也要尽可能让每一分钱（包括利息在内）都组合并滚动起来，最大化地增加家庭的利息收益。

7.3.3 分开储蓄

支取存款的重要原则就是“大笔金额不拆细”，即尽量不要动用大笔的存单，但是如果必须要使用少量现金，怎样避免利息的损失呢？分开储蓄的方法就可以很好地应对这种情况。

所谓分开储蓄，又叫“金字塔储蓄法”，其操作方式是：假设手头现在有 100 000 元，可以将其分成 4 份来做定期储蓄，也就是把 100 000 元分别分成 10 000 元、20 000 元、30 000 元、40 000 元共 4 张存单，将其存期都定为 1 年定期。分开储蓄的模型如图 7-16 所示。

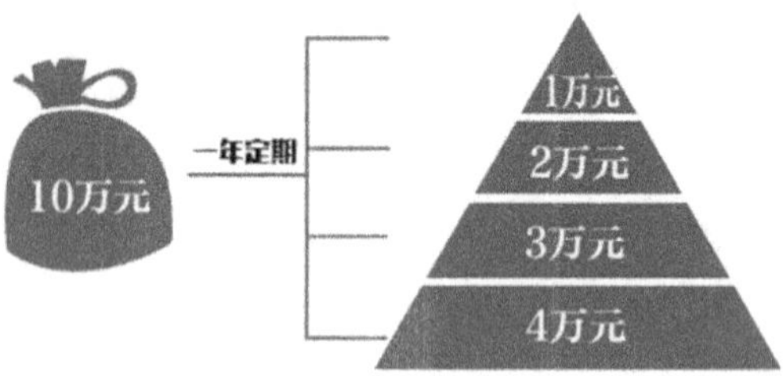

图 7-16 分开储蓄的模型

通过这样的储蓄方法，我们原本只需要提取小额现金，却不得不动用大额存单的情况能得到有效避免，从而减少了不必要的利息损失。

7.3.4 短期滚存

例如，某家庭每月收入 3 000 元，则可考虑每月存 1 000 元，存期为 1 年定期。当连续存足 1 年以后，手中便会有 12 张存单，金额共有 12 000 元，且每个月都有一张存单到期，然后把本金及利息加上第二期所存的 1 000 元，再存成一年定期存款。一旦急需用钱，便可将当月到期的存单兑现。这种方法称为“短期滚存”，也称“12 存单法”。它既减少了利息损失，又解决了家庭的燃眉之急，如果存单到期不用还可继续滚存，也可以及时调整其他投资方向。

7.4 4点注意事项，确保储蓄收益是关键

投资理财必定会伴随着风险，储蓄虽是最稳健的理财手段，但如果操作不当，仍然会出现收益受损的情况。为避免关键的储蓄收益受到损失，投资者需做到以下 4 点，如图 7-17 所示。

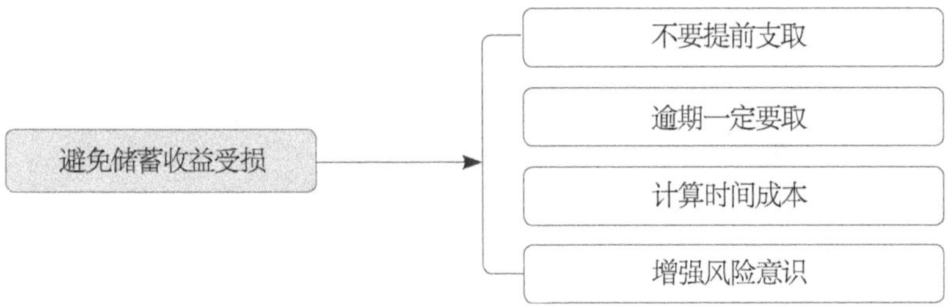

图 7-17 避免储蓄收益受损应做到的 4 点

7.4.1 不要提前支取

如果储蓄用户的定期存款尚未到期，没钱了又放不下面子向别人借，也没有其他资金来源，则在这种情况下，储户有两种选择，即提前支取定期存款和以定期存单向银行申请质押贷款。

按照中国人民银行的规定，定期存款提前支取时，将按照支取日的活期存款利率计算利息。这样一来，储户必定将损失一部分的利息。如果这种损失超过了向银行做质押借款的利息支出，储户可以用定期存单作为质押品，向银行申请短期质押贷款，来获取一定的资金进行周转，以减少自己的损失。

7.4.2 逾期一定要取

例如，小王在某银行存了 10 000 元的 7 天通知存款，在提前预约后，因为其临时有事，就耽误了一天才到银行办理支取，但是却被告知因为逾期没有支取，银行将存款直接转为了活期存款，利率也只能按照活期利率计算。小王有些不明白：提前支取损失利息还有情可原，但是晚一天支取也会“丢钱”？

银行规定逾期支取的通知存款利息只能按照活期计算，很多储户容易忘记定期储蓄存单的到期日，经常在存单已经到期了一段时间后，才去银行办理取款手续，从而造成了利息损失。因此，储户要记住自己定期储蓄的到期日期，并设置提醒手段，以便能在存单到期时及时支取或者办理到期自动转存业务。

7.4.3 计算时间成本

由于受物价飞涨、通货膨胀等经济形势的影响，不打理的现金会缩水，因此，我们必须学会如何减少存款的本金损失。

在计算投资收益时，一定不要忘记计算时间成本。例如，放弃一个即将到期的 3 年定期储蓄而购买 5 年期国债，从收益上来看会多出 3 000 元钱，但却需要再等待 5 年，这从时间成本来看其实是不划算的。

7.4.4 增强风险意识

储户要掌握必要的金融常识，自觉增强存款的风险防范意识，并应做到 5 点，如图 7-18 所示。

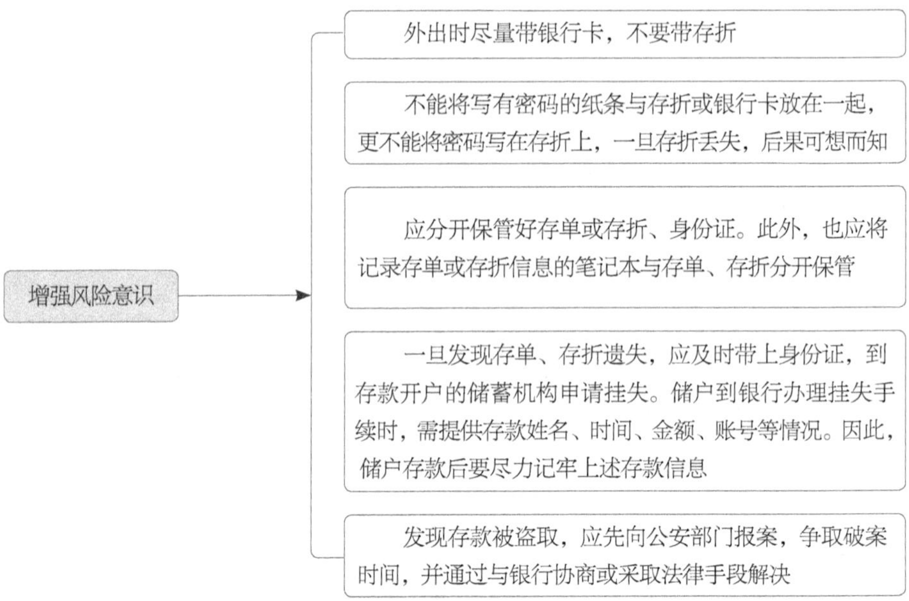

图 7-18 增强风险意识应做到的 5 点

第8章

黄金投资，日进斗金不是梦

学前提示 >>>

黄金以其稀少、易保存、性能好、价格稳定等特性而以“硬通货”著称。黄金是国家纸币价值的背后保证，是国际货币兑换的中间媒介。目前黄金市场行情较好，很多投资者都进行黄金理财。

要点展示 >>>

哪里是金子的发光之处——了解黄金投资
两类基本操作，把握黄金投资
掌握均线分析，掌握投资黄金的奥秘
3 种投资技巧，黄金理财就是如此简单

8.1 哪里是金子的发光之处——了解黄金投资

“是金子总会发光”，黄金在货币体系中有其独特的重要地位。当通货膨胀发生，或美元贬值时，或投资市场风险增加时，黄金便会出现一轮热潮，受到人们的追捧。刚进入黄金市场的投资者对其市场了解不深，需要了解黄金交易入门的基础知识。

8.1.1 什么是黄金投资

黄金是一种带有黄色光泽的贵金属，其英文为“Gold”，它是人类较早发现和利用的金属。由于它稀少、特殊和珍贵，自古以来被人们视为五金之首，有“金属之王”之称，享有其他金属无法比拟的盛誉，其显赫的地位亘古未变。黄金的稀有性使黄金十分珍贵，而黄金的稳定性使黄金便于保存，所以黄金不仅成为人类的物质财富，而且成为人类储藏财富的重要手段，从而得到了人类的格外青睐。

黄金投资就是以黄金作为标的物的投资行为。

8.1.2 纸黄金的投资优势

“纸黄金”是一种个人凭证式黄金：投资者按银行报价在账面上买卖“虚拟”黄金，通过把握国际金价走势进行低吸高抛，从中赚取黄金价格的波动差价。纸黄金投资的优势集中体现在 3 个方面，如图 8-1 所示。

优势一 →	纸黄金为记账式黄金，不仅为投资人省去了存储成本，也为投资人的变现提供了便利。投资真金之后需要操心其保存、存储；需要变现之时，又有鉴别其是否为真金的成本。而纸黄金采用记账方式，用国际金价以及换算的人民币标价，省去了投资真金的不便
优势二 →	纸黄金与国际金价挂钩，采取 24 小时不间断交易模式。我国的夜晚，正好对应着欧美的白日，即黄金价格波动最大之时，为上班族的理财提供了充裕的时间
优势三 →	纸黄金提供了美元金和人民币金两种交易模式，为外币和人民币的理财都提供了相应的机会。同时，纸黄金便于做日内交易，比国内股票市场多了更多的短线操作机会

图 8-1 纸黄金投资的优势

8.1.3 纸黄金的理财产品种类

目前我国主要的纸黄金理财产品有：中国银行的“黄金宝”、工商银行的“金行家”以及建设银行的“龙鼎金”等。下面针对不同纸黄金理财产品的特点、优势及交易流程进行详细介绍。

【案例分析】中国银行的“黄金宝”理财产品

2014 年 3 月，中国银行山西省分行举办了一场个人贵金属春季交易大赛，其交易品种包括账户贵金属（黄金宝和白银宝）、双向宝（双向黄金宝）和代理个人上海黄金交易所交易业务（T+D）3 种。此次活动让投资者们看到了黄金投资的活力，提高了炒金者的积极性。

参赛品种中的“黄金宝”产品，是由中国银行推出的“纸黄金”交易产品。“黄金宝”类似于外汇宝业务，但其交易币种为人民币，投资黄金无需交缴手续费，只需根据银行报价买卖即可。报价跟随国际黄金市场的波动情况而变化，投资者可以通过把握市场走势低买高卖，从中赚取黄金价格波动的差价。

（1）手续办理

投资者如果想参与中国银行的“黄金宝”交易，只需持本人身份证，到中国银行的所属营业网点，填写《中国银行个人账户开户申请书》，存入一定数额的人民币资金，取得中国银行“活期一本通”存折、中国银行“长城电子借记卡”等，然后设置电话委托密码即可。

（2）交易方式

中国银行提供有三种“黄金宝”买卖交易方式，即柜台交易、电话交易和网银交易，投资者可以通过柜面电子屏、电话或者网络获取实时报价，具体如图 8-2 所示。

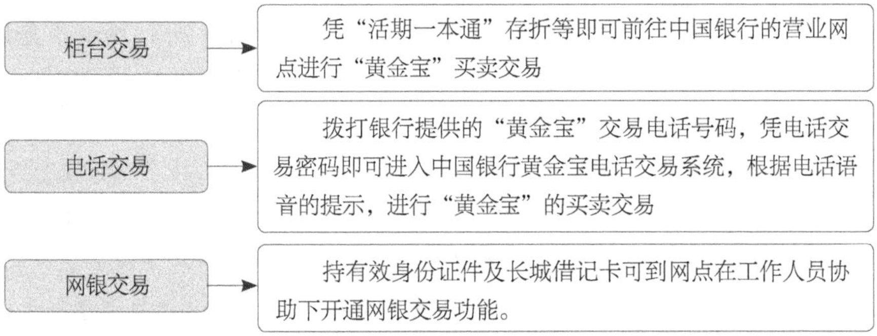

图 8-2 “黄金宝”的交易方式

【案例分析】工商银行“金行家”理财产品

“金行家”个人账户黄金买卖业务是指个人客户以美元或人民币作为投资货币，在中国工商银行规定的交易时间内，使用中国工商银行提供的个人账户黄金买卖交易系统及其报价，通过柜台、网上银行、电话银行等方式进行个人账户黄金买卖交易的业务。

（1）产品特点

“金行家”的特点如图 8-3 所示。

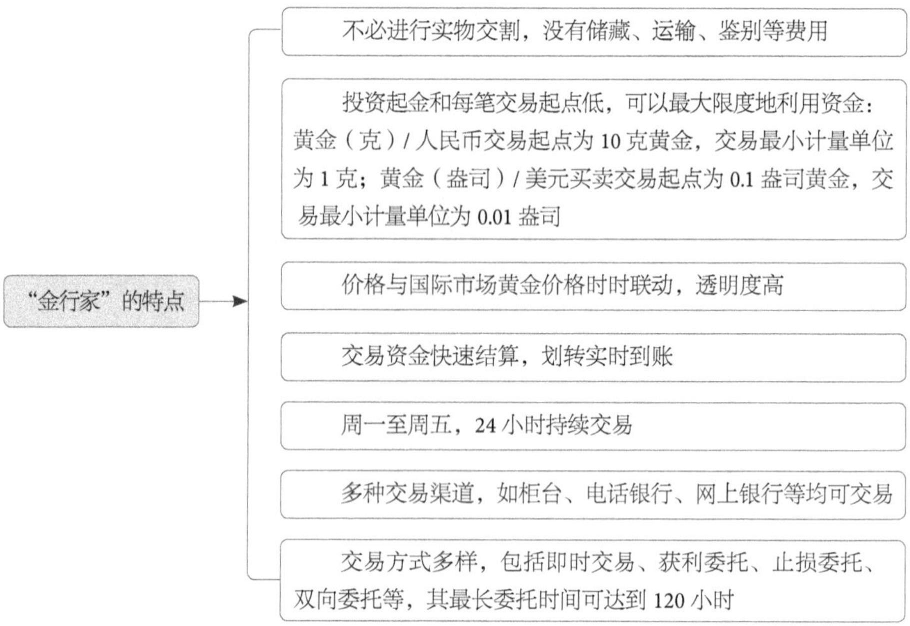

图 8-3 “金行家”的特点

（2）办理开户

“金行家”个人账户黄金买卖业务包括两种，一是黄金（克）/ 人民币交易，以人民币标价，交易单位为“克”；二是黄金（盎司）/ 美元交易，以美元标价，交易单位为“盎司”。

黄金（克）/ 人民币交易：客户在中国工商银行办理以人民币作为投资币种的账户黄金买卖业务前，凭本人有效身份证件到工商银行指定网点，将基本户为活期多币种户的工商银行账户（包括牡丹灵通卡、e 时代卡或理财金账户）作为资金交易账户，并在该账户下开立“个人黄金账户”，其后通过工商银行柜台、网上银行、电话银行等直接进行交易即可。

黄金（盎司）/ 美元交易：直接将基本户为活期多币种的工商银行账户（包括活期一本通、牡丹灵通卡、e 时代卡或理财金账户）作为资金交易账户，通过工商银行柜台、网上银行、电话银行直接进行交易即可。

（3）交易方式

“金行家”的交易方式如图 8-4 所示。

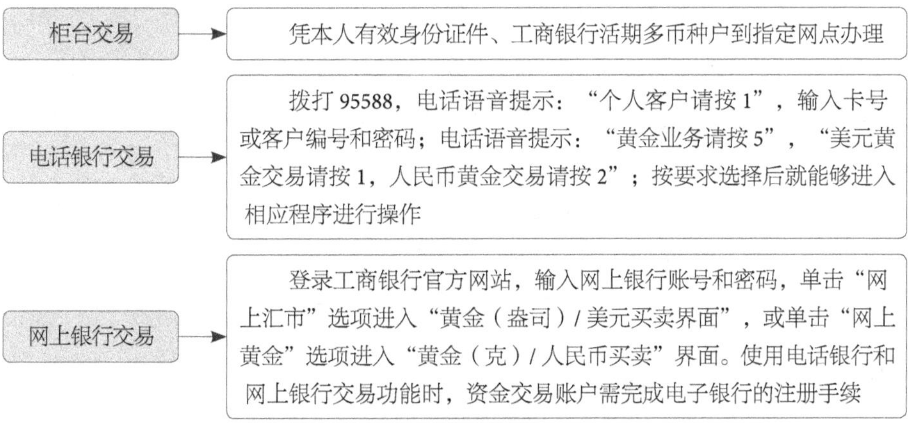

图 8-4 “金行家”的交易方式

【案例分析】建设银行的“龙鼎金”账户

中国建设银行的“龙鼎金”产品分为实物金和账户金两种。“龙鼎金”账户金又称“纸黄金”，其交易业务不提取和交收实物，是指投资人在中国建设银行开立黄金账户，并进行买卖的一种金融投资产品，黄金份额在账户中记录，而不提取实物黄金，只需把握市场走势通过低买高卖赚取差价即可。

8.2 两类基本操作，把握黄金投资

常言道：“纸上得来终觉浅，绝知此事要躬行。”通过上面的内容讲解，大家对黄金投资已经有了一定的了解。本节从网上和手机两种便利的投资操作方式出发，为大家深入讲解黄金投资的实战。

8.2.1 网上进行黄金投资

黄金是稀有的贵金属，被称为“硬通货”。黄金以其价格相对比较稳定、不易贬值的优势使得理财者将注意力集中在了黄金上面。现在，很多银行金融

机构在其官网上都有黄金理财业务，以满足黄金理财爱好者的需求。

下面以中国交通银行网上黄金理财为例，介绍交易金查询、交易金买卖、资金账户管理等网上黄金理财功能。

【案例分析】新增、查询与修改定投计划

首先登录中国交通银行个人网银，依次进入“黄金”|“黄金定投”页面，即可新增定投计划，选择和添加相关信息，如：1设置卡号、定投品种、定投方式、每期定投间隔、每期申购金额、协议生效日期、交易密码等，如图 8-5 所示，核对信息后，2单击“确定”按钮即可完成操作。

另外，3用户还可以切换至“查询 / 修改定投计划”页面，4选择需要查询或者修改的卡号，即可得出查询或修改定投计划结果，如图 8-6 所示。

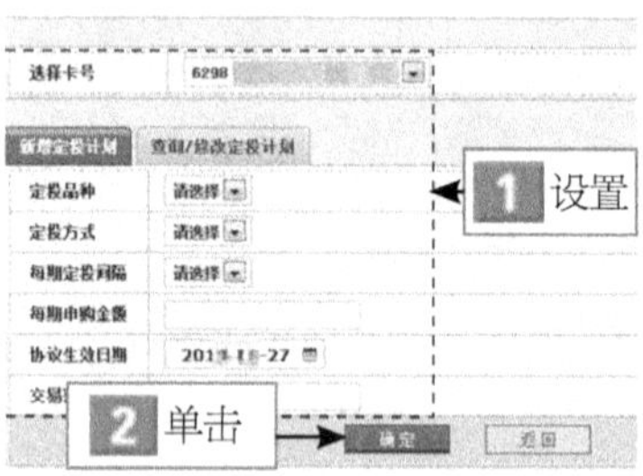

图 8-5 新增定投计划

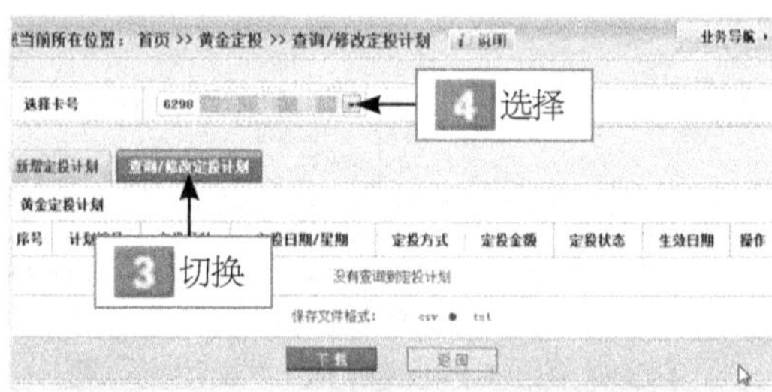

图 8-6 “查询 / 修改定投计划”页面

【案例分析】在交通银行申购 / 赎回黄金

登录中国交通银行个人网银，依次进入“黄金”|“黄金定投”页面，1在左侧的导航栏中选择“申购申请”单选按钮，2需要在右侧窗口中设置个人相关信息，如选择卡号、申购品种、购买方式、可用资金、购买金额、交易密码等，如图 8-7 所示，核对信息后，3单击“确定”按钮即可完成申购黄金的操作。

4在左侧的导航栏中选择“赎回申请”单选按钮，5需要设置个人相关信息，如选择卡号、赎回品种、黄金金额、黄金可用余额、赎回数量、交易密码等，如图 8-8 所示，核对信息后，6单击“确定”按钮即可完成赎回黄金的操作。

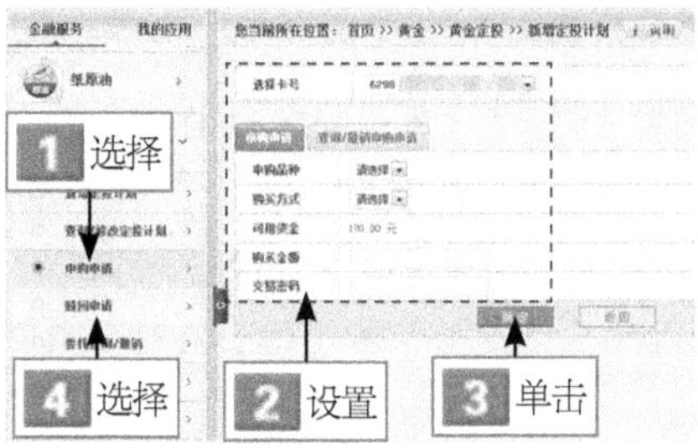

图 8-7 “申购申请”页面

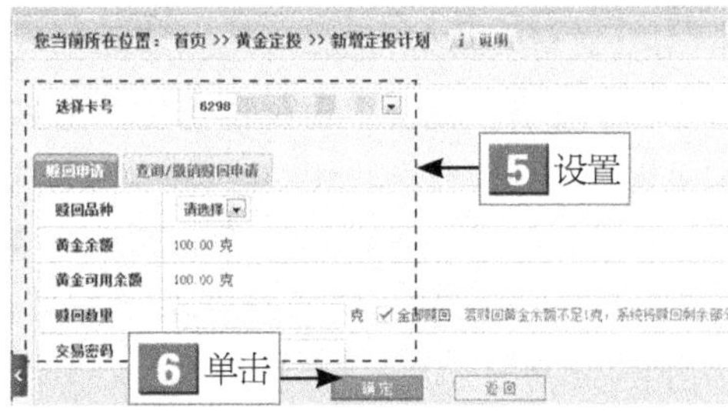

图 8-8 “赎回申请”页面

【案例分析】在交通银行查询委托与交易明细

登录中国交通银行个人网银，依次进入“黄金”|“黄金定投”页面，在左侧的导航栏中选择“委托查询 / 撤销”单选按钮，在右侧窗口中输入或选择需要查询的卡号，即可完成委托查询操作。

在左侧的导航栏中单击“历史交易明细查询”单选按钮，1 在右侧窗口中选择相关信息，如卡号、申购品种、起止日期等，如图 8-9 所示，2 单击“查询”按钮即可查询历史交易明细。

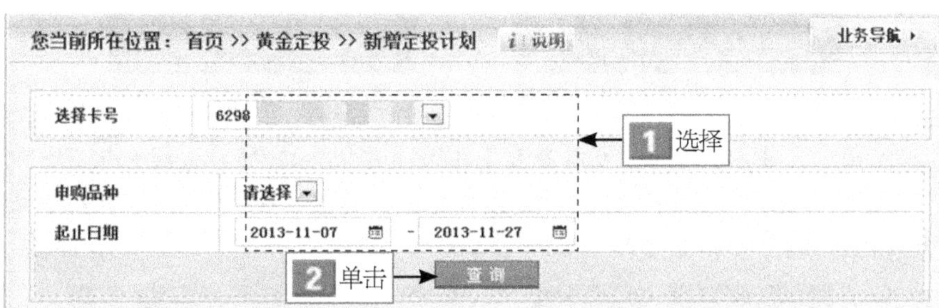

图 8-9 历史交易明细查询页面

8.2.2 通过手机进行黄金投资

随着国际黄金价格近来一路上扬，部分以黄金为标的的理财产品价格也一路飙升，走出了 2013 年“黄金崩溃”的颓势。

而随着智能手机和移动互联网的发展和普及，手机理财投资的方式逐渐成熟多样，原本只能在计算机端的操作现在投资者在手机上也可以完成。人们越来越喜欢采用方便快捷的手机理财方式了。

本节将以“掌金宝”APP 为例，为大家讲解通过手机进行黄金理财投资的具体方法。

【案例分析】在“掌金宝”APP 查看黄金行情

“掌金宝”APP 是由恒汇贵金属专家团队研发的，是一款不错的专业手机掌上贵金属行情分析软件。图 8-10 所示为“掌金宝”APP 主界面。

“掌金宝”APP 的“行情”界面包括了贵金属、商品和财经日历 3 个板块。在“贵金属”界面中，用户可以查看各大黄金交易所的价格走势，其价格会实时更新，如图 8-11 所示。

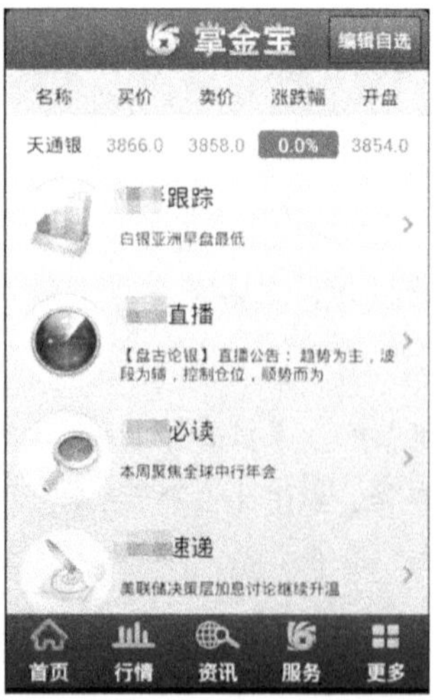

图 8-10 “掌金宝”APP 主界面

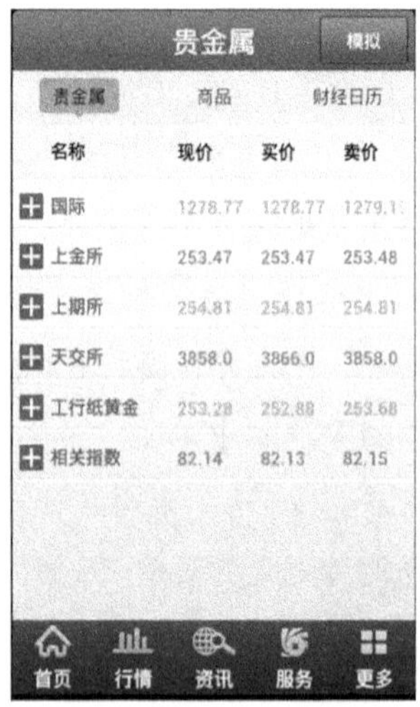

图 8-11 “贵金属”界面

1 展开“国际”选项，可以查看各类国际贵金属的价格，2 单击“现货黄金”选项，如图 8-12 所示。3 进入 K 线界面，如图 8-13 所示，可以查看现货黄金的行情走势。

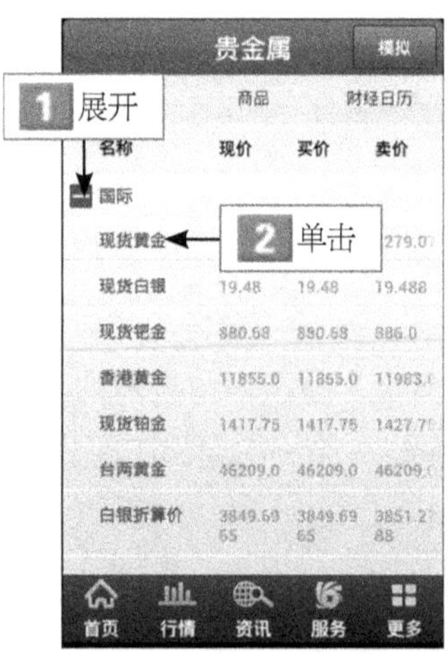

图 8-12 查看国际贵金属价格

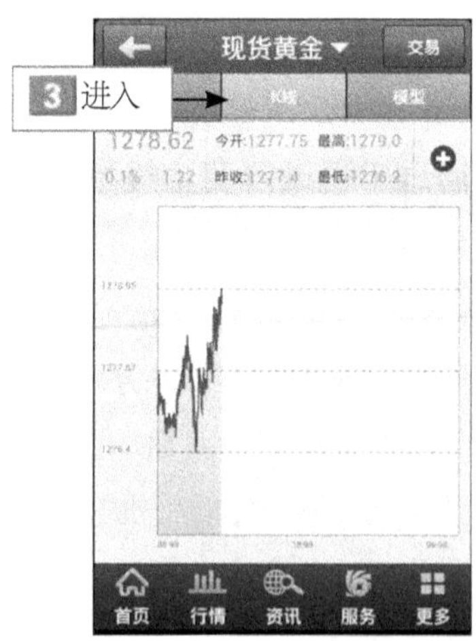

图 8-13 “K 线”界面

【案例分析】在“掌金宝”APP 中交易黄金产品

通过“掌金宝”APP，用户可以进行模拟交易，如图 8-14 所示。1 单击“建仓”按钮进入其界面，2 设置相应的交易类型、商品、手数以及买卖方式，下面会显示买价、卖价以及所需保证金，如图 8-15 所示，3 单击“确定”按钮即可完成建仓交易。

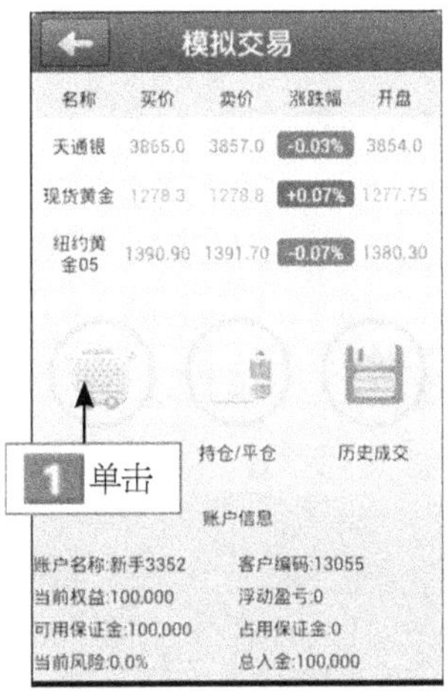

图 8-14 “模拟交易”界面

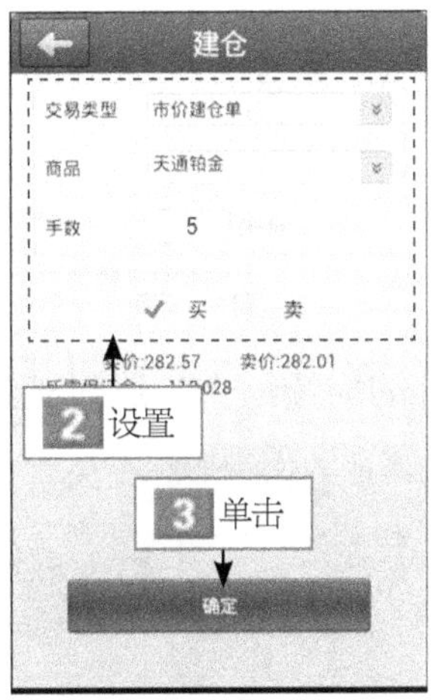

图 8-15 “建仓”界面

8.3 掌握均线分析，了解投资黄金的奥秘

通过均线来分析投资行情是很实用的投资技巧。均线图虽然看上去只是由几根简单的曲线构成的，却包含着许多信息。如果投资者能够从均线图中获取有用的信息，就能在投资中获得先机。

本节将用“博易大师现货版”软件为大家介绍运用均线分析投资黄金的技巧。

8.3.1 均线分析带你走进“淘金”实战

均线（MA）是对移动平均线的简称，它是将某段时期内收盘价的和值与周期的比值连接起来之后形成的一条曲线。例如，5 日均线就是将 5 日内的收盘价相加之后再除以 5 得出 5 日的平均值，然后将所有 5 日平均值从左至右相连后形成一条曲线。图 8-16 所示为黄金 1906 的日 K 线及移动平均线图。

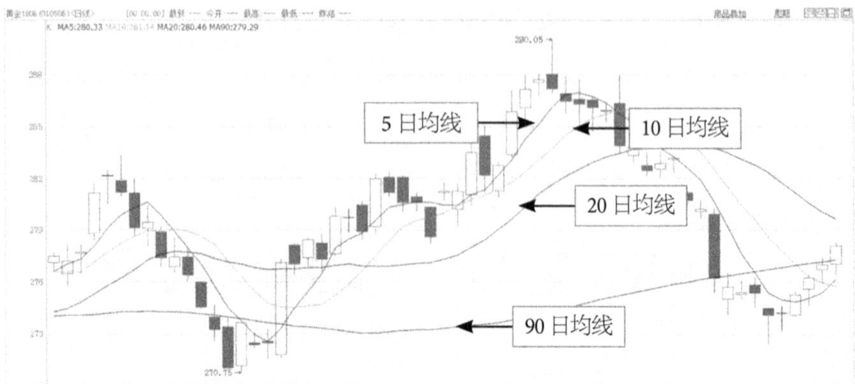

图 8-16 黄金 1906 的日 K 线及移动平均线图

8.3.2 看涨的均线组合，适时买进赚大钱

常见的看涨的均线形态主要有 5 种，具体如图 8-17 所示。

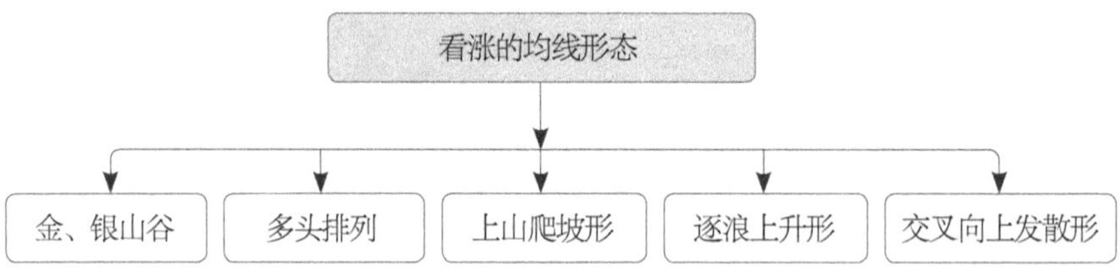

图 8-17 看涨的均线形态

下面将为大家详细介绍利用金、银山谷和多头排列这两种看涨的均线组合进行低买高卖的操作。

【案例分析】金、银山谷

金山谷可以看作是银山谷的 2.0 版，在它出现之前必须要先出现银山谷，而且金山谷与银山谷形态又基本相同，其具体形态如图 8-18 所示。

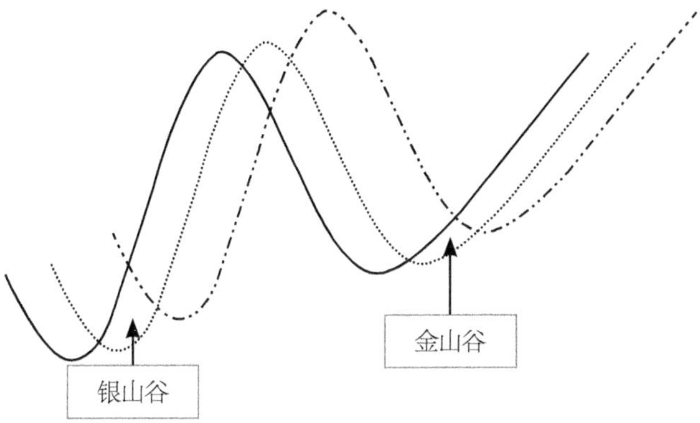

图 8-18 银山谷与金山谷形态

注意：本章中“——————”“-------------”“—·—·—·—·—·—”分别表示的是短期、中期、长期移动平均线。

金山谷常见于价格上涨趋势中，它是银山谷的增强版，此时多方力量比在银山谷时更加强盛，价格上涨的可能性比在银山谷时上涨的可能性更大，投资者应当把握住这个机会，积极做多。

在图 8-19 中，黄金 1906 的价格在低位区缓速上升的过程中先是出现了银山谷，不久之后又出现了金山谷。这表明多方力量即将爆发，黄金 1906 的价格很可能在短期内快速上涨。所以，在金山谷出现后，投资者一定要抓住时机，及时逢低买入，进行做多。

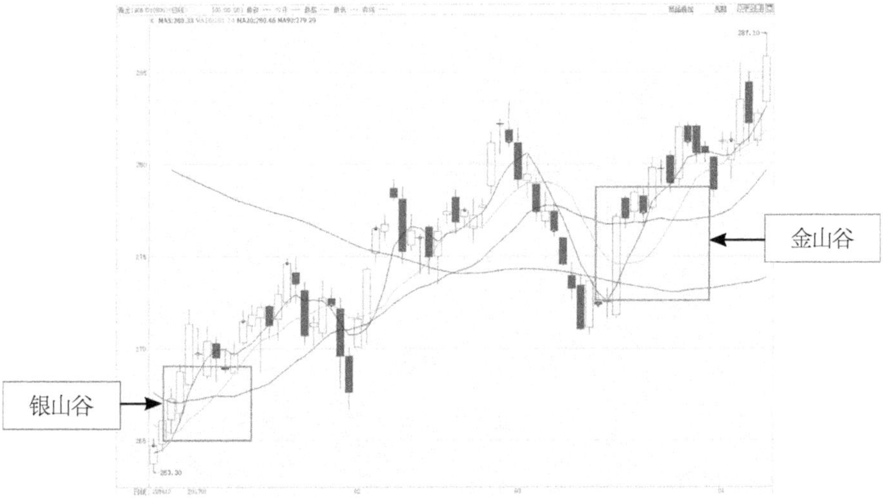

图 8-19 黄金 1906 的日 K 线及均线图

【案例分析】多头排列

多头排列即短期、中期、长期 3 条均线，按从上至下的顺序进行的排列，且 3 条均线形如向上弯曲的圆弧，其具体形态如图 8-20 所示。

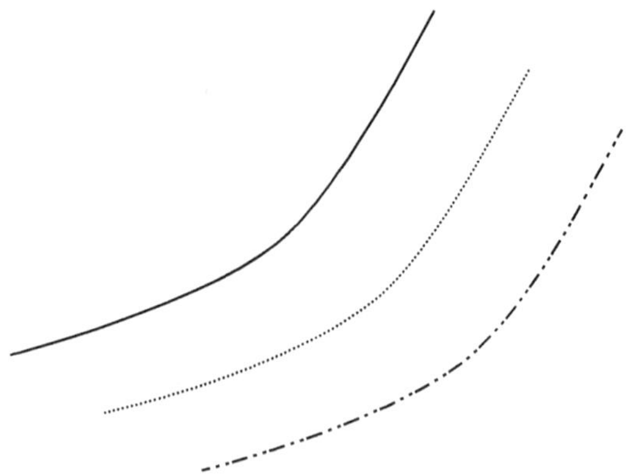

图 8-20 多头排列的形态

多头排列多出现在价格上涨趋势中，它的出现表明市场中多方力量仍占优势，价格将呈现持续上涨的趋势，投资者宜逢低做多。

在图 8-21 中，黄金 1906 的价格见底之后，在上涨初期出现了多头排列的均线形态。这表明价格可能将进一步上涨，投资者可做多，持筹待涨。

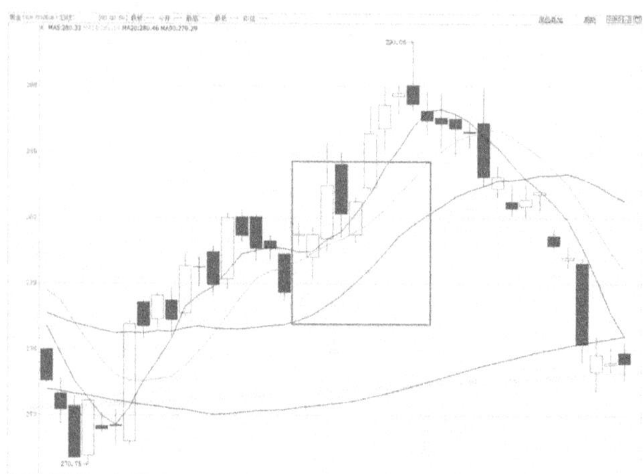

图 8-21 黄金 1906 的日 K 线及均线图

8.3.3 看跌的均线组合，见机卖出防亏损

买卖是相对的，有买入信号，自然就有卖出信号。常见的均线卖出信号主要出现在看跌的均线形态上，看跌的均线形态主要包括 4 类，具体如图 8-22 所示。

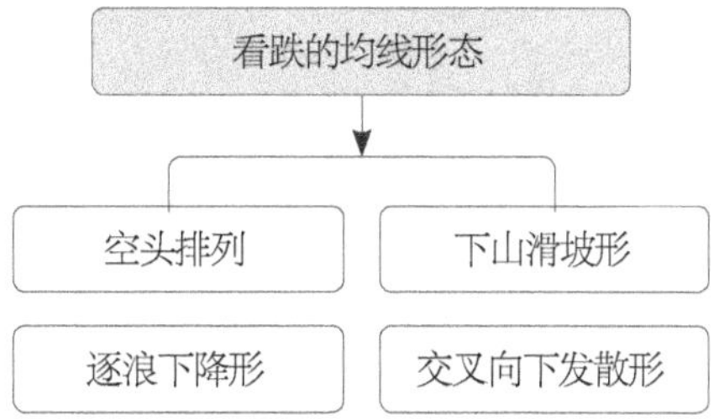

图 8-22 看跌的均线形态

下面就以空头排列和下山滑坡形为例进行分析，带大家了解投资黄金时如何利用看跌均线组合在价格下降前提前卖出、防止亏损的操作。

【案例分析】空头排列

空头排列即短期、中期、长期 3 条均线，按从下至上的顺序进行的排列，且 3 条均线形如向下弯曲的圆弧，其具体形态如图 8-23 所示。

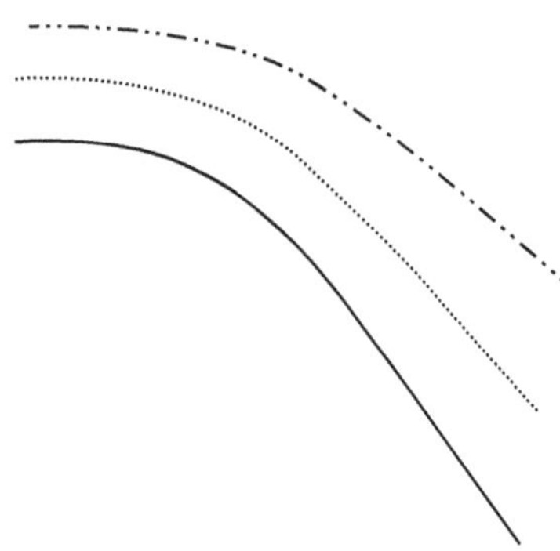

图 8-23 空头排列

空头排列多出现在价格下跌趋势中，它的出现表明市场中空方处于强势地位，价格将持续下跌趋势，投资者宜及时做空。

在图 8-24 中，黄金 1906 的价格在高位区的缓速下跌中出现了框选区域中的空头排列均线形态，这说明它的价格或将出现大幅回落。所以，此时投资者正确的策略应该是多出空进，适度进行做空。

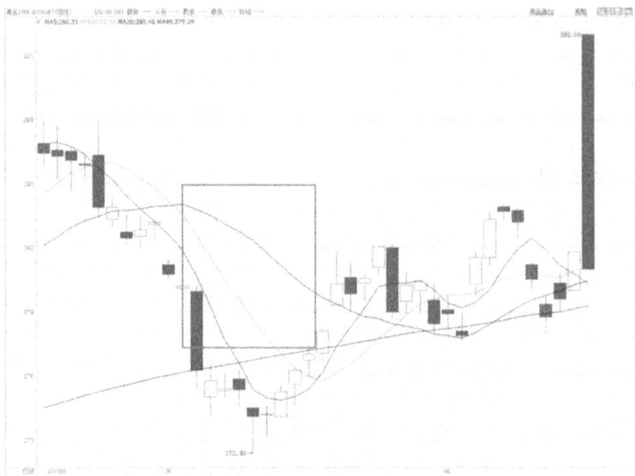

图 8-24 黄金 1906 的日 K 线及均线图

【案例分析】下山滑坡形

下山滑坡形，即短期、中期、长期 3 条均线像下坡一样保持一定的倾斜度向下方运行的形态，具体形态如图 8-25 所示。

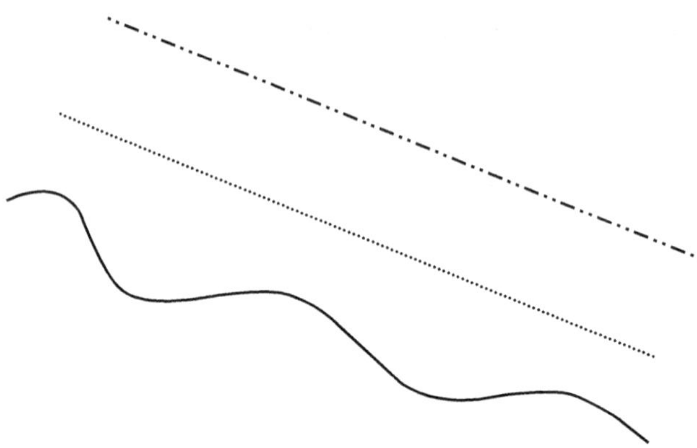

图 8-25 下山滑坡形

下山滑坡形常见于价格下跌趋势中，它的出现表明价格持续下跌的可能性较大。因此，当均线呈现下山滑坡形形态时，投资者应考虑逢高做空或逢高出场。

在图 8-26 中，黄金 1909 的价格在明显的下降趋势中出现了框选区域中的下山滑坡形形态。遇到这种情况，做多的投资者需多一份谨慎，宜尽早出场；而做空的投资者则可以选择入场或加仓。

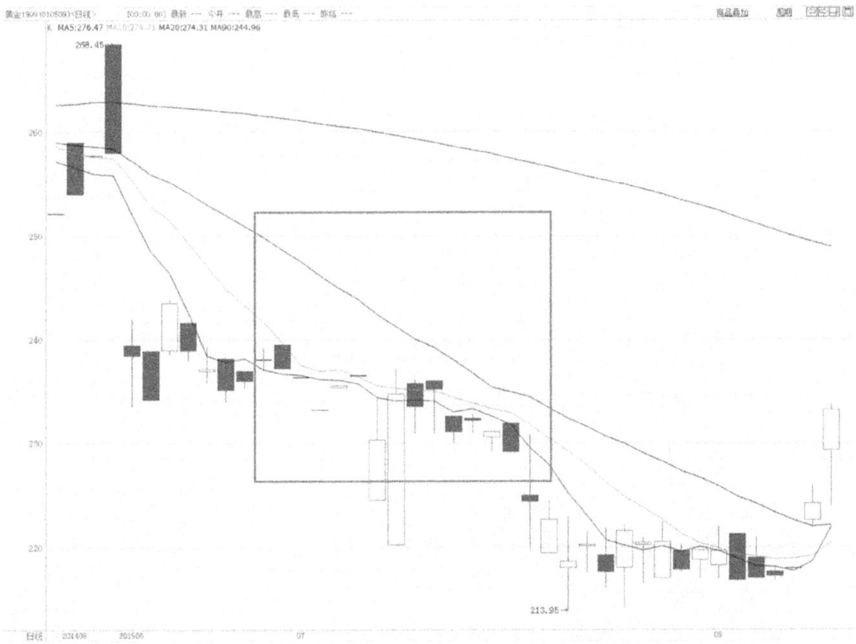

图 8-26 黄金 1909 的日 K 线及均线图

8.3.4 见底的均线信号，投资者积极做多

常见的均线见底形态主要有 3 种，具体如图 8-27 所示。出现这些形态时投资者需积极做多。

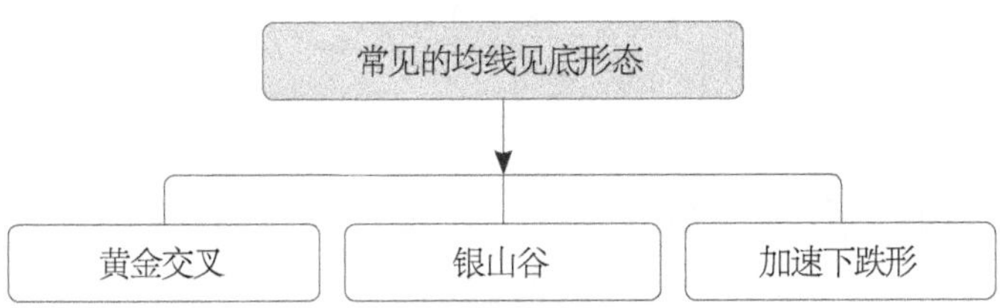

图 8-27 常见的均线见底形态

（1）黄金交叉，即两根均线中，周期较短的均线从下方上穿周期较长的均线，且长周期均线呈现上升趋势，其具体形态如图 8-28 所示。

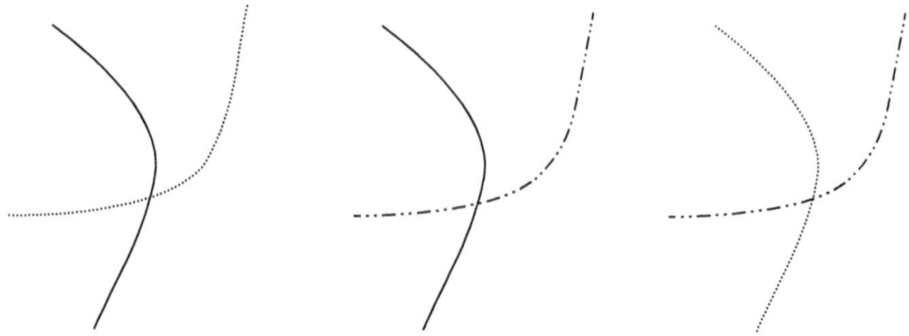

图 8-28 黄金交叉

黄金交叉多出现于价格上涨初期，表明价格前期已经见底，接下来价格或将出现一定幅度的回升，是一个明显的见底信号。

（2）银山谷，即 3 根均线交叉，并出现了一个形似尖角上指的三角形图形，其具体形态如图 8-29 所示。

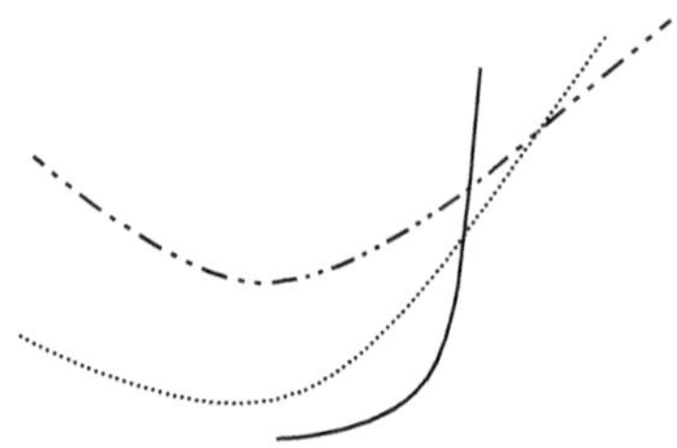

图 8-29 银山谷

银山谷通常出现于价格上涨的初期，图中的尖角上指三角形图案表示多方正在积蓄力量，极有可能在短期内爆发，出现价格的快速回升。投资者看到这个三角形图案时可以考虑入场进行做多。

（3）加速下跌形，即均线原本保持缓速下降的趋势，但是在经过某一位置后，各均线呈现逐渐远离的趋势，其具体形态如图 8-30 所示。

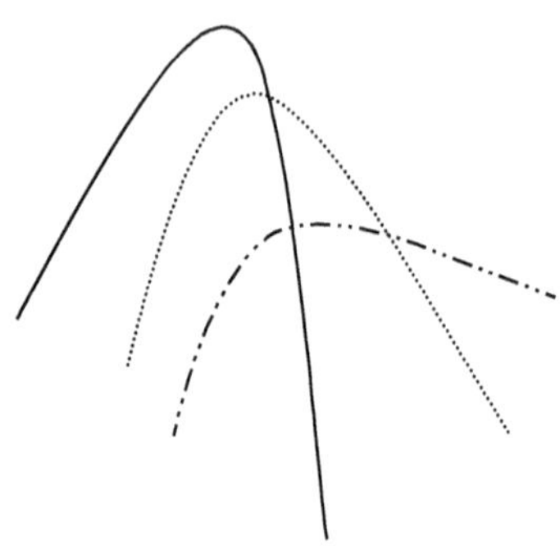

图 8-30 加速下跌形

加速下跌形一般出现在价格下跌的后期，它表示多方主力正在低价吸筹，一旦吸筹趋于饱和，价格就会立即回升。特别是当均线呈现加速下跌形的同时，出现了锤头线和倒锤头线，这往往会成为一个价格由跌转涨的转势点。

8.3.5 见顶的均线信号，做空买入待涨好机会

均线除了有发出见底信号的图形之外，还有发出见顶信号的图形，其中常见的均线见顶图形主要包括 3 类，具体如图 8-31 所示。当出现这些形态时，投

资者要保持警惕，随时准备入场做空。

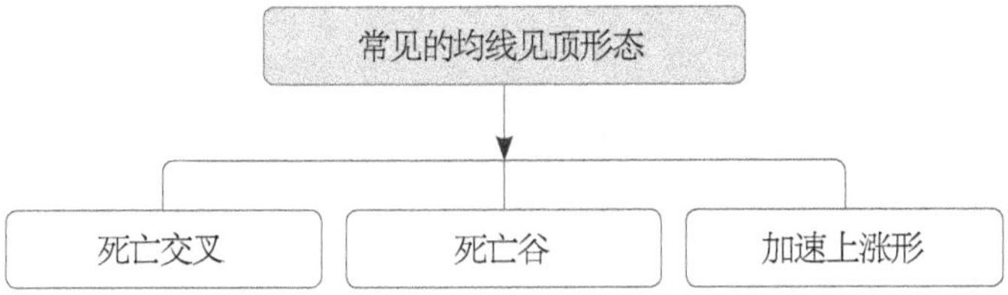

图 8-31 常见均线见顶图形

下面就以死亡交叉和死亡谷为例进行分析，使大家了解投资黄金的见底均线信号。

【案例分析】死亡交叉

死亡交叉，即在两根均线中，周期较短的均线从上方下穿周期较长的均线，且长周期均线呈现下降趋势，其具体形态如图 8-32 所示。

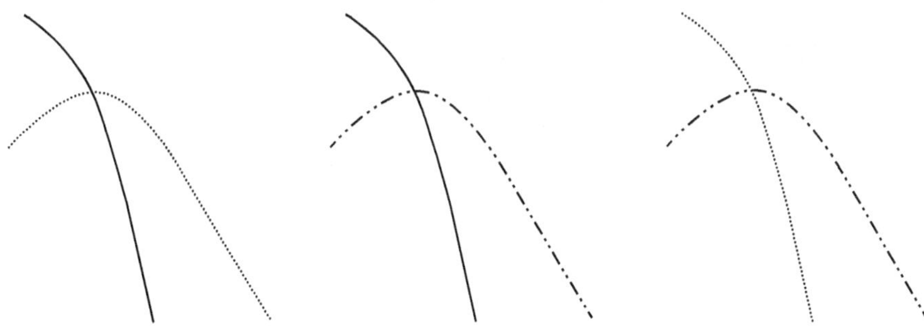

图 8-32 死亡交叉

死亡交叉经常出现于价格上涨末期与价格下降初期，表明价格前期已经见顶或即将见顶，接下来价格出现回落的概率较大，是一个明显的见顶信号。

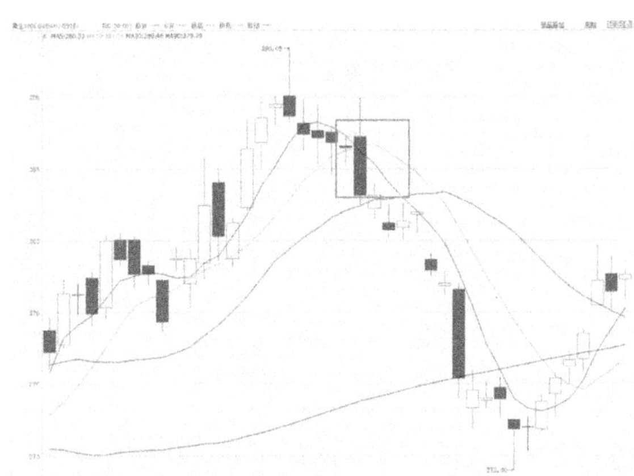

图 8-33 黄金 1906 的日 K 线及均线图

在图 8-33 中，黄金 1906 的价格在相对高位的小幅下跌途中，出现了框选区域中的均线死亡交叉形态这就说明价格近期回落的可能性极大，投资者宜在此时入场做空，坐等价格下跌。

【案例分析】死亡谷

死亡谷，即3根均线交叉，并出现了一个形似尖角下指的三角形图形，其具体形态如图8–34所示。

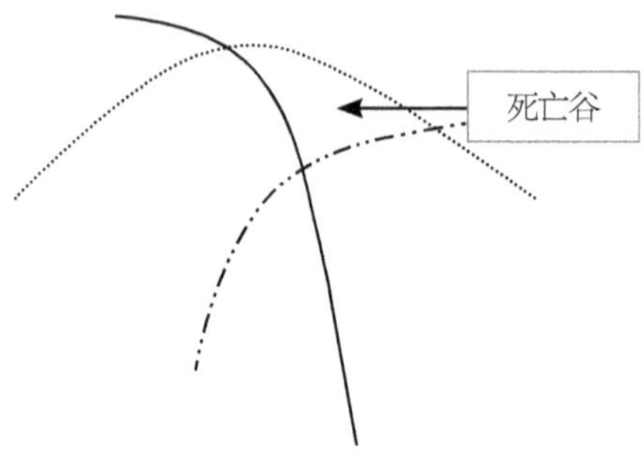

图8–34 死亡谷形态

“死亡谷”通常出现于价格下降的初期，图中的尖角上指三角形图案表明空方正在积蓄力量，极有可能在短期内发出致命一击，导致价格快速回落。做多的投资者在看到这个三角形图案时宜迅速进行抛盘；而做空的投资者则可以在此时加仓或入场。

在图8–35中，黄金1906的价格在高位盘整之后，出现了框选区域中的死亡谷均线形态。这就说明此时空方力量渐强，并可能已经占据了优势，离价格大幅下跌之日已经不远。所以，做多的投资者不宜再持仓观望，应及时卖出出场为妙；对于做空的投资者来说，此处是一个绝佳的入场和加仓点，应积极进行买入。

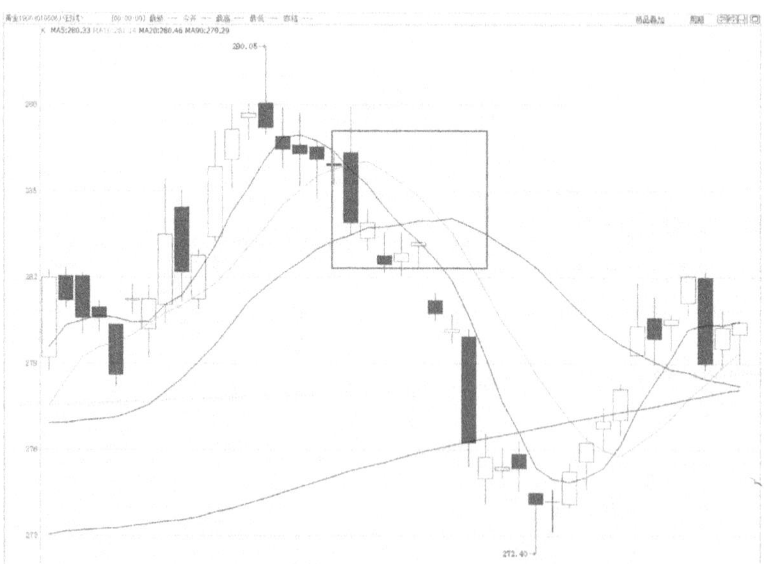

图8–35 黄金1906的日K线及均线图

8.4 3 种投资技巧，黄金理财就是如此简单

作为一名黄金投资者，需要掌握黄金投资的相应技巧，以应对黄金投资中出现的问题。投资者一旦熟练地掌握了黄金投资的相关技巧，就能轻松进地行黄金投资。

下面就为大家介绍 3 种实用的黄金投资技巧。

8.4.1 纸黄金开户交易方法

本书以中国银行、工商银行、建设银行 3 家银行的纸黄金交易平台为例来介绍纸黄金的开户流程。

（1）开户。目前，这三大交易平台交易方式基本上都以电话开户或者网点开户为主，依照此类交易方法，投资者只要带着有效身份证件以及与不低于购买 10 克黄金的现金（注意具体携带金额需要依据当时地黄金价格决定），到代理黄金交易业务的银行开设纸黄金买卖专用账户即可。

（2）利用账户交易。专用账户开通后，依据“纸黄金投资指南”，投资者便可以进行操作了。投资者可以通过电话或网络了解当日的黄金价格及纸黄金价格，以使进行交易。

实际上，电话银行交易过程与股票市场地该交易过程基本相同。不同的是，纸黄金交易直接可以将银行存折与黄金市场对接，部分投资者还可以同时利用一个账户同期办理外汇交易业务，因为纸黄金本身就是一种外汇业务。

8.4.2 掌握纸黄金的买卖时机

黄金投资与外汇投资、股票投资一样，投资者要时刻关注行情的变化和走势。“低买高卖”的投资原则同样适合“纸黄金”的操作。纸黄金的买卖时机分析具体如图 8-36 所示。

买入黄金 →	在判断了黄金价格的下跌支撑位后，金价的下跌，使均线都压在了K线上方，或者金价在预测支撑位止跌后不再下行。此时，投资者不能盲目买入，而应在确认趋势上行后，在K线呈阴线形态时可以再逐渐加仓
卖出黄金 →	价格持续上升，最终拉出一根长阳线，但是第二个交易日价格却呈现了高开低走的阴线或者拉出一根小十字星，说明市场将转势，此为卖出信号

图 8-36 纸黄金的买卖时机分析

8.4.3 量身定做买黄金

投资者在做黄金交易时，应当看准金价趋势，选择一个合适的买入点介入金市后做中长线投资。当然，不同家庭情况的投资者对投资品种有不同的选择，具体分析如图 8-37 所示。

富有的家庭投资者 →	可以选择投资实物黄金，充分利用它的保值和避险功能，为家庭做好黄金储备
高学历的专业投资者 →	可以选择黄金凭证式，将股市的技巧用到金市上来，并关注与分析国际政治经济形势，以便在纸黄金的交易中获取收益
中老年家庭投资者 →	由于这类人群比较熟悉邮品市场或收藏品市场，可以投资金银纪念币，其溢价程度和行情走势类似于邮品的溢价程度和行情走势
女性投资者 →	爱美是女人的天性，因此，女性投资者可以选择投资黄金饰品，使其在拥有奢侈品的同时也能达到理财的目的

图 8-37 不同黄金投资者的投资品种分析

第9章

基金投资，日日收益天天赚钱

学前提示 >>>

有空没空养只“基”，让专家为你打理钱财。投资了基金，你每天都可以看到基金的收益，感受到你的财富不断积水成河、积少成多。当我们的资产略有剩余时，为求安全保障，我们将自己积攒多年的银行存款拿出来交给基金专家打理，不失为一种良好的投资理财方式。

要点展示 >>>

基础知识，基金投资这样赚钱
熟悉常见操作，基金投资赚钱有道
把握技巧和误区，这样投资基金更赚钱

9. 1 基础知识，基金投资这样赚钱

俗话说：“存银行不甘心，炒股票不放心，做地产不安心，买基金最省心。”这句话很好地描述了如今基金在投资市场上的重要地位。基金以其稳健、易于打理等特点，日渐获得广大投资者的青睐。

9. 1. 1 什么是基金投资

基金英文为“Fund”，其原意就是资金。简单地说，基金就是通过汇集众多投资者的资金，交给银行托管，并由专业的基金管理公司负责将其投资于股票和债券等证券市场，以实现保值增值的目的。

9. 1. 2 基金的投资种类

基金的种类多种多样，根据不同的划分标准，基金可以划分为不同的种类，如图 9-1 所示。

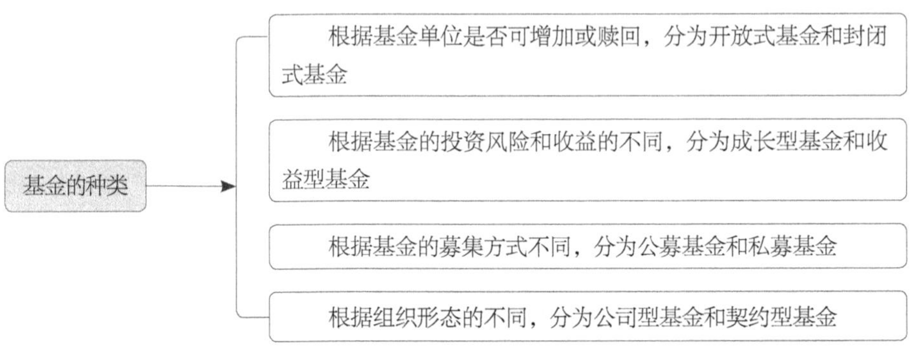

图 9-1 基金的主要分类

9. 1. 3 基金的投资优势

与股票、债券、定期存款、外汇等投资工具一样，投资基金也为投资者提供了一种投资渠道。投资基金之所以受到投资者的青睐，关键原因在于其突出的优势，具体表现在以下 4 个方面，如图 9-2 所示。

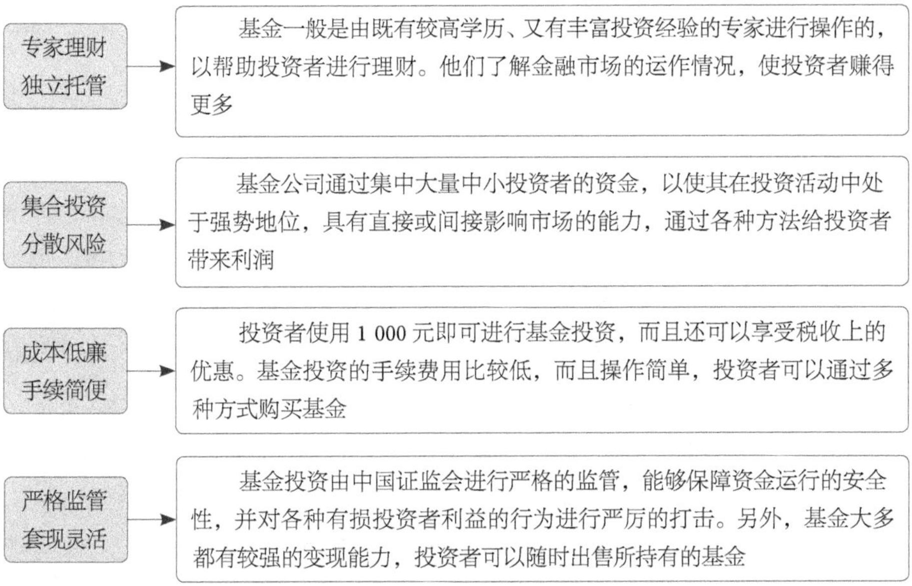

图 9-2 基金理财方式的优势

9.1.4 谁适合投资基金

基金逐渐为大多数中小投资者所接受并成为比较常见的理财方式之一，但是任何一种投资方式都不是万能的，都有其适合的人群，主要有以下 5 种人群适合基金投资，具体分析如下。

（1）每月领取固定薪酬的上班族。一方面，大部分的上班族薪资所得在扣除日常生活开销后，所余金额往往不多，单独投资意义不大，小额的定期定额投资方式最为适合；另一方面，上班族工作时间一般严格固定，因此，设定指定账户中自动扣款的基金定投，只需办理一次手续就能搞定未来几年甚至十几年的投资交易，对上班族来说是最省时、省事的方式，而且基金还能起到强制储蓄的作用。

（2）有特定理财目标或者远期资金需求的人。在已知未来将有大额资金需求时，提早以定期定额小额投资方式进行规划，不但不会造成经济上的负担，更能让每月的小钱在未来变成大钱。例如，10 年后子女出国留学，而且当前有收入进行投资，如果用基金来实现攒钱的目标也是非常不错的选择。

（3）愿意投资，但缺乏投资经验的人。因此，对于那些尚没有投资经验或者不适合独立投资的人来说，基金可以说是一种比较有效的投资方式，可以避免投资者陷入跟风的怪圈。

（4）不喜欢承担过高投资风险者。风险态度偏中或偏低的这部分人，通常不愿去冒很大的风险，因而分期分配的基金投资方式对他们来说最合适不过了。基金定投具有投资成本加权平均的优点，能有效降低整体投资的成本，分散市场波动的风险。以基金定投的方式来应对短期震荡加剧而长期坚定看好的市场，对于那些有心投资但又不愿意承担过高风险的投资者而言，是一个很好的选择。

（5）有些闲钱，却没有时间投资的人。例如，有一些个体户或者生活节奏非常快的人群，他们没有过多的时间关注股市等投资市场，而需要投入更多的时间和精力关注事业或者学习，那么基金就是一种比较适合他们的投资方式。

基金投资方式非常适合现在的年轻人，他们在发工资后留下日常的生活费，就可以将其余部分做“定投”了。这样持续一段时间后，就会给自己带来可观的收益。当然，是否投资基金也要因人而异，个人要根据自己的实际情况确定，毕竟基金是一项长期的投资业务，我们在投资时一定要考虑自己的收支状况。

9.1.5 基金投资的术语

了解基金的专用术语是投资基金的必修之课，对于正在购买基金的新基民来说，快速了解这些术语对其进行投资有很大的帮助，如表 9-1 所示。

表 9-1 基金常用名词

常用名词	相关说明
基金资产总值	基金资产总值是包括基金购买的各类证券价值、银行存款本息、基金的应收款项以及其他投资所形成的价值总和
基金资产净值	基金资产净值是指基金资产总值减去按照国家有关规定可以在基金资产中扣除的费用后的价值
基金资产估值	基金资产估值是指通过对基金所拥有的全部资产及所有负债按一定的原则和方法进行估算，进而确定基金资产公允价值的过程
基金单位资产净值	基金单位资产净值即每份基金单位的净资产价值，等于基金的总资产减去总负债后的余额再除以基金全部发行的单位份额总数。开放式基金的申购和赎回金额都以这个价格进行计算
基金累计净值	基金累计净值是基金单位资产净值与基金成立以来累计分红的总和
基金拆分	基金拆分是在保持投资人资产总值不变的前提下，改变基金份额净值和基金总份额的对应关系，重新计算基金资产的一种方式

续表

常用名词	相关说明
工作日	工作日指上海证券交易所和深圳证券交易所的正常交易日
开放日	开放日指为投资者办理基金申购、赎回等业务的工作日
T 日	T 日指销售机构在规定时间受理申购、赎回、基金转换或其他基金交易的申请日
T + *n* 日	T+*n* 日指 T 日后（不包括 T 日）第 *n* 个工作日
建仓	建仓对于基金公司来说就是指一只新基金公告发行后，在认购结束的封闭期间，基金公司用该基金第一次购买股票或者投资债券等（具体的投资要根据该基金的类型及定位来确定）行为。对于私人投资者来说，建仓就是指第一次购买基金
持仓	持仓即投资者手上持有的基金份额
加仓	加仓是指建仓时买入的基金净值涨了，继续加码申购的行为
补仓	补仓指原有的基金净值下跌，基金被套，这时在低位追补买进该基金以摊平成本的行为。（被套就是投资人以某净值买入的基金跌到了该净值以下，例如投资者花 1.5 元买的基金跌到了 1.15 元，即投资者在该基金上被套了 0.35 元）
满仓	满仓指投资者把账户内的所有资金都买了基金，像仓库满了一样。大额资金投入的叫大户，更大额投入的叫主力；小额投入的叫散户，更小额投入的叫小散户
半仓	半仓即用一半的资金买入基金，账户上还留有一半的资金。如果是用 60% 的资金叫六成仓，依此类推。如投资者有 3 万元资金，用 1.5 万元买了基金，就是半仓，称半仓操作。它表示没有把资金全部投入，是降低风险的措施
重仓	重仓是指这只基金买某种股票，投入的资金占总资金的比例最大，这种股票就是这只基金的重仓股。同理，如果投资者买了 3 只基金，有 75% 的资金都投资在了其中一只基金上，那么这只基金就是重仓；反之即为轻仓
空仓	空仓即投资者把某只基金全部赎回，得到所有资金；或者投资者把全部基金赎回，手中持有现金的行为
平仓	平仓容易和空仓搞混，投资者应注意区分。平仓即买入后卖出，或卖出后买入。具体地说，例如今天赎回易方达基金，等赎回资金到账后，又将赎回的资金申购上投成长先锋，相当于调整了自己的基金持有组合，但资金总额不变。如果是做多，则是申购基金平仓；如果是做空，则是赎回基金平仓
做多	做多表示看好后市，现以低净值申购某基金，等净值上涨后获得收益。做多就是做多头，多头对市场判断是上涨，就会立即进行基金买入，然后在上涨之后卖出，赚取中间的差价，总体来说就是先买后卖
做空	做空认为后市看跌，先赎回基金，以避免更大的损失。等净值真的下跌再买入平仓，待净值上涨后赚取差价

续表

常用名词	相关说明
踏空	由于基金净值一直处于上涨之中，净值总是在自己的心理价位之上，无法按预定的价格申购，一路空仓，就叫踏空
逼空	基金涨势非常强劲，基金净值不断抬升，使做空者（即后市看跌而先期卖出的人）一直没有好的机会介入，从而使其亏损不断扩大，最终不得不在高位买入平仓，这个过程叫逼空
套期保值	套期保值是指改变基金的投资类型，以保证资金不减少的行为。例如，为保证基金不被套，在市场不景气的时候把股票基金转为货币基金避险

9.2 熟悉常见操作，基金投资赚钱有道

基金投资虽说是由专家帮你理财的，但也绝不是购买基金后就可以撒手不管了的。投资基金也需要我们时常关注金融市场的动态，因为基金并不是完全独立的投资手段，它与市场是有联系的，而且也没有哪个基金专家能保证稳赚不赔。所以投资者熟悉一些常见的基金操作还是很有必要的。

9.2.1 账户开设

在网上开设基金账户十分方便，现在常见的网上基金开户方式有 3 种，具体如图 9-3 所示。

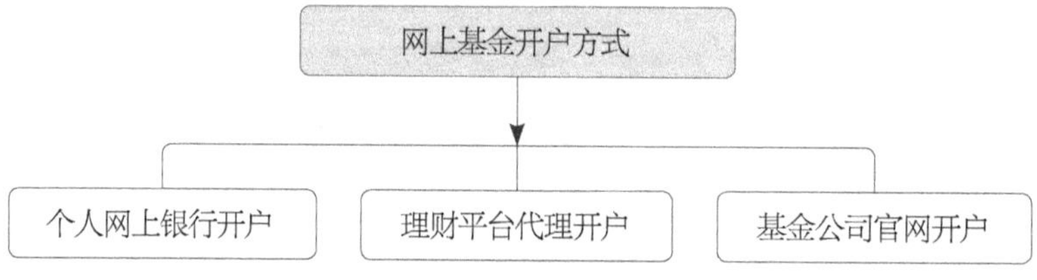

图 9-3 网上基金开户方式

选择好了基金开户方式，投资者还需准备好相关的开户材料。

1. 个人投资者开户需准备以下资料

• 出示有效身份证件原件，提供复印件（包括中华人民共和国居民身份证、中华人民共和国护照、军官证、士兵证、文职证及警官证）。除上述明确列举的有效身份证件以外，投资者提交其他证件的，由注册登记机构最后认定其是否有效。

- 出示同名的银行卡或储蓄存折或指定银行账户开户证明原件，并提供复印件。
- 提供填妥的《开放式基金日常账户业务申请表》。
- 基金开户必须由投资者亲自办理。投资者提交开户申请时，除了提供正确的姓名、证件类型、证件号码、银行账户的详细信息之外，还必须至少（但不限于）提供完整的通讯地址、邮政编码以及联系电话。

2. 机构投资者开户需准备以下资料

- 出示有效企业法人营业执照或注册登记证书原件，并提供加盖单位公章的复印件。
- 提供填妥的《开放式基金业务授权委托书》。
- 出示业务经办人有效身份证件，并提供复印件。
- 提供填妥的预留印鉴卡一式三份（注意：预留印鉴必须包括至少一个公章和一个私章）。
- 出示指定银行交收账户的开户证明原件，提供原件或加盖公章或预留印鉴的复印件。
- 需提供填妥的并加盖公章和法定代表人签章的《开放式基金日常账户业务申请表》。
- 机构投资者可以开通传真交易，需提供加盖公章和法人章的传真交易协议一式四份。

9.2.2 购买选择

基金管理公司既是基金资金的募集者，也是基金的管理者，它的主要职责是根据基金合同的相关约定，对基金的资金进行投资运作，在控制风险的基础上为投资者谋求收益的最大化。

基金公司的选择对投资收益至关重要，一个好的基金公司能给投资人带来丰厚的回报，而一个能力不强的基金公司则会让投资人血本无归。

【案例分析】通过基金公司巧选基金

通过基金公司巧选基金主要有两方面的工作，分别是分析基金公司的能力和考察基金公司的业绩。

1. 分析基金公司的能力

投资者可以借助基金网站的帮助，通过互联网分析基金公司的能力。图 9-4 所示为通过天天基金网查询到的基金公司排名，在该界面投资者可以查看所有基金公司的成立时间、其旗下基金数量、管理规模、评级情况、经营管理者等资料。

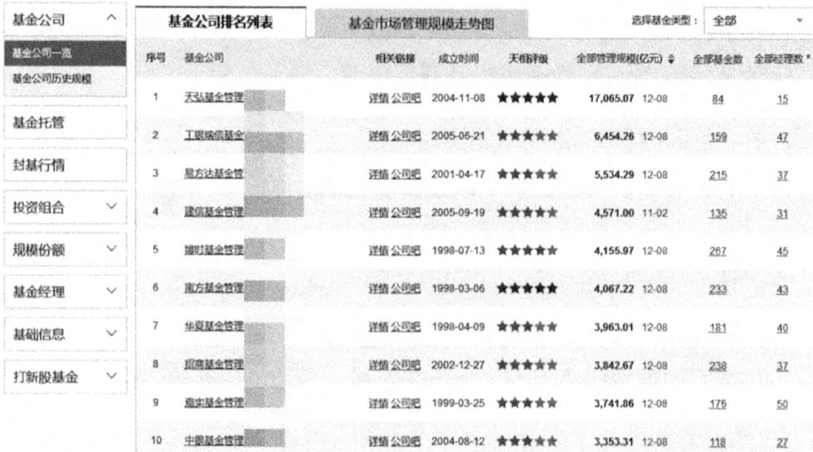

序号	基金公司	相关链接	成立时间	天相评级	全部管理规模(亿元)		全部基金数	全部经理数
1	天弘基金管理	详情 公司吧	2004-11-08	★★★★★	17,065.07	12-08	84	15
2	工银瑞信基金	详情 公司吧	2005-06-21	★★★★★	6,454.26	12-08	159	47
3	易方达基金管	详情 公司吧	2001-04-17	★★★★★	5,534.29	12-08	215	37
4	建信基金管理	详情 公司吧	2005-09-19	★★★★★	4,571.00	11-02	135	31
5	博时基金管理	详情 公司吧	1998-07-13	★★★★★	4,155.97	12-08	267	45
6	南方基金管理	详情 公司吧	1998-03-06	★★★★★	4,067.22	12-08	233	43
7	华夏基金管理	详情 公司吧	1998-04-09	★★★★★	3,963.01	12-08	181	40
8	招商基金管理	详情 公司吧	2002-12-27	★★★★★	3,842.67	12-08	238	37
9	嘉实基金管理	详情 公司吧	1999-03-25	★★★★★	3,741.86	12-08	176	50
10	中银基金管理	详情 公司吧	2004-08-12	★★★★★	3,353.31	12-08	118	27

图 9-4 基金公司排名

通常来说，基金公司的成立时间越早，代表该基金公司的经验越丰富，其帮助投资者获取收益的概率相对越大。而旗下基金数越多、管理规模越大则说明基金公司的实力越强。评级情况和经营管理者情况则更多的是代表基金的信赖度，评级星数越多、曾经管理的基金获得的回报越好的总经理，说明其所在的基金公司越值得信赖。

2. 考察基金公司业绩

投资者可以通过不同角度多方面衡量基金公司的综合实力，但最重要、最直接的因素还是公司旗下基金的业绩。优秀基金管理公司的业绩可能在短期内不是最好的，但是从长期来看，一家好的基金公司能在牛市中尽量获取收益，在熊市中尽量回避损失，给投资者带来持续稳定的回报。因此，投资者应加强对基金管理公司总体水平的评估。评判基金业绩的 6 个标准如图 9-5 所示。

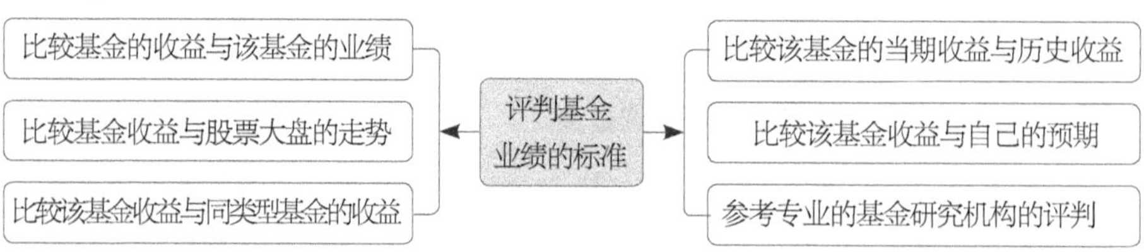

图 9-5 评判基金业绩的标准

投资者在选择基金时，还应当对不同的指标进行分析，具体指标如下。

（1）盈利指标：包括累计回报率和年均回报率两种。累计回报率就是从投资者购入基金一直到赎回基金为止每年所取得的回报率之和，可以将其认为是年收益率的总和；年均回报率是指在投资者持有基金的时间内每年所取得的平均回报率。

（2）指数指标：指数是最常见的一种基准，投资者当阅读基金的股票持有者报告时，会经常看到基金与不止一个的指数相对照。指数对比图包括基金净值走势与不同指数走势的对比，通常建议选择上证指数和深证指数等。

（3）同类对比：基金与指数的对比分析常常还不如不同基金之间的对比更能说明问题，以对一只基金的同类基金信息的了解为工具，投资者可以在更有利的位置上评价该基金的运作情况。

（4）风险指标：通常包括贝塔系数、波动值以及夏普指数。贝塔系数用来衡量单一股票或者基金与参考指标之间的相对变化关系；波动值就是价格变动的标准差，表示一个投资工具回报的可能的变动程度；夏普指数是一个经过风险调整后的绩效指标，其代表投资者每多承担一分风险，可以拿到几分的超额报酬。

（5）成本指标：基金运作的全部成本由一次性费用和年度运作费用两部分组成。不同品种基金的收费和费率有所不同，投资者需要根据自己的情况进行合理选择。

（6）换手率：换手率是衡量基金投资的组合变化频率和基金经理持有该基金平均时间长度的重要指标。通过该指标，投资者可以判断基金经理的投资风格，即是买入并长期持有还是积极地进行换手等。一般来说，如果基金的换手率较低则说明该基金相对稳健，风险较低；反之，则表明该基金较为激进，可能存在较高风险。

9.2.3 组合投资

投资者在投资基金时，不仅可以单独持有某一只基金，还可以以组合的形式进行基金的投资。通过组合的形式投资基金，投资者还可以在有效地降低投资风险的同时，保持收益的稳定，相对单独持有一只基金，该形式更加值得推崇。

根据承受能力选择组合

投资者想要获得稳定的收益，就必须考虑投资风险。不管是哪种类型的基金，都不可避免地会存在一些风险。所以，即便是采取基金组合投资的方式，也无法消弭这种固有的风险。不同的投资者能够承受的风险有所不同，因此，投资者在构建基金投资组合时，需结合自身情况，兼顾收益和风险。根据风险承受能力的不同，基金投资组合可分为 5 类，如图 9-6 所示。投资者可以参照自身情况，选择具体的基金组合。

保值型组合 → 保值型组合适用于风险承受能力低、以保值为目标的投资者，其资金分配比例为：将半数或以上资金用于债券型基金的投资，并预留部分资金作为现金使用，而将一小部分资金投入股票型基金、混合型基金等有较大风险的基金品种

保守型组合 → 保守型组合适用于风险承受能力低、期望资金可以小幅增值的投资者，其资金分配比例为：现金预留 10%，股票型基金占 20% 左右，混合型基金占 10% 左右，货币市场基金占 10% ~ 20%，债券型基金占 40% ~ 50%

平衡型组合 → 平衡型组合适用于可承受一定风险、期望资金可以较快增长的投资者，其资金分配比例为：现金预留 0% ~ 10%，股票型基金占 30% ~ 40%，混合型基金占 10% ~ 20%，货币市场基金占 0%，债券基金占 40% ~ 50%

成长型组合 → 成长型组合适用于可承受较高风险、期望资金可以快速增长的投资者，其资金分配比例为：现金预留 0% ~ 10%，股票型基金占 40% 左右，混合型基金占 10% ~ 20%，货币市场基金占 0%，债券基金占 40% 左右

进取型组合 → 进取型组合适用于可承受高风险、期望资金可以显著增长的投资者，其资金分配比例为：现金预留 0% ~ 10%，股票型基金占 50% 以上，混合型基金占 10% 左右，货币市场基金占 0%，债券基金占 30% 左右

图 9-6 5 种基金投资组合

9.2.4 定投技巧

作为最适合社会新人投资的方式之一，基金定期定额投资的最大特点是准入门槛低。虽然每次最低只需投入一两百元，但是它不仅能实现资金的增值，还能间接地管住投资者的钱袋子。

【案例分析】网上定投操作步骤

网上基金定投简单易行，投资者既可以在银行官网上办理，也可以在基金公司的官网上办理。下面以南方基金为例，介绍其操作步骤。

登录南方基金管理公司的官网，1 单击导航栏中的“基金定投”选项，如图 9-7 所示。在“基金定投”界面，2 单击“基础定投”按钮，如图 9-8 所示。

图 9-7 单击“基金定投”选项

图 9-8 单击“基础定投”按钮

执行上述操作后页面将转至“新增定投”界面，1 投资者需要在该页面选择投资组合、投资比例、计划名称、支付方式、支付账户、定投周期、定投日期、定投金额和交易密码，并勾选“我已阅读”复选框，2 单击“确定”按钮，如图 9-9 所示。

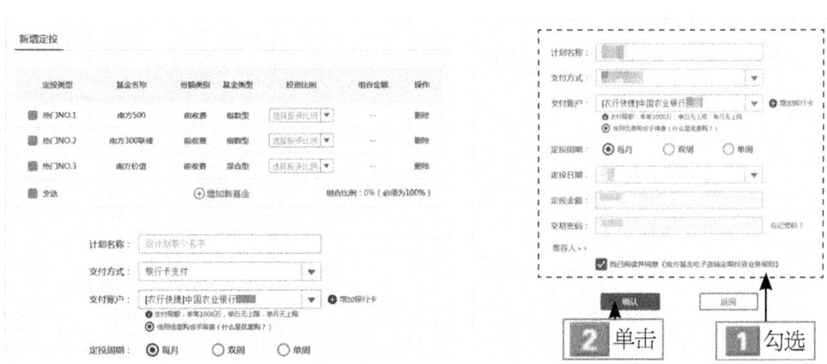

图 9-9 “新增定投”界面

执行上述操作后将弹出一个投资者风险测评结果，即是否允许定投该组合的风险警示对话框，如图 9-10 所示。如果投资者的风险测评结果不推荐进行定投，但投资者仍有定投需求，则需单击“继续交易”按钮或单击“重新测评”按钮，在评测完成后，再行操作。执行上述操作后，如果页面显示“操作成功”，就说明定投增加成功了，如图 9-11 所示。

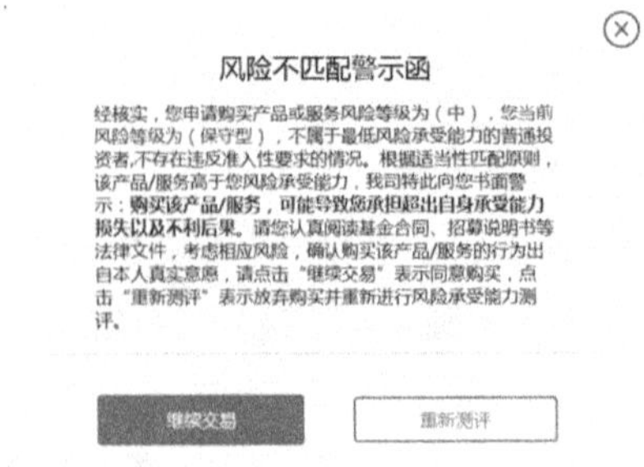

图 9-10 风险警示对话框

图 9-11 “操作成功”界面

9.2.5 基金赎回

投资者可以在证券交易所的交易时间内，进行基金的赎回操作。需要特别注意的是，基金的赎回以 15：00 点为界，15：00 点之前进行的赎回，以当日收盘后的基金净值进行结算；而 15：00 点之后进行的赎回操作，则是以次日收盘后的基金净值进行结算的。

【案例分析】工商银行网银赎回操作步骤

银行的网银可以直接进行基金的赎回操作。此处以中国工商银行的网银为例，其基金赎回步骤具体如下。

单击进入“我的基金”界面，并单击需要赎回的基金品种后方的“赎回”按钮，如图 9-12 所示。

图 9−12 “我的基金”界面

执行上述操作后，页面将转至“填写赎回信息”界面。1 投资者需要在该界面选择收费模式和赎回份额，如图 9−13 所示。赎回信息填写完成后，2 单击“提交”按钮，页面将转至“确认信息”界面，如图 9−14 所示。确认赎回信息后，3 单击“确认”按钮，赎回操作便完成了。

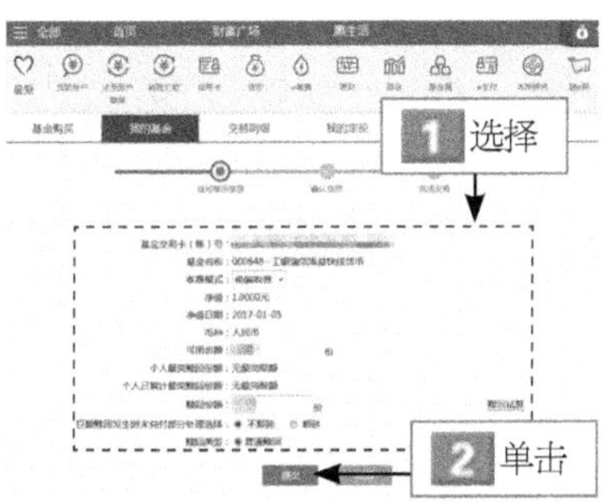

图 9−13 “填写赎回信息”界面

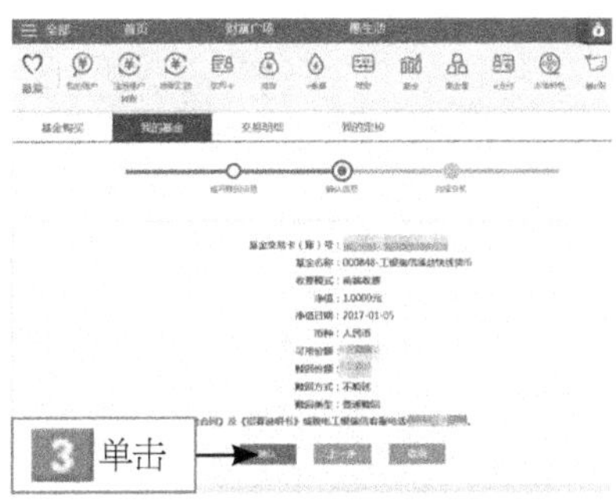

图 9−14 “确认信息”界面

9.2.6 行情查看

大多数炒股的行情分析软件上面，都有基金行情的相关信息，投资者如果有需要，可以进行查询。本节以大智慧软件为例，具体进行说明。

【案例分析】用“大智慧”查询行情

通过“大智慧”软件查询行情的具体步骤如下。

首先双击“大智慧 365”快捷图标，进入“大智慧 365”的登录界面。1 在页面中输入用户名和密码，2 单击“登录”按钮，登录软件，如图 9−15 所示。

（如果投资者还没有注册账号，可以单击页面右侧的“一步完成注册”按钮，先进行注册）

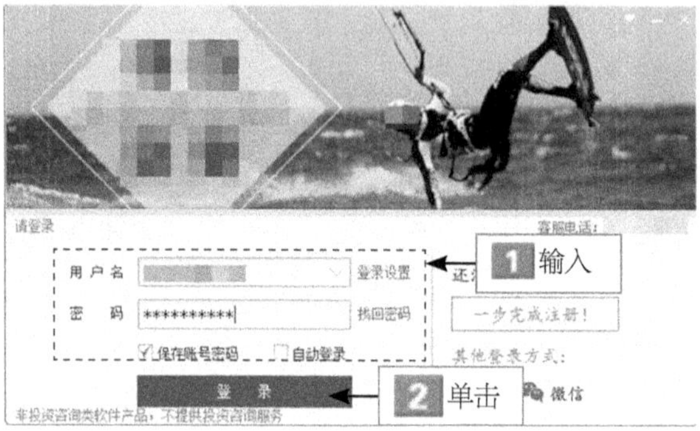

图 9-15 “大智慧 365”登录界面

完成上述操作之后，页面将转至“大智慧”软件的默认界面。单击该页面中的“基金”按钮，如图 9-16 所示。

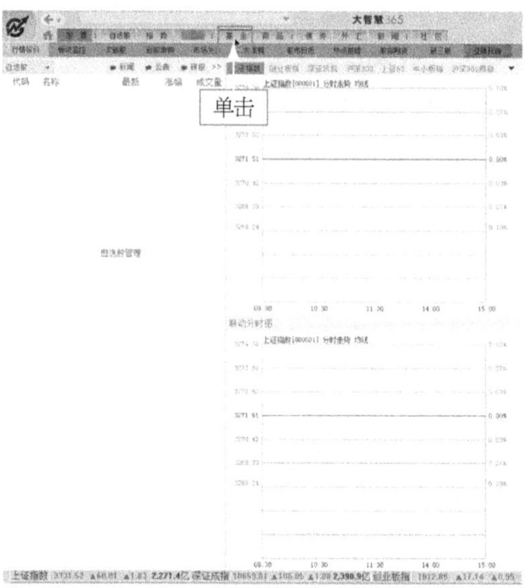

图 9-16 单击“基金”按钮

执行上述操作之后，页面将转至基金分级行情界面。投资者可以在该界面看到基金的代码、名称及行情，如图 9-17 所示。如果投资者想了解某个基金品种的详情，还可以在基金报价信息界面单击其名称，实时查看该基金的分时走势、技术分析、基本资料以及其他信息。图 9-18 所示为“500 等权 B”的分时走势图。

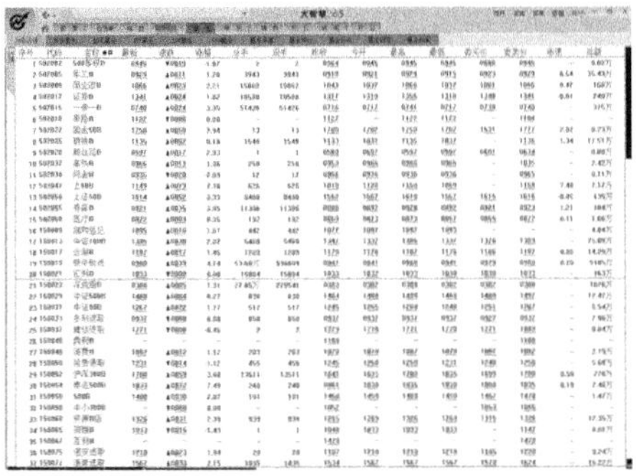

图 9-17 基金分级行情界面

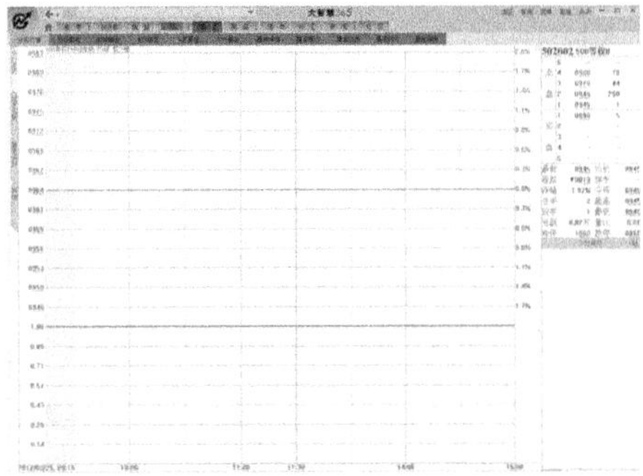

图 9-18 “500 等权 B”的分时走势图

9.2.7 巧用转换

基金转换即投资者在已经持有某公司发行的开放式基金的情况下，将其持有的部分或全部基金份额直接转换成该公司旗下的其他开放式基金品种相应份额的一种业务。通过基金转换的方式，投资者可以直接转变基金投资品种，而无需经过先赎回再申购的繁杂过程。

【案例分析】工商银行网上转换操作步骤

基金的转换步骤与赎回步骤大致相同，只需在“我的基金”界面，单击需要转换的基金后方的“更多”按钮，如图 9-19 所示。然后在展开界面单击“转换”按钮，并根据指示进行操作即可，这里就不进行详细说明了。

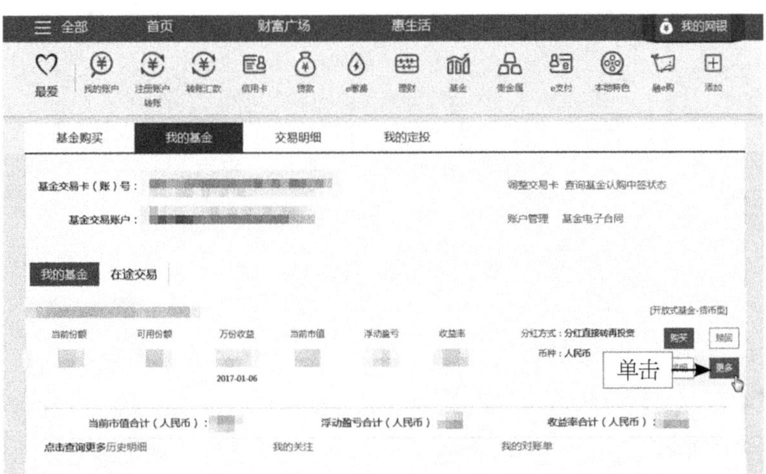

图 9-19 单击“更多”按钮

9.3 把握技巧和误区，这样投资基金更赚钱

基金虽然是收益相对稳定的投资理财方式，但只要通过合理的技巧去运营操作，还是可以达到收益的最大化的，基金投资者想要获得更大的收益，就要知道这些技巧。

有收益就会有风险，基金作为一种风险投资产品，也不绝对只是赚钱的，一些错误的认识会加大基金投资的风险，使基金发生亏损，因此，基金投资者也要了解基金投资的误区，防范风险。

9.3.1 购买基金的基本原则

不同类型的基金，其风险和收益水平各有不同，其交易方式也有差别。买基金前，投资者首先就要弄明白自己要买什么类型的基金。挑选基金可遵循以下几个原则，如图 9-20 所示。

选择业绩好的基金 →	基金的业绩包括短期、中期与长期业绩以及业绩的持续能力等，投资者要考虑投资的安全性、流动性以及现金分红等方面
选择可以承受住风险的基金 →	只有找到最适合自己的基金投资，才能更好地把控投资风险
选择适应当前市场的基金 →	由于不同类型的基金表现存在很大差异，投资者应选择最适合当前市场特点的基金进行投资
选择成本低的基金 →	例如，买卖货币市场基金一般都免收手续费、认购费、申购费以及赎回费，既降低了投资成本，又保证了流动性
选择基金组合进行投资 →	如果每只基金的投资范围雷同，那就会出现“一荣俱荣、一损俱损”的局面，风险太过集中，实不可取

图 9-20 选择基金的原则

9.3.2 测评风险科学投资

风险评测是科学投资决策的重要一环。使用风险评测工具，投资者可以对自己的风险承受能力有一个相对客观的评价，从而能选择更加适合自己的投资产品。

随着基金发展的日趋成熟，人们越来越关注基金的风险程度，因此，网络上除了有专门的基金交易工具外，还出现了许多专业性很高的风险测评工具。除了计算机外，现在很多手机投资理财 APP 也可以进行风险测评。

9.3.3 小心防范各种风险

正所谓“小心驶得万年船”，投资者要想顺利地从投资中获利，必须充分了解基金投资的风险，并加以衡量和防范。

基金投资的一个很大的认识误区就是“基金没有风险，投资基金只赚不赔”。基金属于风险投资产品，是不可能毫无风险的。但总的来看，购买基金的风险比直接购买股票的风险要小，这是因为基金是分散投资的，不会出现受单只股票价格大幅波动而遭受很大损失的情况。基金的波动情况会和整个市场的波动情况基本接近，对于普通投资者来说能够比较有效地回避个股风险，并取得市场平均收益。

投资基金主要有 5 类风险，如图 9-21 所示。

流动性风险 →	流动性风险是指投资者在需要卖出时面临的变现困难和不能在适当价格上变现的风险。比如，封闭式基金在卖出时，可能要降价才能成功卖出；又如当开放式基金出现巨额赎回时，投资者可能会面临赎回的顺延
金融市场风险 →	金融市场风险是指由于政治、经济或上市公司的经营情况等方面的影响和变化，有价证券的价格下跌，从而给基金持有人带来损失的风险
机构运作风险 →	由于参与基金的成立、运作涉及不同的机构，如果基金公司的经营或管理等出现了问题，将会给投资者带来资金损失的风险
基金投资品种风险 →	不同的基金投资，有着不同的投资风险。收益型基金投资风险较低、平衡型基金风险居中，而成长型和股票型基金投资风险最高
申购和赎回价格的未知风险 →	因为开放式基金的申购和赎回是根据申请当日的基金净值计算的，所以在申请时，投资者并不能确定其具体价格，这无形之中就增加了投资的风险

图 9-21 投资基金的 5 类风险

9.3.4 降低基金的交易成本

目前，主流的开放式基金交易成本较高，基金投资金额较大甚至要支付上万元的费用，尤其是有的投资者将基金当作股票一样高卖低买、频繁地进行申购赎回，使投资基金的成本侵蚀了自己的大量投资收益。那么，该如何降低基金交易成本呢?

（1）利用网上电子直销。投资者要善于利用网络交易，网络交易方式不仅方便快捷，更重要的是还可以“天天特价”，能够有效地降低投资成本。

（2）采用后端收费方式。后端收费是赎回时再支付费用的方式，如果投资者打算进行中长期投资，就要选择后端收费方式，这种方式可以降低投资成本。

（3）团购基金产品。投资者可以与朋友和同事一起购买，也就是基金团购，如果一次性购买基金的金额达到享受手续费优惠的金额，就有可能节省大笔费用。

（4）避免频繁申购和赎回基金。基金本身所奉行的价值投资理念决定了其收益是细水长流式的，适合于长期投资，因此，投资者不要频繁地申购和赎回基金。

（5）分批建仓以摊薄成本。如果基金投资的费用比较高，投资者可以利用分摊成本的方法来降低成本，增加收益，比如按照股票建仓那样分批买进。这样既能降低风险，又能降低交易成本。

9.3.5 基金操作的常见误区

投资者除了对于基金的理解容易产生错误的理解外，在进行基金投资的操作过程中，也会存在着多种误区，如图 9-22 所示。

进行波段操作 →	波段操作是短线投资者常用的股票操作手法，但基金不能完全准确地判断“高位”和“低位”，因此，波段操作在基金投资中并不适合
缺乏核心组合 →	在基金的投资过程中，有很多的基民虽然付出了很多，但是其收益却并不理想，重要的原因之一就是没有建立基金的核心组合
持有基金数过多 →	购买多只基金能够在一定程度上避免风险的发生，但在基金投资中，投资者要想避免风险最重要的是取决于基金经理的投资策略
死守当长期持有 →	长期持有不等于死守不放，而应顺应不同的时机、环境与个人的投资目标及阶段，建立最适合自己的资产配置和投资组合
大开支投资基金 →	投资者倾其所有资产进行基金投资，既影响了其正常的生活，也使其应付不了不时之需。在遇到市场下跌时，投资心态也会受到很大的影响
迷信基金公司 →	不了解投资基金的经营变动情况和市场上优秀基金的业绩表现，不能根据市场的节奏变化，及时转换手中的基金
忽略投资细节 →	在基金的投资过程中，有些基民只注意大环节，而忽略了一些细节性的问题，从而增加了投资成本和风险，从而减少了收益

图 9-22 基金操作的 7 个常见误区

第10章

期货投资，稳赚未来钱

学前提示 >>>

期货有着先手获利的特点，原本在未来才能产生的收益在期货交易的形式下立刻就能获得，且收益颇高，因此吸引了很多人参与其中。另外，由于期货市场上商品的特点，它的价格很难被操纵，所以对于理财初学者而言，期货理财是个不错的选择。

要点展示 >>>

了解相关知识，做好期货投资的准备工作
学会套期保值，掌握期货投资的生财基础
熟悉套利交易，期货投资的又一赚钱策略
短线操作技巧，期货投资的快速赚钱方法
注意规避风险，让期货投资赚钱更有保障

10.1 了解相关知识，做好期货投资的准备工作

期货市场是一个形成价格的市场，其供求关系的细微变化都会反映到价格变动之中。投身期货市场的投资者必须具有充分的准备和高超的操作技巧，而这些是建立在熟知期货知识的基础上的。下面就为大家介绍投资期货的准备工作。

10.1.1 什么是期货

期货英文为“Futures”，其表面意思是“未来”，这非常直观地揭示了期货的特点，其含义是交易双方不必在买卖发生的初期就交收实货，而是共同约定在未来的某一时候交收实货，因此称其为“期货”。

期货与现货完全不同，现货是实实在在可以进行交易的货（商品），而期货主要不是货，而是以某种大宗产品如棉花、大豆、石油等及金融资产如股票、债券等为标的的标准化可交易合约。

10.1.2 认识期货交易

期货交易是投资者在缴纳 5% ~ 15% 的保证金后，在期货交易所内买卖各种商品标准化合约的交易方式，它是市场经济发展到一定阶段的必然产物。

最初的期货交易，是由现货交易中的远期合同交易发展而来的。交易者在频繁的远期合同交易中发现，由于价格、利率或汇率波动，合同本身就具有价差或利益差，所以完全可以通过买卖合同来获利，而不必等到实物交割时再获利。为适应这种业务的发展，期货交易应运而生。

10.1.3 了解期货合约

期货合约（Futures Contract）是由期货交易所统一制定的，规定了某一特定的时间和地点，交割一定数量和质量商品的标准化合约。

简单地说，期货合约就是一种将来必须履行的合约，而不是具体的货物。合约的内容是统一的、标准化的，只有合约的价格，会因各种市场因素的变化

而发生大小不同的波动。

期货合约对应的“货物”称为标的物。通俗地讲，期货要炒的那个“货物”就是标的物，它是以合约符号来体现的。例如，“SR1101”是一个期货合约符号，表示 2011 年 1 月交割的合约，标的物是白砂糖（SR 为白砂糖）。

10.1.4 期货的种类

根据标的物的不同，期货可以分为商品期货和金融期货两大类。商品期货又分农产品期货、工业品期货（分为金属商品、能源商品）、其他商品期货等。金融期货主要包括股指期货、利率期货、外汇期货等。下面将举例对期货种类进行介绍。

农产品期货

农产品是最早构成期货交易的商品，目前，农产品期货包括粮食期货、经济作物期货、畜牧产品期货以及林业产品期货 4 类，如图 10-1 所示。

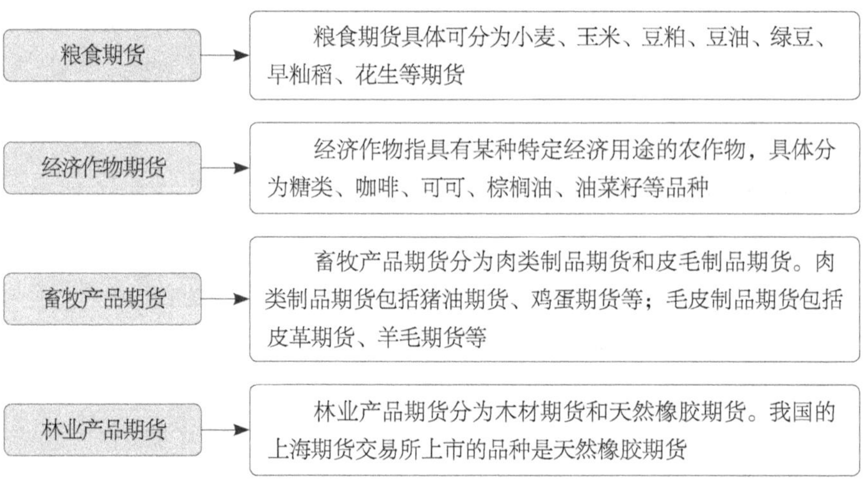

图 10-1 农产品期货种类

金属期货

金属是目前世界期货市场中比较成熟的期货品种之一。目前，世界上的金属期货交易主要集中在伦敦金属交易所、纽约商业交易所和东京工业品交易所。我国金属期货交易的场所有深圳有色金属交易所和上海金属交易所。细分之下，金属期货又可分为贵金属期货与一般金属期货，如图 10-2 所示。

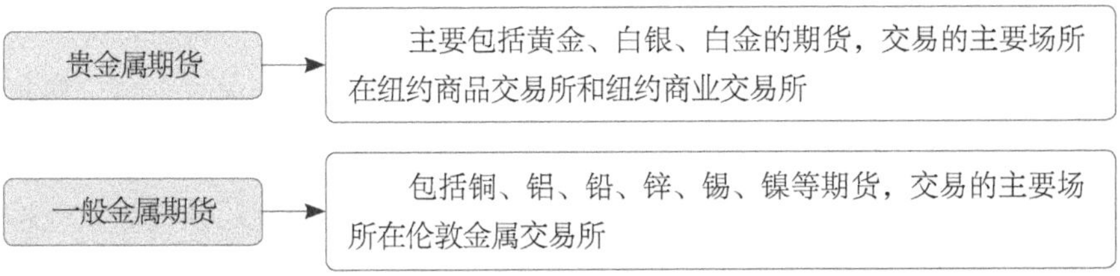

图 10-2 金属期货种类

能源期货

能源期货最早的交易是在 1978 年开始在纽约商业交易所进行的，其商品是热燃油。之后到 1992 年间增加了其他的商品。目前比较重要的商品有轻原油、重原油以及燃油；新兴品种包括气温、二氧化碳排放配额等。

现在能源期货的主要种类如图 10-3 所示。

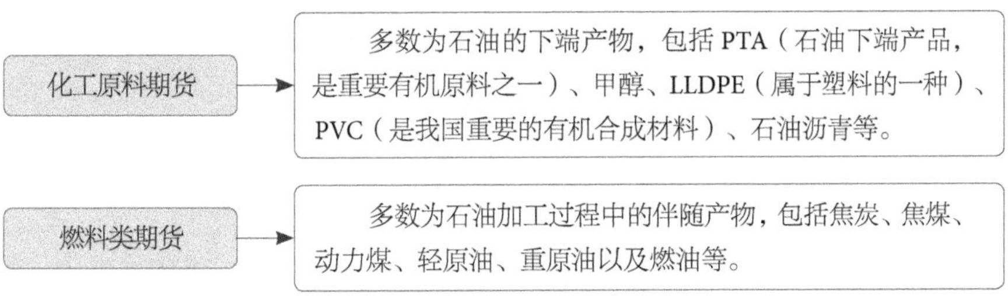

图 10-3 能源期货种类

股指期货

股指期货是指以股价指数为标的物的标准化期货，双方约定在未来的某个特定日期，可以按照事先确定的股价指数的大小进行标的指数的买卖。作为期货交易的一种类型。股指期货交易与普通商品期货交易具有基本相同的特征和流程。

相对于其他期货产品，股指期货具有跨期性、杠杆性、联动性、多样性等特点。

10.2 学会套期保值，掌握期货投资的生财基础

套期保值是期货市场最基本的交易策略，了解套期保值是在为我们以后学习期货交易技巧打基础。本节将为大家介绍套期保值的相关知识。

10.2.1 什么是套期保值

期货市场最主要的功能就是规避现货市场的风险，因为未来现货价格具有不确定性，一些想要回避这些风险的人可以在期货市场采取对冲交易（同时进行两笔行情相关、方向相反、数量相当、盈亏相抵的交易），从而将风险转移至愿意承担风险的投资者身上。这种交易方式，就叫作套期保值。

任何投资都是在保证不亏损的前提下再追求盈利的。所谓“保值”，字面上就是“不亏损”的意思，套期保值也是采取的一种“不亏损”的思路，是一种保守的策略，如果用保守的策略做激进的操作，是很容易出问题的。

10.2.2 套期保值的买卖

套期保值分为卖出套期保值和买入套期保值两种方式。这两种方式是针对不同的企业、厂商来说的，具体分析如图 10-4 所示。

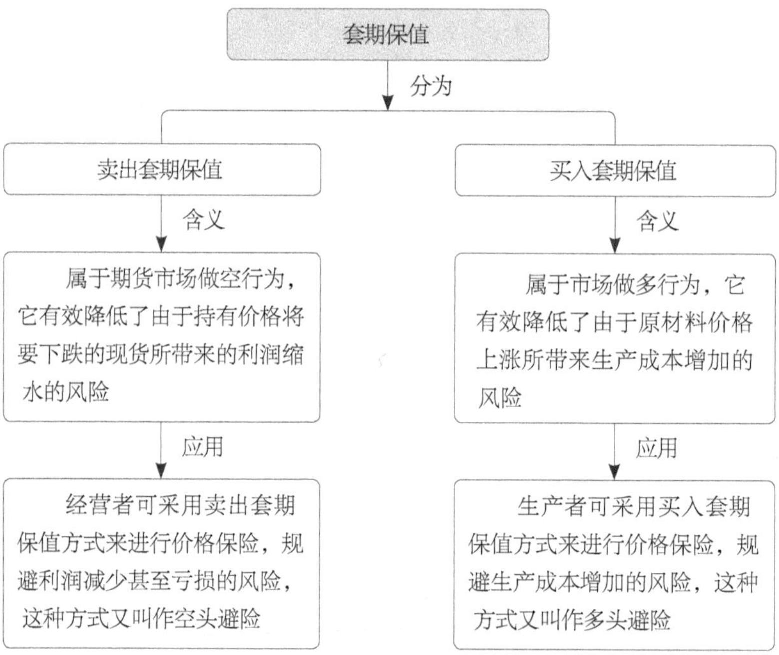

图 10-4 套期保值买卖分析

10.2.3 套期保值的技巧

股指期货不仅完善了我国的资本市场主体，同时也为企业的经营管理提供了规避风险的重要手段。对于股指期货来说，其也能进行套期保值，但其方案更加复杂。下面就为大家介绍几个股指期货的套期保值技巧。

判断是否需要

投资者进行套期保值之前，应该先对市场走势进行分析和判断，并根据自身的实际情况判断是否需要进行套期保值。

投资者应该对当下或未来股票市场走势进行分析和判断，这是参与套期保值的必要前提。未来市场的走势方向决定了套期保值类型的选择、价位的制定、风险防范等诸多方面。因此，在进行套期保值操作前，投资者需结合宏观经济形势、行业动向等方面进行综合性分析，市场走势预判越准确，套期保值成功率越高，投资者所需付出的机会成本与风险成本就会越低。

选择操作方向

期货市场的套期保值方向分为两类，具体分析如图 10-5 所示。

买入套期保值 → 如担心未来价格上涨则选择买入套期保值，这种方式更适合那些需要在未来某个时间买入股票组合的投资者。投资者可以先买入股指期货合约，从而有效避免未来股市上涨所要承担的建仓成本带来的风险

卖出套期保值 → 如担心未来价格下跌则选择卖出套期保值，这种方式适合投资者在手中已经持有“一揽子”股票，而且基于某些原因不愿意卖出手中股票的情况。投资者可以通过卖出一定数量的股指期货合约，来抵消股票组合的系统性风险

图 10-5 套期保值方向分析

确定具体合约

在目前股指期货的交易中，有 4 个合约可供投资者选择，即当月连续、下月连续、近月合约及最近的两个季月合约。投资者的首选为近月合约，近月合约的基差风险与交叉风险较小，且合约的活跃程度高，便于投资者进行市场交易。如果投资者现货组合持有时间较长，可适当在远月合约建立头寸（指投资者拥有或借用的资金数量）。但需要注意的是，选择远月合约具有较高的基差风险和移仓风险。

投资者在根据自身的情况选择合适的股指期货合约后，在入市建仓（也叫开仓，是指交易者新买入或新卖出一定数量的期货合约）之前，应对市场的行情走势进行科学合理的分析，在选择合适的价位、合适的时间、合适的期货合约后入市建仓。投资者需根据自身所持现货数量的多少，选择在期货市场的建仓数量，尽量进行数量匹配操作，这样可以在一定程度上降低风险。

把握结束时机

结束套期保值的时间选择有两种，投资者可以选择提前平仓，也可以在合约到期时平仓。平仓的方式同样有两种，一是对冲平仓了结所持有的期货头寸，二是进行现金交割。

专家提醒

> 由于股指期货的交割方式为现金交割，其相对于商品期货的交割方式更加方便，而且股指期货交割没有仓储费用及运输成本，交割费用相对较低，选择交割是结束套期保值的一种很好的方式。

10.2.4 套期保值的弊端

套期保值并不是“一本万利”的买卖，投资者在进行套期保值时，应该注意它的风险和缺陷。特别是对于大型企业，其一旦在套期保值中出现问题，往往涉及的金额是巨大的。

操作有风险

套期保值在理论上为企业提供了理想的价格保护，但实际上这种理想化的保护并不存在，在套期保值过程中还是有不少风险的。正确认识套期保值过程中的风险，把握影响套期保值成败的种种因素，有助于企业真正用好套期保值这把“利剑”。

套期保值的主要操作风险包括图 10-6 所示的几点。

图 10-6 套期保值的主要操作风险

套期保值的缺陷

在套期保值中，有一些实际问题难以处理，这是投资者在进行套期保值中比较大的难题，例如具体进场进行套期保值的时机等。

套期保值的进场时机是指何时进场买卖期货和买卖期货的次数。如果套期保值的目标是追求利益最大化，则套期保值者并不需要在任何时候都持有期货合约，只需要在市场走向对投资者不利时再进场冲销即可。

专家提醒

> 多数经济学家认为：“没人能预测市场何时走向不利。”这对于大多数套期保值是不幸的消息，所以套期保值者不应把希望寄予自己对市场的准确判断上。在这种情况下，套期保值者应该采取连续套期保值策略，即不断地根据现货市场仓位的增减来调整自己持有的期货数量，以求尽量降低价格风险。

套期保值者难以选择与现货数量相适应的期货合约头寸，即套期保值的比率。关于研究合适的套期保值比率的模型很多，最为简单的做法是头寸相等，即期货头寸 : 现货头寸＝ 1 : 1。但实际上，期货合约的标的物、到期月份与单位合约所对应的商品数量，往往与现货市场所欲规避风险的商品完全吻合。所以，这种套期保值的比率并不一定是最合适的选择。

10. 3 熟悉套利交易，期货投资的又一赚钱策略

套利交易是期货投资的又一赚钱技巧。本节将为大家介绍套利交易的相关知识。

10. 3. 1 什么是套利交易

期货套利通常指某种商品或金融资产，在同一市场或不同市场，拥有两个价格的情况下，以较低的价格买进、较高的价格卖出，从而获取无风险收益的行为。简单来说，套利交易就是，期货市场投资者利用不同月份、不同市场、不同商品之间的差价，同时买入和卖出不同种类的期货合约以从中获取利润的交易行为。

专家提醒

> 一种商品的现货价格与期货价格经常存在差异，同种商品不同交割月份的合约价格之间也存在差异，同种商品在不同交易所的交易价格变动也存在差异。这些差异的存在使得期货市场的套利交易成为可能。

10.3.2 套利交易 4 原则

进行套利操作时，应遵循 4 条基本原则，如图 10-7 所示。

买卖方向相反	投资者在建立买仓的同时建立卖仓，而不能只建买仓或者卖仓
买卖数量相等	投资者建立买仓与卖仓的数量一定要相等，否则做多与做空数量不匹配会使头寸裸露（即出现净多头或净空头的现象），导致与单边操作无异而面临较大的风险
进出时间相同	由于期货价格是波动的，交易机会稍纵即逝，如果不能在同一时间建仓，其差价可能变得无法套利。所以，多空头寸的建立要在同一时间。当套利头寸经过一段时间的波动达到所期望的利润目标时，需要通过对冲来结算盈利，且对冲操作要同时进行
合约相关性强	一般来说，套利要在两个相关性较强的合约之间进行，并不是所有的品种都适合套利的。这是因为只有合约相关性强的品种，其价差才会出现回归，这样才有套利基础

图 10-7 套利交易 4 原则

10.3.3 套利交易的技巧

从字面上来说，套利就是获取利益。投资者投资期货的目的无论是回避风险，还是投机盈利，都是为了获取利益的，所以套利在期货投资中的地位可想而知。

下面就为大家介绍几个套利交易的技巧。

找到合适的合约

投资者套利的第一步是寻找两个相关性和联动性较好的期货合约，可以对其从市场经验和概率统计计算角度进行分析。

市场经验是对以往期货合约关联性的总结，不过多数是“想当然”。例如，人们都知道菜籽油是油菜籽加工炼制而成的，所以菜籽油期货合约与油菜籽的关联性较为密切，但在特殊情况下，这两种合约也有相关性较低的时候。投资者最好还是需要利用各方面数据，对其进行科学的计算。

寻求套利空间

套利空间可以参考历史价位的波动来确定。一般情况下，两种相关性较好的期货合约，其价差变化会在一定幅度内不变，极少有价差会突破历史最低点与最高点。当价差扩大或缩小到某一程度后，其后的价格会向相反的方向波动，这时就会出现不错的套利空间。

对于两合约的价格的关系要进行相应的数据分析，才能判断出其价差的走势，较为直观的方法就是用价格比来表示，如图 10-8 所示。

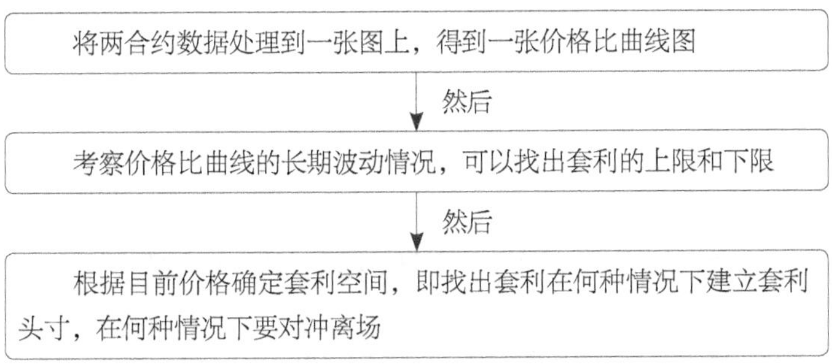

图 10-8 确定套利空间

研究套利方案

投资者在套利流程的最后，还应该确定套利方案是否可行，如图 10-9 所示。

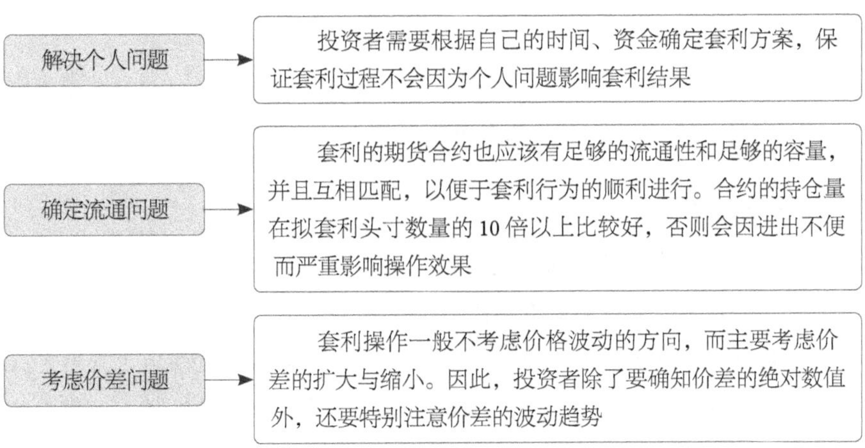

图 10-9 确定套利方案的可行性

10.3.4 套利交易的注意事项

市场中出现的套利机会有许多都是一种假象，它们由于种种原因，致使差价不能很好地回归，甚至会出现让人大跌眼镜的变化。这是需要投资者警惕的。投资者在进行套利交易时的注意事项如图 10-10 所示。

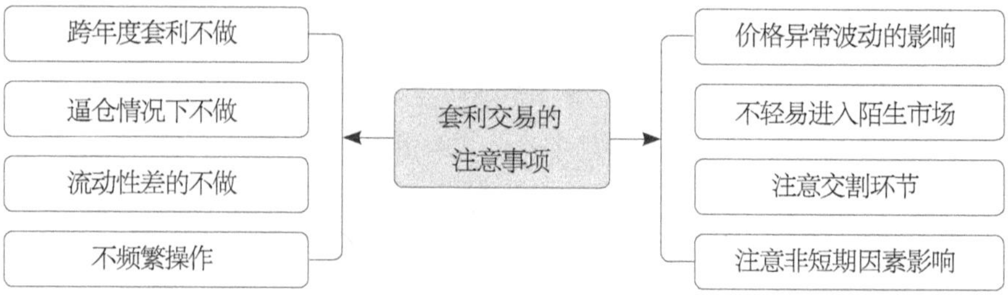

图 10-10 套利交易的注意事项

10.4 短线操作技巧，期货投资的快速赚钱方法

在期货价格的短线波动过程中，投资者拥有相当多的操作机会，只要能够把握住正确的买卖机会，即可快速获得丰厚的利润。不过，要正确判断期货价格的波动方向并不简单，投资者需要掌握好的短线操作策略，才能达到事半功倍的投资效果。

10.4.1 入场开仓技巧

对于短线期货投资者来说，其在入场开仓进行日内交易之前，还需要掌握一定的原则和技巧，才能为获利带来更多机会。

品种趋势明确

趋势线是判断期货品种价格走势的重要工具。趋势线理论认为，一旦价格运行形成了一定的趋势，那么还要将沿该趋势继续进行下去。

连接波动高点的直线为下降趋势线，连接波动低点的直线为上升趋势线。根据波段的时间，趋势线又可分为长期趋势线（连接长期波动点）和中期趋势线（连接中期波动点）。

市场信号明显

操作信号分为两种情况，即买涨和做空。对于善于进行日内交易的投机者来说，大阳线通常是买涨信号，而大阴线则是做空信号。大阳（阴）线是指没有上下影线的长实体柱，如图 10-11 所示。

在实际看盘中，上线影线比较短而实体比较长的 K 线也能称为大阳（阴）线。一般来说，大阳线表示一路上涨，买方的力量总大于卖方的力量；大阴线一般表示一路下跌，卖方的力量强劲。

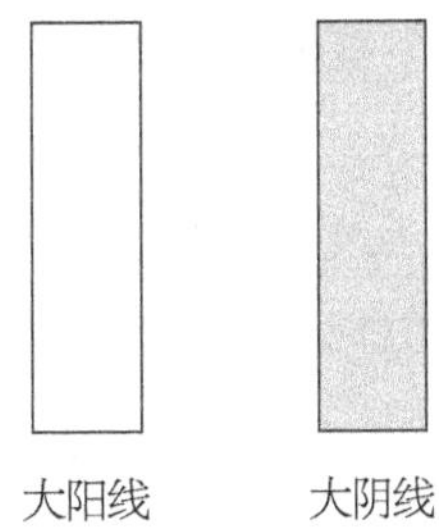

图 10-11 大阳（阴）线

活力空间较广

期价受到涨停板制度的限制，在日内盘中的波动幅度非常有限。因此，日内交易中的涨停价格和跌停价格，对于短线投资者来说形成了一些负面影响，不利于他们进行买涨和卖空的操作。

不过，投资者可以在这种有限的期价波动范围内，选择合适的操作时机，并至少保留不少于 50% 的操作空间，才能保证有足够的获利空间。

即刻获得收益

每个交易日的开仓半个小时，是买卖双方交战最激烈的阶段，双方都会用一些手段来达到自己的目的。因此，分析开仓 30 分钟的期价走势，对期价大势的研判有着十分重要的意义。

这段时间的走势基本上可成为期价全天走向的基础。短线投资者应充分关注这段时价量价的变化，为自己的决策做好准备。对于期货日内交易来说，如果开仓半小时内还没有处理获利状态的单子，那么持仓方向则很可能是错误的。

10.4.2 交易策略制定

短线投资者在进行日内的期货交易之前，必须先制定好正确的交易策略，并在交易过程中有针对性地进行调整和买卖操作，这样才能避免因情绪影响而可能出现的操作失误。

利用 CRB 指数走势

CRB 是“Commodity Research Bureau”的缩写，它代表了大宗商品价格综合走势，是一直在经济领域发挥着重要作用的指标。在日内交易实战中，投资者可以利用 CRB 指标发现期货波动增强后的操作机会。

选择合适的投资品种

短线投资者可以从波动率的角度来选择合适的短线投资品种，其中适合日内投机交易的期货品种包括白糖、油类、PTA、沪铜和橡胶等品种。这些期货品种的波动强度都非常大，可以提升投资者日内交易的获利机会。

正确把握出入场点

价格上涨时，投资者都希望能在最恰当的时机买入期货产品，既希望买入的点位较低，又不愿意买入期货后等待漫长的上涨过程。短线投资者可以利用分时图来寻找买入点，只要掌握了分时图中常见的买入位置，投资者在遇到价格上涨的走势时，就不会再有不知何时买入的困惑了。投资者想要在日内交易中获利，不仅需要知道何时买入，还需要知道何时卖出，而且知道何时卖出比知道何时买入更加重要。很多投资者在通过短线操作获得了巨额利润后，不知道在何处离场，而且在最终期价转入下跌行情时还没有反应过来，使得原有的利润荡然无存。

10.4.3 资金管理策略

在日内期货交易过程中，资金管理策略的重要性是不言而喻的。其中，口袋理论是一种有效的资金管理策略，同时它也揭示了期货中资金的流向。口袋理论模型如图 10-12 所示。

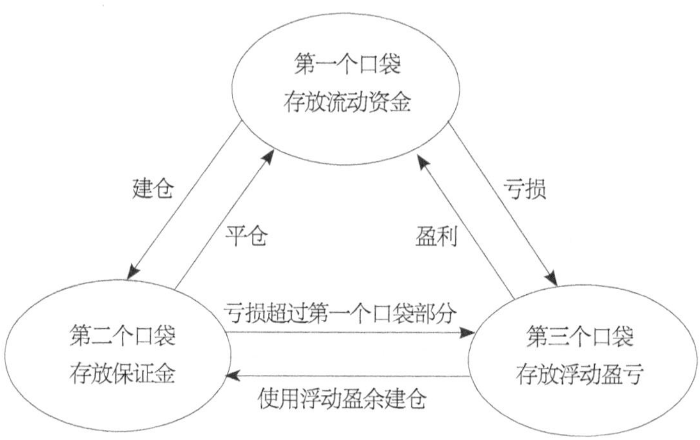

图 10-12 口袋理论模型

【案例分析】做多的涨跌策略

如果投资者持有期货的多头（指投资者估计证券、商品等有涨价趋势，先期买进，涨价后售出，以获取差额利益）合约，当价格出现上涨时，其浮动盈利 = 保证金 × 价格涨幅 × 杠杆比率（一般认为是 10）。由于价格上涨，持仓所需的保证金相对应增加，所以第三个口袋的浮动亏损的 1/10 会被冻结在第二个口袋中，作为其持仓价值所增加的保证金，另外的 9/10 则可以用来加仓，或者转移到第一个口袋中，如图 10–13 所示。

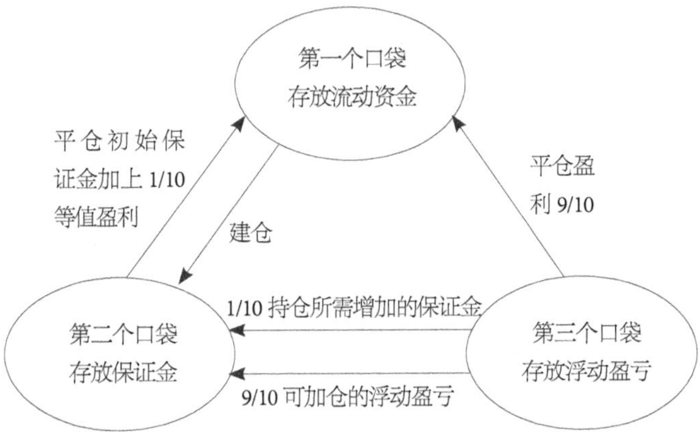

图 10–13　持有多头价格上涨的情况

如果投资者持有的多头合约价格出现下跌，投资者将出现亏损的情况，其浮动亏损 = 保证金 × 价格跌幅 × 杠杆比率（一般认为是 10）。由于价格下跌，持仓所需的保证金相对应减少，所以第三个口袋的浮动亏损的 1/10 对应的是持仓保证金减少的部分，是直接从第二个口袋扣除的，另外的 9/10 则扣除第一个口袋的可用资金，如图 10–14 所示。

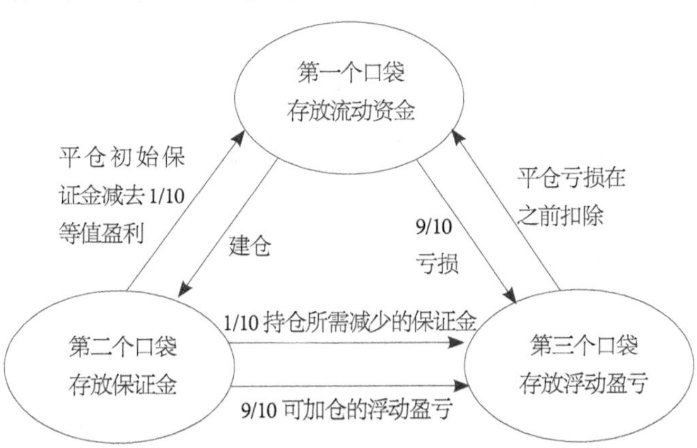

图 10–14　持有多头价格下跌的情况

【案例分析】做空的涨跌策略

如果投资者持有的空头（指预期未来行情下跌，将手中期货按当前价格卖出，待行情下跌后买进的交易行为）合约价格出现上涨，投资者将出现亏损的情况，其浮动亏损 = 保证金 × 价格涨幅 × 杠杆比率（一般认为是 10）。由于价格上涨，持仓所需的保证金相对应增加，则第一个口袋要扣除第三个口袋的浮动亏损，并补足第二个口袋的保证金。如果第一个口袋的资金不够，则不够的部分会从第二个口袋的保证金中扣除，如图 10-15 所示。

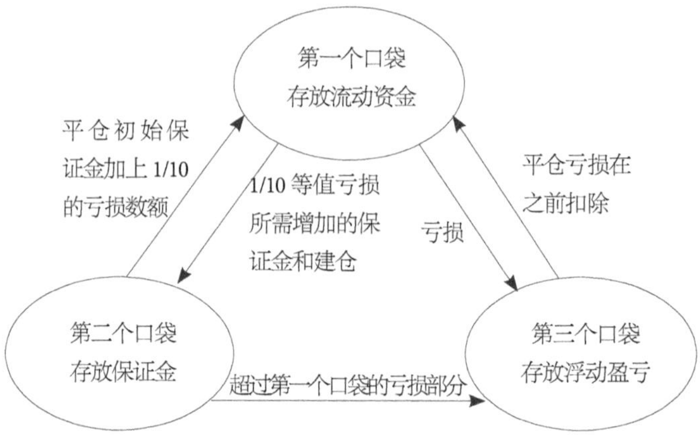

图 10-15 持有空头价格上涨的情况

如果投资者持有的空头合约价格出现下跌，投资者将出现盈利的情况，其浮动盈利 = 保证金 × 价格跌幅 × 杠杆比率（一般认为是 10）。由于价格下跌，持仓所需的保证金相对应减少，则第三个口袋中的盈利可以用来加仓，第二个口袋中多出来的保证金会流入第一个口袋中，如图 10-16 所示。

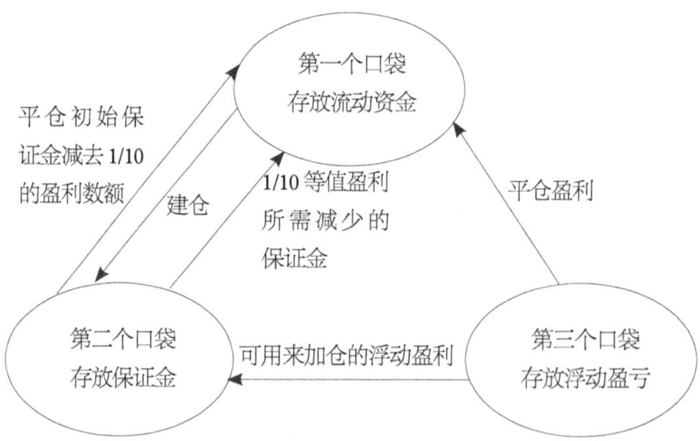

图 10-16 持有空头价格下跌的情况

10.5 注意规避风险，让期货投资赚钱更有保障

期货市场自出现以来，经过不断的发展和完善，其风险也是自成一体的。期货投资中常见的风险有 5 类，如图 10-17 所示。

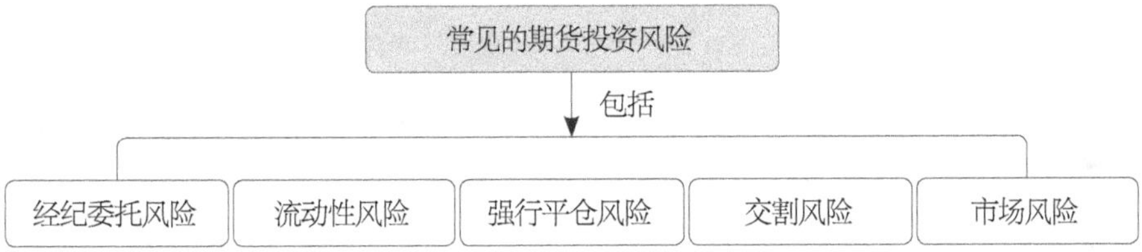

图 10−17 常见的期货风险风险

下面就为大家介绍这几类期货投资中常见的风险与相应的规避方法，以便大家在投资期货时，更有获利保障。

10.5.1 规避经纪委托风险

经纪委托风险主要是指投资者与期货经纪公司之间可能存在的风险，具体来自以下 3 个方面。

1. 操作风险

操作风险指的是期货交易所、期货公司、投资者等市场参与者由于缺乏内部控制、程序不健全或者在执行过程中存在违规操作，对价格变动反应不及时或错误预测行情，操作系统发生故障等原因造成的风险。这是一种投资者无法主动控制的风险，投资者只能在投资中多加注意。

简而言之，操作风险是指由于操作不当而引发的风险。具体来讲，操作风险是由于错误或不完善的操作过程、系统、操作人员或外部事件造成的直接或间接的损失。

2. 信用风险

信用风险又叫违约风险，指的是期货市场中买方或卖方不履行合约而带来的风险。根据历史情况来看，许多重大的金融灾难表现为市场的失控和投资主体的信用风险。但这只是一个简单的表现形式，其本质涉及操作的问题并由此引发了风险。

3. 法律风险

由于投资者法律知识不足，其在投资者过程中容易遇到法律风险。合同不

健全、法律解释的差异、交易对象是否具备正当的法律行为能力等法律方面的因素，都可能会给投资者造成一定的损失。

因为国家法律、法规、政策的变化、期货交易所交易规则的修改、紧急措施的出台等原因，投资者持有的未平仓合约将可能无法继续持有，投资者必须承担由此导致的损失。

专家提醒

经纪委托风险主要是投资者没有挑选一家合适的期货经纪公司，导致可能形成的损失，因此，投资者在进入期货市场之前应该挑选一家优秀的期货经纪公司。

10.5.2 规避流动性风险

流动性风险指的是投资者难以及时成交的风险，其中移仓成本是流动性风险中最重要的一项风险。难以及时成交，就避免不了出现移仓成本，移仓成本主要由两个合约间的基差及交易成本构成，当合约间基差变化超过正常范围时就会产生移仓风险。

专家提醒

流动风险除了期货品种本身的流动性以外，还有来自交易过程的延迟性风险。致使交易延迟的原因包括：交易软件、人为失误等方面。对于这种风险，投资者只能根据实际情况，选择相对更好的处理办法。

由于较远期合约的流动性太差，投资者为了成交必须在价格上做出更大的让步，这会导致其交易成本更加昂贵。如果事先持有期限较短的合约头寸，然后在它到期时转到下一个合约，其操作又过于复杂。投资者在应对此类风险时，可以通过选定合适的基差区间进行少量、分批移仓操作。当然，如果利用计算机自动交易技术可能会使移仓成本及误差大幅降低。

对于投资机构或大型投资者而言，在具有高流动性的市场中进行交易，其所能带来的收益一般会超过移仓成本，因此“滚动”保值的交易策略将是机构投资者的主流策略选择。

10.5.3 规避强行平仓风险

期货经纪公司要在每个交易日进行结算，当投资者保证金不足时，期货经纪公司就会对其进行强行平仓，这就是投资者面临的强行平仓风险。

多数投资都是使用较少资金入场的，其最大亏损程度就是入场的资金。但是在期货实际交易中，由于强行平仓制度的存在，很有可能发生投资者携带 10 000 元资金入场，其亏损会达到 20 000 元的情况，即发生了超过风险承受范围外的风险，因此，投资者应当随时关注自己的资金状况。

10. 5. 4 规避交割风险

交割风险是指如果投资者在期货合约到期前不能及时完成对冲操作，就要承担交割的责任，即凑足足够的资金或者实物货源进行交割。实物交割对于一般的投资者来说是不现实的，所以投资者应该极力避免这种情况的发生。对投资者来说，如果不选择实物交割，那么其在临近交割期时就不应再持有相应的合约了。

10. 5. 5 规避市场风险

市场本身的风险包括价格的波动、市场的不确定性、期货交易“以小博大”等，其都会使投机者处于更大的风险区间。这是一种来源于投资者自身操作的风险，如果投资者有意避险的话，则会得到较好控制。

“风险与收益并存”指的就是市场风险，投资者应根据自己承受风险的能力，选择与风险相应的投资方式。期货与现货的交易规则是有差异的，这种差异性会形成一定的风险，对此没有充分认识的投资者往往会遭受损失。

专家提醒

市场价格波动风险属于市场风险中的一种。在期货交易中，市场价格波动频繁且由于实行的是保证金交易制度，投资者的盈利或损失都被放大了，所以市场风险是投资者面临的最大风险，投资者应当倍加注意，时刻防范。

期货交易的“T + 0”制度（指当天买入的期货在当天就可以卖出）与现货的“T + 1”规则（指当天买入的现货在次日才可以卖出）使指数套利交易中的现货头寸当日不能对冲，导致套利成本增加甚至套利失败。在股票现货融券交易受限的情况下，投资者很难进行“买期货、卖现货”的反向套利，致使定价效率偏低，影响了投资及保值效果。

第11章

股票投资，做最能赚钱的那类人

学前提示 >>>

股票理财一直以来就是高风险与高回报并存的。虽然股票存在较高风险，但是其高额的利润依然让理财爱好者投入其中。投资理财者只要掌握了充足的技巧和知识，就可以较大可能地获取一定的收益。

要点展示 >>>

了解股票知识，不做无准备的投资

4 种炒股技巧，股票投资的必胜赚钱法

学会 K 线分析，掌握股票投资的稳赚方法

11.1 了解股票知识，不做无准备的投资

一直以来，股票都是人们投资的热点，从股票诞生到现在的数百年间，无数的投资者在股票市场收获了财富，也有无数的投资者在这里一败涂地，血本无归。虽然股票市场十分残酷，但是仍旧有许多人投身其中。集高风险与高收益于一身的股票，究竟拥有哪些独特的魅力呢？下面就带大家了解股票的相关知识。

11.1.1 股票是什么

股票是股份证书的简称，是股份公司发给股东作为已投资入股并索取股息的凭证，每股股票都代表股东对公司拥有一个基本单位的所有权。

同一类别的每一份股票所代表的公司所有权是相等的。每个股东所拥有的公司所有权份额的大小，取决于其持有的股票数量占公司总股本的比重。当持有股份达到 30% 时，持股可以称为控股，如果是最大股东还可以称为相对控股；当持股超过 50% 时，持股可以称为绝对控股。作为一种虚拟资本，股票具有权责性、无期性、流通性、风险性、法定性等特性。

11.1.2 股票的类型

股票是公司签发的证明股东所持股份的凭证，根据不同的情况可以对股票进行分类，如图 11-1 所示。

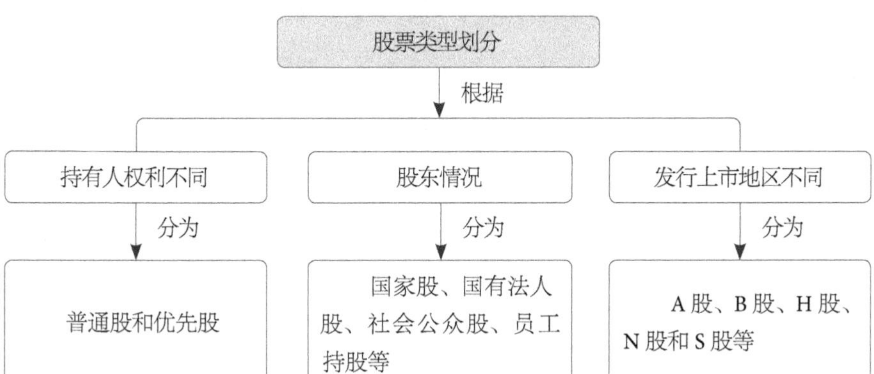

图 11-1 股票的类型

11.1.3 股票的买卖方法

股票的交易程序一般包括以下几个环节：开户、委托、竞价成交、清算交割、过户等。不过根据不同的股票种类，其交易程序又各有不同，下面以A股为例，介绍股票的交易流程。

A股的买卖方法

投资者想要进入股市必须先开立股票账户。股票账户是投资者进入市场的通行证，只有拥有它，投资者才能进场买卖股票。A股买卖的流程如图11-2所示。

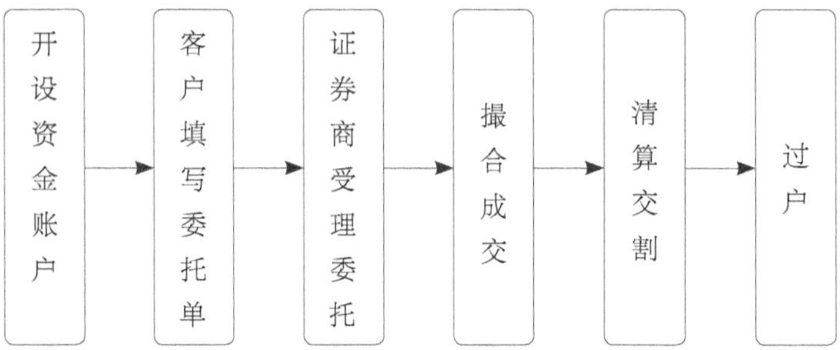

图11-2 A股买卖流程

11.1.4 看懂股票的行情

炒股软件也就是股票软件，其基本功能是揭示实时的信息（包括行情信息和资讯信息等），所以早期的炒股软件被称为行情软件。一般炒股软件都会提供股票、期货、外汇、外盘等多个金融市场的行情、资讯和交易等一站式服务。

下面以同花顺免费版软件为例，介绍利用炒股软件查看行情的方法。

看懂分时图

分时图即分时走势图，是记录股价运行变化的一种图表形式，在整个分时图中，分时线占重中之重的地位。分时线就是将每分钟最后一笔成交价在图表中用线段连接起来而得到的曲线。在实战研判过程中，分时图有着重要的作用，它可以动态反映大盘和个股的实时走势。分时图分为大盘指数分时图和个股即时分时图，其中横坐标代表时间，纵坐标的上半部分代表价格或指数，下半部分显示成交量。

在同花顺个股界面中，选择某只股票后，在界面左侧的行情区中，单击“分时图”标签，即可打开个股分时图界面，如图 11-3 所示。投资者在其中可以查看个股的分时走势情况，进而更准确地分析和预测股票走势行情。

个股分时图界面中包括成交价曲线、平均价曲线以及成交量柱线，其各功能含义分别如下。

（1）成交价曲线：在个股分时走势图中，波动频繁的曲线是成交价曲线，又称为分时线。

（2）平均价曲线：在个股分时走势图中，比较平滑的曲线是平均价曲线，又称为均价线。

（3）成交量柱线：在个股分时走势图下方的柱线代表每分钟该股的乘积手数。移动鼠标光标还可以查看指定时间的成交手数。

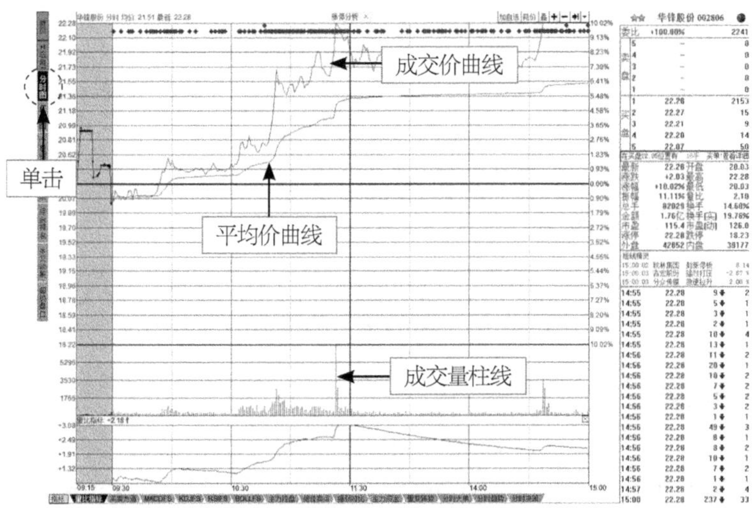

图 11-3 个股分时图界面

看懂超级盘口

超级盘口对于分析盘中的买卖盘，有极其重要的作用，同时有利于每次的复盘。在同花顺界面左侧的行情区中，单击“超级盘口”标签，即可打开“超级盘口”界面。投资者如图 11-4 所示，通过盘口中的数据走势，可以更准确地把握股票涨跌的情况。

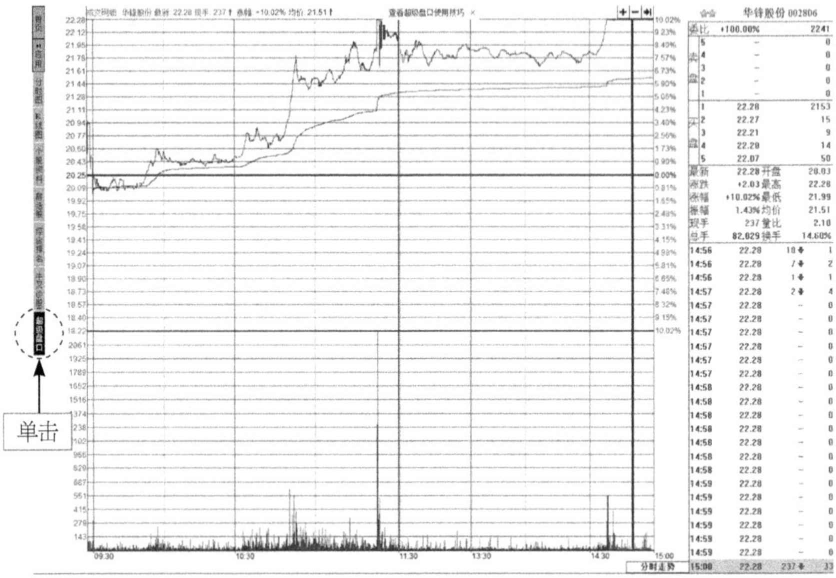

图 11-4 “超级盘口”界面

11.1.5 股票的基本操作

以上带大家了解了利用炒股软件查看行情的方法，下面以同花顺免费版软件为例，为大家介绍介绍炒股软件的基本应用方法。

【案例分析】报价分析

用户在“报价”菜单里可以调用各种报价分析的页面，如图 11-5 所示。例如，“多窗看盘”是同花顺软件为用户实时看盘特制的页面，可以让用户同时浏览所关注的多个股票。单击表格中栏目的名称，表格将按此栏目的降序排列表格，再次单击则按升序排列（在栏目名称旁有箭头表示状态）。

由于表格中显示有较多的股票和各种数据，所以往往难以在一个屏幕里显示所有的内容，用户可以用【Page Up】键和【Page Down】键来对表格进行翻页。当表格下面有各种标签的时候，用户可以通过标签选择版块以查看相应的某一类股票，如图 11-6 所示。

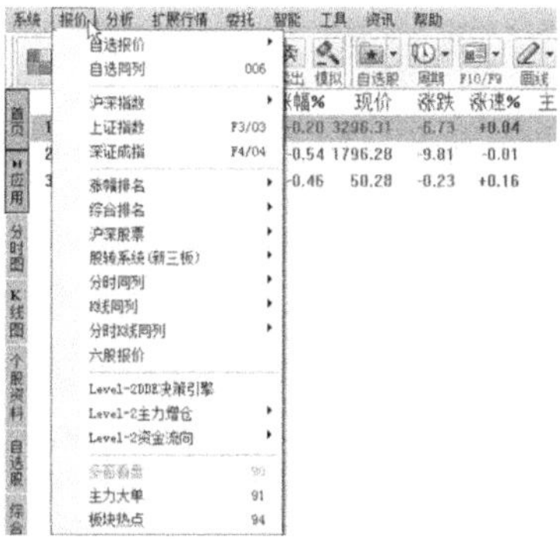

图 11-5 “报价”菜单页面

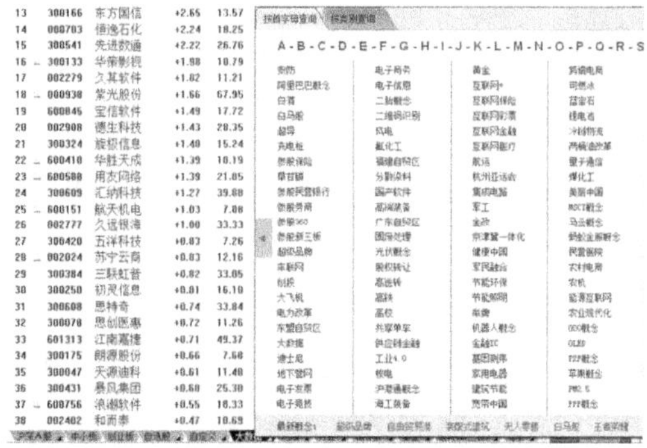

图 11-6 选择板块页面

【案例分析】智能选股

在菜单栏中，单击“智能”→“选股平台”命令，弹出“选股平台”对话框，单击“高级选项”按钮，在弹出的列表框中选择“选择板块”选项。弹出“适用代码设置”对话框，**1** 在“待选板块”下拉列表框中选择“上证 A 股”，**2** 选好后单击“确定”按钮，如图 11-7 所示。

在左侧列表框中依次选择“K 线选股”→“智能选股”→“创近 30 日历史新高”选项，单击“执行选股”按钮。如果需要添加或者删除列出的备选条件，用户可以在“选股平台”里面进行设置。执行操作后，即可开始智能选股操作。用户可以在客户端软件中显示满足上证 A 股中“创近 30 日历史新高”条件的股票，如图 11-8 所示。

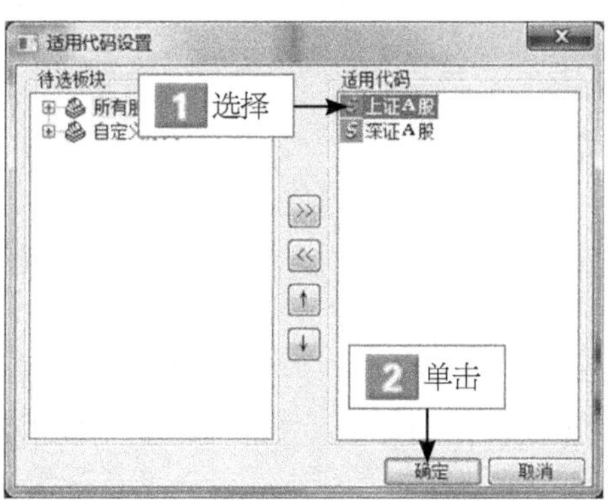

图 11-7 “适用代码设置”对话框

图 11-8 “智能选股”界面

【案例分析】设置止损线

通过炒股软件，用户还可以设置止损警示指标来有效防止股市变动时造成的亏损，而不需要时时刻刻盯紧股市。具体操作如下。

在菜单栏中，单击“智能”→“股票预警”命令，弹出“股票预警”对话框，1 单击“+ 添加预警”按钮，如图 11-9 所示。执行操作后会弹出“添加预警”对话框，2 设置好止损警报的条件，3 单击“确定”按钮，如图 11-10 所示，即可完成止损报警条件的设置。

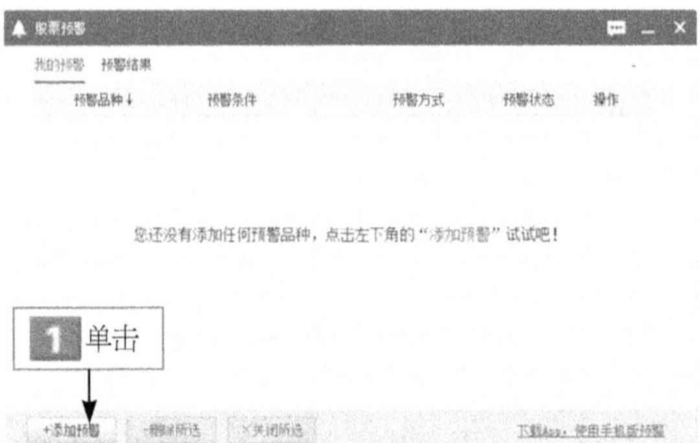

图 11-9 “添加预警”对话框

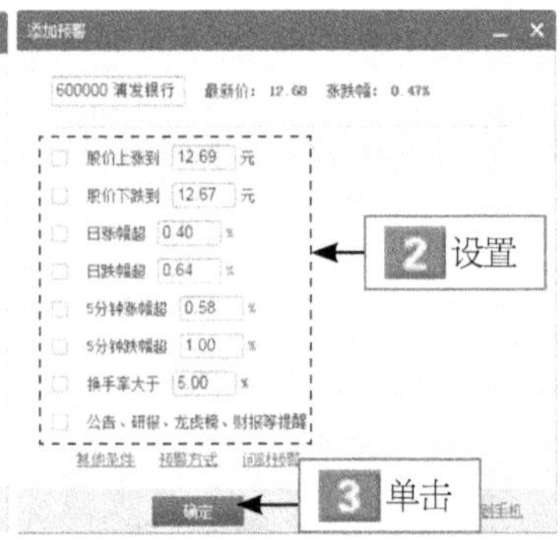

图 11-10 设置止损报警条件

11.2 4 种股票投资技巧，股票投资的必胜赚钱法

投资者进行股票投资就是为了盈利，其重点就是低卖高买，赚取其中差价，因此，投资者要想在股票投资中制胜，就必须掌握股票投资买卖的相关技巧。

下面就为大家介绍 4 个实用的炒股技巧。

11.2.1 股票投资必知的 3 原则

虽说股市风险重重，但是想要在股市获取一定的投资收益，并非完全无章可循。投资者只要认真学习，不断实践，注意学人所长，避己之短，自会找出一套适合自己的投资模式。此外，投资者在入市的时候，一定要遵守 3 个原则，如图 11-11 所示。

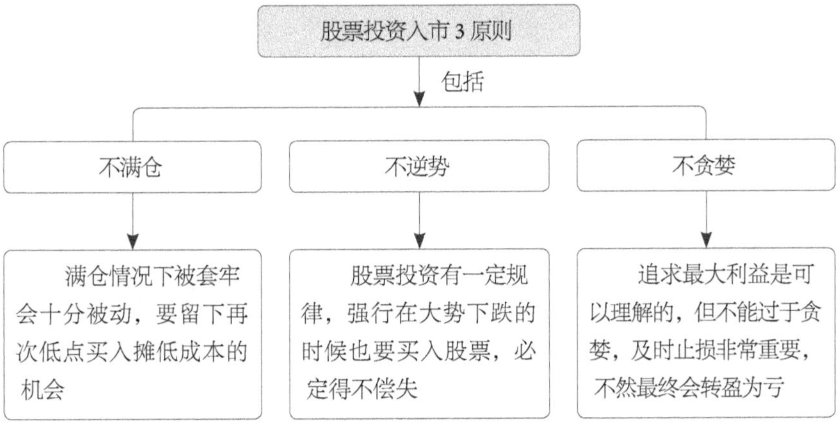

图 11-11 股票投资入市 3 原则

11.2.2 股票投资入场点的把握

投资者对于买点的把握要学会如何判定股市大趋势，底部是股票从长期下跌趋势转向长期上升趋势的过渡期。投资者当能对个股的底部和趋势做出准确的判断的时候，就能把握住市场的买点。很多投资者往往都习惯在股市赚了10% 就退出了，可是有些股票最后往往都有很大的涨幅，从而导致其与高收益擦肩而过。这实际上就是一个正确把握股票买入点的问题。

从心理的角度来说，贪婪是人的天性，大家都希望能尽量抓住市场的机会，所以总希望自己买的股票马上就能涨。当看到自己的股票不涨，而其他的股票都疯涨的时候，一方面投资者经受自己的股票不涨的折磨，另一方面在其他股票大涨的诱惑下，绝大多数的投资者都会做出错误的操作。绝大多数的投资者都是在个股底部并没有构筑完成的时候就买入了，然后就长时间地经历着底部的巩固和清理浮筹，渐渐失去耐心，当股价出现小幅上升后又回落清理浮筹的时候，投资者就急忙抛出，而这个时候也就是这些股票开始上涨的时候。因此，投资者投资股市一定要把握好股票最佳买入点。

11.2.3 股票卖出的 3 法则

俗话说：“会买是银，会卖是金。”如果买了好的股票，未能选择好卖出的时机，股票投资者必然会有诸多遗憾。通过对股市的研究，此处总结了 3 条卖出股票的法则，希望能给大家一些帮助，具体如图 11-12 所示。

低于买入价 7% ~ 8% 止损 →	通过研究发现 40% 的大牛股在爆发之后最终往往回到最初的爆发点。同样的研究也发现，在关键点位下跌 7% ~ 8% 的股票未来有较好表现的机会较小，此时是止损的好时机
高潮后卖出股票 →	一只股票在逐渐攀升 100% 甚至更多以后，突然加速上涨，股价在 1 ~ 2 周内上涨 25% ~ 50%，就说明进入高潮区了。这样的股票价格一般很难继续上涨了，此时，投资者应及时卖出
连续缩量创出高点后卖出 →	当一只股票股价开始大幅上涨的时候，其成交量往往大幅攀升。经过较长期的上涨后，股价上涨动力衰竭。股价也会继续创出新高，但成交量开始下降，投资者此时应及时卖出股票

图 11-12 卖出股票 3 法则

11.2.4 股市风险的规避技巧

人们常说“股市有风险，入市需谨慎”，那么股票市场究竟有哪些风险呢？投资者又该如何应对炒股风险呢？下面就为大家介绍几个规避风险的技巧。

1. 防范经营风险的方法

在购买股票前，投资者要认真分析有关上市公司的财务报告，研究它现在的经营情况、在竞争中的地位和以往的盈利情况。可以将能保持收益持续增长、发展计划切实可行的企业作为股票投资对象，与那些经营状况不良的企业保持一定的投资距离，就能较好地防范经营风险。如果能深入分析有关企业的经营材料，并不为表面现象所迷惑，看出它的破绽和隐患，并做出冷静的判断，投资者则完全有可能回避经营风险。

2. 避开购买力风险的方法

在通货膨胀期内，投资者应留意市场上价格上涨幅度大的商品，从生产该类商品的企业中挑选出获利水平和能力强的企业。当通货膨胀率异常高时，投资者应把保值作为首要考量因素，如果能购买到保值产品的股票（如黄金开采公司、金银器制造公司等股票），则可避开通货膨胀为其带来的购买力风险。

3. 避免利率风险的方法

投资者应尽量了解企业营运资金中自有资金的比例，当利率升高时，借款较多的企业会面临较大的利息支出，从而影响股票价格；而利率的升降对那些借款较少、自有资金较多的企业影响不大。因而，当利率趋高时，投资者一般要少买或不买借款较多的企业的股票；当利率波动变化难以预测时，投资者应优先购买那些自有资金较充裕企业的股票，这样就可基本上避免利率风险。

11.3 学会 K 线分析，掌握股票投资的稳赚方法

在股市实战中，K 线技术是分析中最基础的技术。通过 K 线的不同形态，投资者可以预测股价未来的走势，捕捉涨跌信号，把握买卖时机。本节将详细介绍通过 K 线形态分析股票市场规律的相关内容。

11.3.1 K 线，股市行情的指路明灯

K 线图是一种记录价格变化的图表形式，因为 K 线的形状和蜡烛相似，所以它也常被人称为“蜡烛图”。它是对商品最高价、最低价、开盘价和收盘价的直观呈现，常被用于预测市场价格走向。例如，图 11-13 所示是文一科技的日 K 线图。

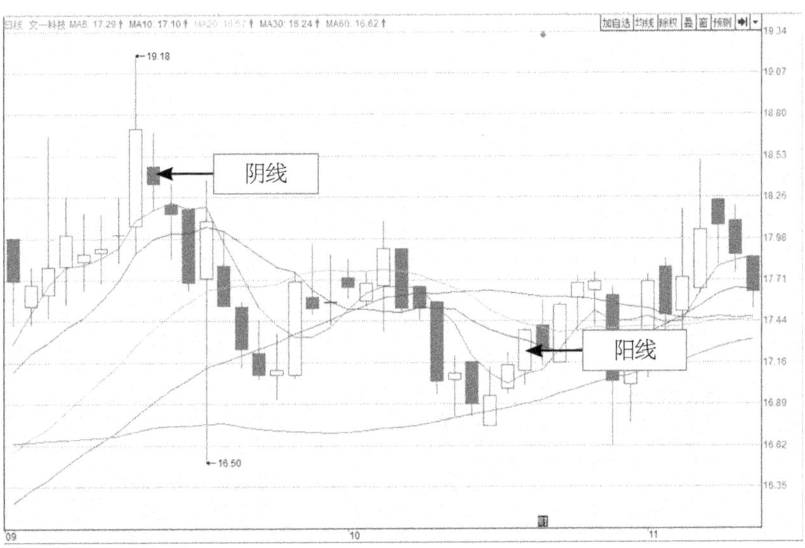

图 11-13 文一科技的日 K 线图

11.3.2 看涨的形态，低买高卖赚差价

由几条 K 线组成的特定 K 线组合，通常会传达出一定的信号，投资者可以据此进行操作。这其中就有几种看涨的常见 K 线组合，具体如图 11-14 所示。

图 11-14 看涨的 K 线组合

下面就以“红三兵”和“两红夹一黑”为例进行分析，带大家了解如何根据看涨的 K 线组合低买高卖以赚取差价。

【案例分析】红三兵

“红三兵”即在价格上涨的趋势中，连续出现的 3 根持续走高的小阳线。

“红三兵”K 线形态通常在股票价格见底或盘整之后出现，是一种价格上涨的信号。当这种形态出现时，投资者宜适时做多。

在图 11-15 中，酒钢宏兴的价格在见底之后，出现了框选区域中的“红三兵”形态。根据这种情况，投资者应该意识到酒钢宏兴的价格很有可能会出现上涨，所以可以选择在此时入场适度做多，持筹待涨。

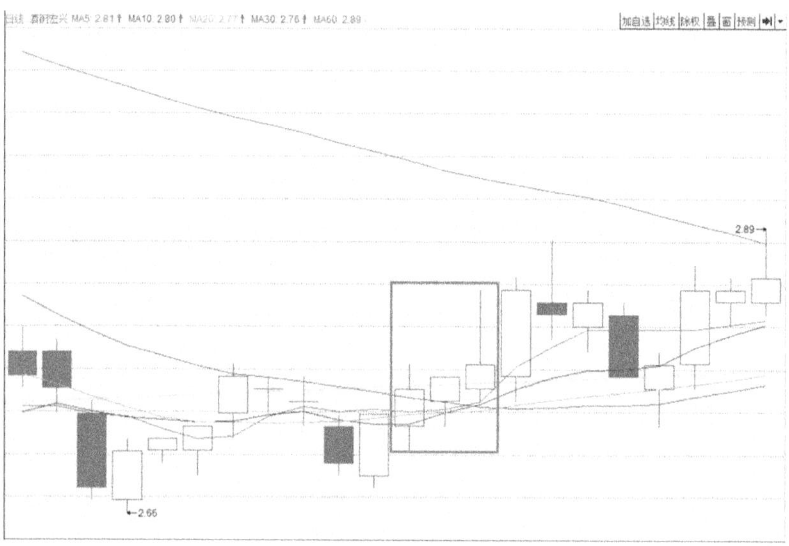

图 11-15 “红三兵”形态

【案例分析】两红夹一黑

“两红夹一黑”即两根阳线中间夹着 1 根短阴线，而且一般情况下 3 根线实体的中心处于一条水平线上的 K 线形态。

“两红夹一黑”K 线组合如果出现在上升趋势中，可能是一个价格暂时盘整的信号，在这之后极可能会恢复涨势；而如果该 K 线组合出现在下跌趋势中，则表示价格将止跌，甚至将由跌转涨。

在图 11-16 中，中孚信息的价格在盘整中出现了框选区域中“两红夹一黑”的 K 线组合，这就暗示着股票的价格有较大的概率再次出现一定的上涨，投资者可于此时适度做多，持筹待涨。

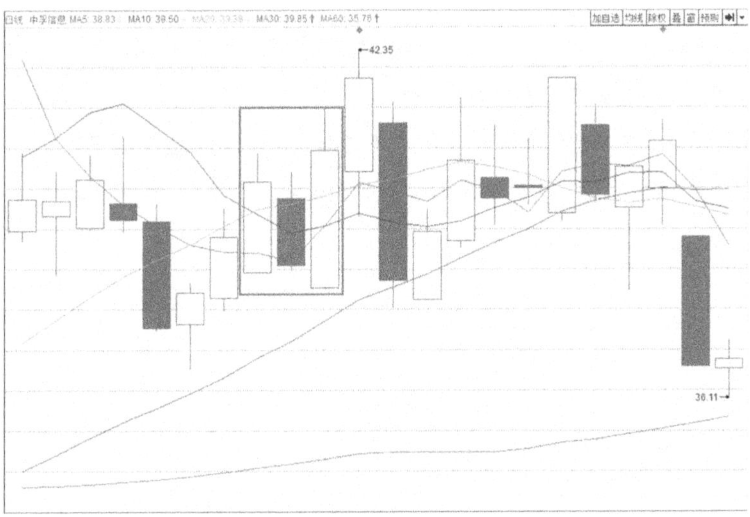

图 11-16 “两红夹一黑”形态

11.3.3 看跌的形态，高卖低买避风险

K 线组合除了会发出上涨的信号之外，也有会发出下跌的信号。在股票市场中，有 5 种常见的看跌 K 线组合，具体如图 11-17 所示。

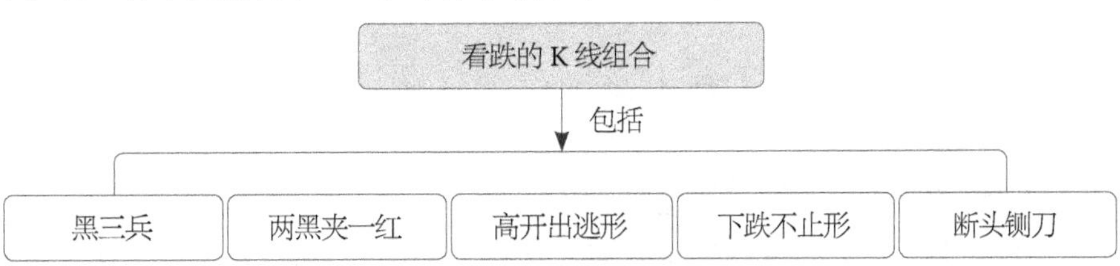

图 11-17 看跌的 K 线组合

下面就以“黑三兵”和“两黑夹一红”为例进行分析，带大家了解如何根据看跌的 K 线组合高卖低买以避免风险。

【案例分析】黑三兵

“黑三兵”即连续出现的 3 根走低的小阴线，因为它看上去像是 3 个穿着黑色衣服的士兵在列队，所以称之为“黑三兵”。

“黑三兵”通常出现在股票价格已经上涨到较高的价位时，甚至是价格刚刚见顶的行情中，预示价格很可能在短期内快速回落。此时，投资者可以适度地进行做空。

当然，“黑三兵”也可能出现在价格下跌到相对低点的行情中。这往往是一个转势的信号，预示价格可能回升。所以，当“黑三兵”出现时，投资者应根据实际情况，具体决定买卖的方向。

在图 11-18 中，商业城的价格在见顶之后，出现了框选区域中的“黑三兵”K 线组合。在这种情况下，投资者应该意识到价格极有可能在短期内出现快速回落，需抓住时机，及时进行做空。

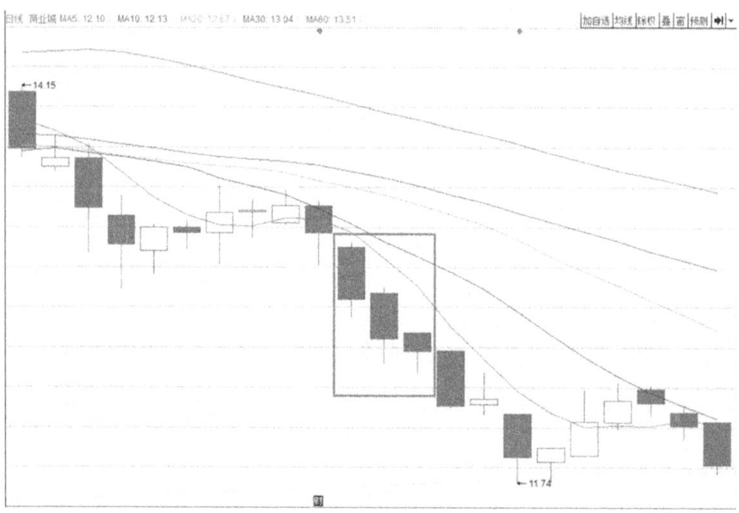

图 11-18 “黑三兵”形态

【案例分析】两黑夹一红

“两黑夹一红”即两根阴线中间夹着 1 根短阳线，而且一般情况下 3 根 K 线实体的中心处于一条水平线上的 K 线形态。

“两黑夹一红”K 线组合如果出现在下跌趋势中，可能是一个价格暂时盘整的信号，价格在这之后极有可能继续下跌；如果该K线组合出现在上涨趋势中，则表示价格将止涨，甚至将直接由涨转跌。

在图 11–19 中，远达环保的价格在上涨过程中，出现了框选区域中的“两黑夹一红”K 线组合，这预示着远达环保的价格很可能在短期内止涨回落，投资者宜在此时进行逢高做空。

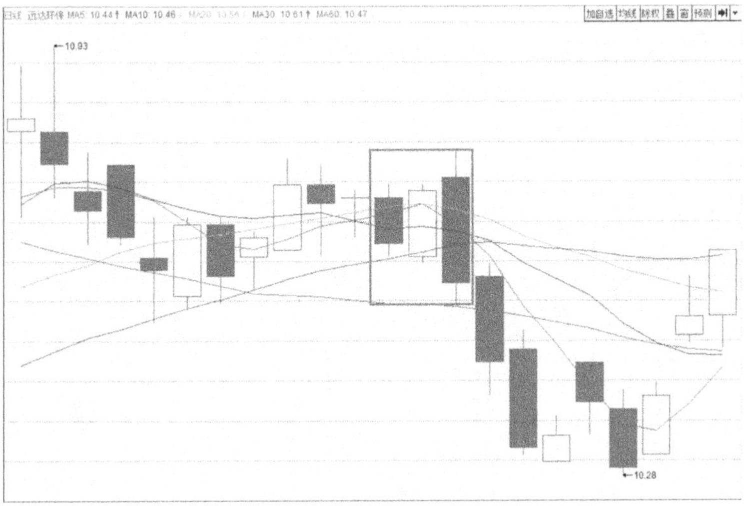

图 11–19 “两黑夹一红”形态

11.3.4 见底的信号，买入待涨好时机

许多投资者喜欢在股价最低时大量买入，却苦于找不到买入点。一些常见的 K 线组合可以为其提供参考。常见的见底 K 线组合主要有 8 种，具体如图 11-20 所示。

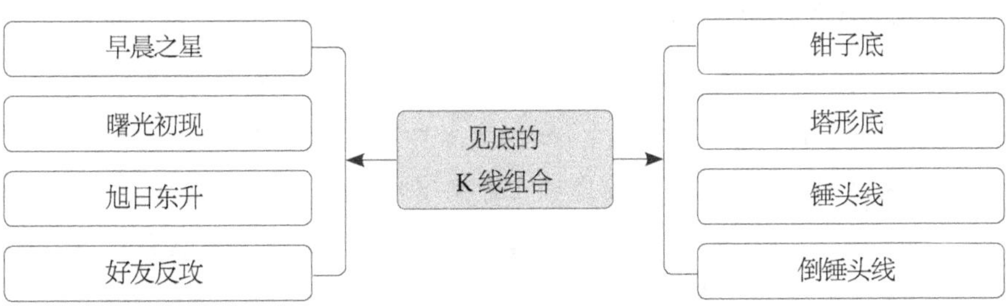

图 11–20 见底的 K 线组合

下面就以“锤头线”和“早晨之星”为例进行分析，带大家了解利用见底的 K 线组合发现见底信号，然后大量低价买入，待涨卖出获利的方法。

【案例分析】锤头线

锤头线，即实体较短，且下影线大于或等于实体的两倍，上影线很短，甚至没有上影线的 K 线形态。一般情况下，如果股票价格在大幅下跌之后出现“锤头线”形态，则价格极有可能由跌转涨。

在图 11-21 中，亿阳信通的价格在持续下跌到极低的价位之后，出现了框选区域中的“锤头线”形态。投资者应该意识到，亿阳信通的价格很可能自此上涨。因此，其此时正确的策略应该是逢低入场做多，适度进行加仓。

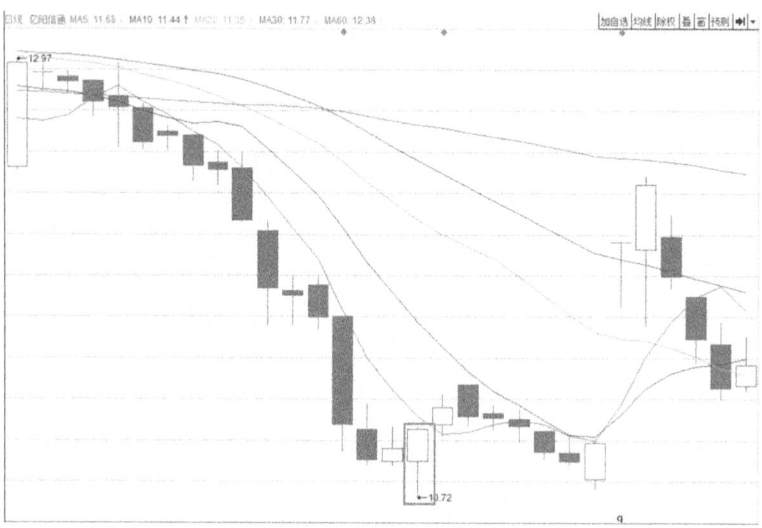

图 11-21 “锤头线”形态

【案例分析】早晨之星

早晨之星，也称为“启明星”，即在价格下跌的趋势中，3 根连续的 K 线呈现为左边的 1 根大阴线与右边的 1 根阳线中间夹着 1 根小阴线或小阳线的形态。

“早晨之星”K 线形态通常出现在价格下跌的趋势中，且价格经常在第二个交易日见底。它是一个明显的见底信号。因此，当 K 线呈现这种形态时，投资者可以采取逢低做空的策略。

在图 11-22 中，长春经开的价格在回落了一段时间之后，在下跌过程中出现了框选区域中的“早晨之星”K 线形态。投资者应该意识到，此时长春经开的价格即将见底，或者已经见底了，因此，此时其正确的策略应该是抓住机会，在低位及时进行做多。

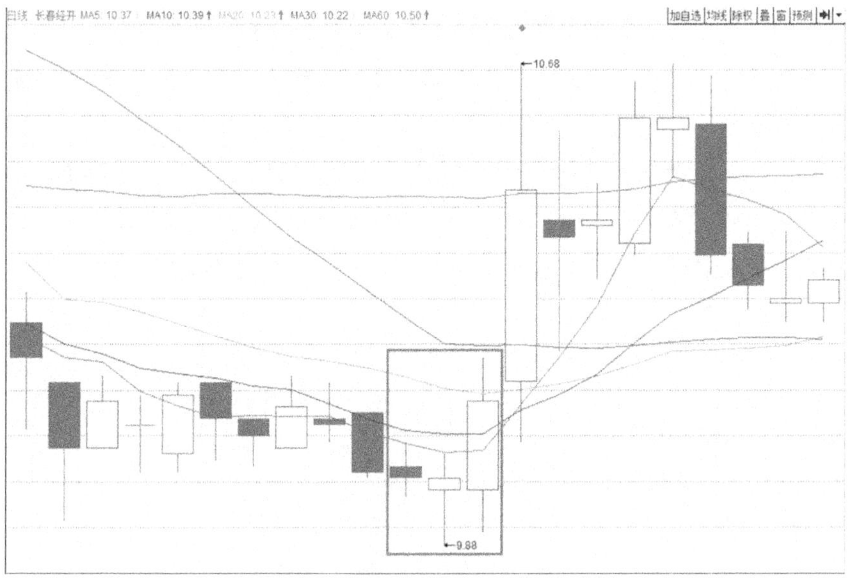

图 11–22 “早晨之星”形态

11.3.5 见顶的信号，卖出止损不可等

K 线不仅能够发出见底的信号，还可以发出见顶的信号。常见的见顶 K 线组合主要有 8 种，具体如图 11-23 所示。

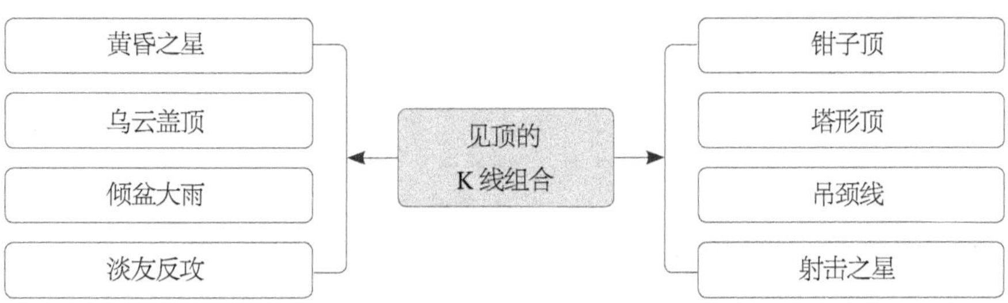

图 11–23 见顶的 K 线组合

下面就以“吊颈线”和“黄昏之星”为例进行分析，带大家了解利用见顶的 K 线组合发现见顶信号，然后及时卖出股票止损的方法。

【案例分析】吊颈线

吊颈线，也称为“绞刑线”，即当价格处于高位时，出现的一种实体较短、下影线较长、上影线很短，甚至没有上影线的K线形态。“吊颈线”常作为一种强烈的卖出信号出现在价格上涨的末期，如果在它出现的同时伴随有成交量的剧烈变化，则价格有极大的可能在短期内由涨转跌，投资者需做好迎接价格回落的准备。

在图11-24中，创兴资源的价格经过较长时间的上涨之后，在高位出现了框选区域中的“吊颈线”的K线形态。这时投资者需关注成交量的变化，如果成交量出现剧烈的变化，则它很可能成为一个价格由涨转跌的信号，投资者宜进行卖出操作。

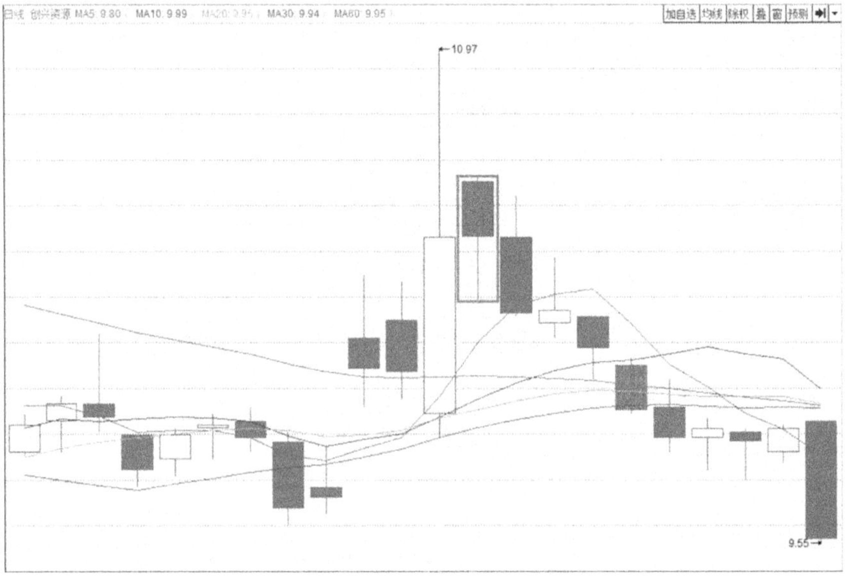

图11-24 “吊颈线”形态

【案例分析】黄昏之星

黄昏之星，即在价格上涨的趋势中，3根连续的K线呈现为左侧的1根大阳线与右侧的1根阴线之间夹着1根小阴线或小阳线的形态。

“黄昏之星”通常出现于股票价格上涨的趋势中，特别是当股票价格涨至相对高位时。它是一种准确率极高的见顶信号，正确率甚至能达到80%以上，也正是因为这个原因，一旦 K 线呈现“黄昏之星”形态时，投资者要选择卖出操作。

在图 11–25 中，东安动力的价格上涨至相对高位时，出现了框选区域中的“黄昏之星”形态。这意味着它的价格回落的可能性极大。因此，投资者应该迅速抛盘，卖出手中的股票。

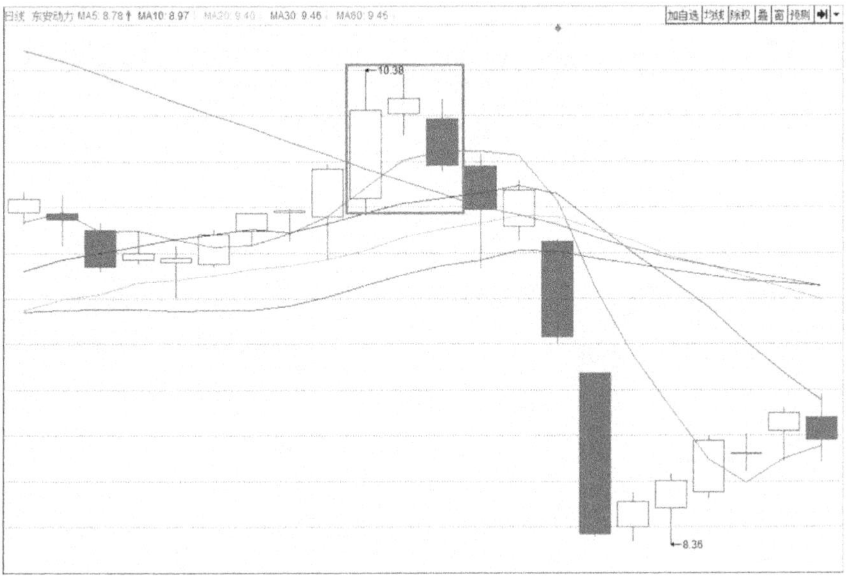

图 11–25 “黄昏之星”形态

第12章

债券投资，稳定收益也能赚大钱

学前提示 >>>

债券投资理财的收益和风险是介于银行理财和股票理财的收益和风险之间的。发放债券的企业基本都是大型、起步早、财务较健康的企业，因而债券的收益也相对稳定。只要有合理的技巧和操作，债券的收益也是不可小看的。

要点展示 >>>

知识全网罗，债券理财这样做

4 类基本操作，债券投资赚钱有道

注意技巧与风险，债券理财这样更赚钱

12.1 知识全网罗，债券理财这样做

与股市相比，债券市场有较丰富的交易品种、相对稳定的投资保障以及不错的交易性收益，正在吸引更多的普通投资者投身其中。下面就为大家介绍债券投资的相关知识。

12.1.1 什么是债券投资

债券（Bond）是一种金融契约，是政府、金融机构、工商企业等直接向社会借债筹措资金时，向投资者发行的，同时承诺按一定利率支付利息并按约定条件偿还本金的债权债务凭证。

债券的本质是一种有价证券，它是债务关系的证明书，具有法律效力。债券购买者或投资者与发行者之间是一种债权债务关系，债券发行人即债务人，投资者（债券购买者）即债权人。由于债券的利息通常是事先确定的，债券通常被称为“固定收益证券”。债券有图 12-1 所示的 5 个基本要素。

票面价值	债券的票面价值简称“面值”，是指债券发行时设定的票面金额
债券价格	债券的价格包括发行价格和交易价格。债券的发行价格可能不等同于债券面值。债券的交易价格即债券买卖时的成交价格
偿还期限	债券的偿还期限是个时间段，起点是债券的发行日期，终点是债券票面上标明的偿还日期
票面利率	票面利率是指每年支付的利息与债券面值的比例。投资者获得的利息就等于债券面值乘以票面利率所得出的金额
发行人名称	发行人名称指债券的债务主体，为债权人到期追回本金和利息提供依据

图 12-1 债券的基本要素

12.1.2 债券的主要品种

根据不同的分类标准，债券种类可谓多种多样，而不同的债券产品，又有其不同适合的投资人群。投资者在购买债券产品时，需要首先了解不同产品的基本情况，合理选择债券。

记账式国债

记账式国债是指没有实物形态的票券，投资者持有的国债登记于证券账户中，投资者仅取得收据或对账单以证实其所有权的一种国债。所以，记账式国债又称“无纸化国债”。在我国，上海证券交易所和深圳证券交易所已为证券投资者建立了电子证券账户，因此，其可以利用证券交易所的系统买卖债券。我国近年来通过沪、深交易所的交易系统发行和交易的记账式国债就是这方面的实例。如果投资者进行记账式国债的买卖，就必须先在证券交易所设立账户。

凭证式国债

凭证式债券的形式是一种债权人认购债券的收款凭证，而不是债券发行人制定的标准格式的债券。

我国近年通过银行系统发行的凭证式国债，其券面上不印制票面金额（而是根据认购者的认购额填写实际的缴款金额），是一种国家储蓄债，可记名、挂失，以“凭证式国债收款凭证”记录债权，不能进行上市流通，从购买之日起计息。

在持有期内，持券人如果遇到特殊情况，需要提取现金，可以到购买网点提前兑取。提前兑取时，除偿还本金外，利息按实际持有天数及相应的利率档次计算，经办机构按兑付本金的 0.2% 收取手续费。

凭证式国债的主要特点是安全、方便、收益适中，具体说来包括 6 点，如图 12-2 所示。

方便	国债发售网点多，购买和兑取方便，手续简便
安全	可以记名挂失，安全性较高
利率较高	利率比银行同期存款利率高 1 ~ 2 个百分点（但低于无记名式国债和记账式国债的利率），提前兑取时按持有时间采取累进利率计息
可提前兑取	凭证式国债虽不能上市交易，但可提前兑取，变现灵活，兑取地点可就近，投资者如遇特殊需要，可以随时到原购买点兑取现金
利息风险小	提前兑取按持有期限的长短按相应档次的利率计息，没有定期储蓄提前支取按活期计息的风险
无市场风险	凭证式国债不能上市，其提前兑取时的价格（本金和利息）不随市场利率的变动而变动，可以避免市场的价格风险

图 12-2 凭证式国债的特点

无记名式国债

无记名式国债是一种票面上不记载债权人姓名或单位名称的债券，通常以实物券形式出现，又称“实物券”或“国库券”。

实物债券是一种具有标准格式实物券面的债券。在标准格式的债券券面上，一般印有债券面额、债券利率、债券期限、债券发行人全称、还本付息方式等各种债券票面要素。有时，债券利率、债券期限等要素通过公告向社会公布，而不再在债券券面上注明。

无记名式国库券的一般特点是：不记名、不挂失，可以上市流通。由于不记名、不挂失，其持有的安全性不如凭证式国库券和记账式国库券的安全性，但购买手续简便。由于可上市转让，故其流通性较强。

12.1.3 债券现货交易的方式

目前，我国债券须到指定的专营证券业务的金融机构，如证券交易所和各类证券公司（或证券业务部）等进行交易。与此相对应的是，债券交易市场主要分为证券交易所（场内）交易市场和证券公司柜台（场外）交易市场，其具体交易流程如下。

场内交易

场内交易也叫“交易所交易”，证券交易所是市场的核心，在证券交易所内部，其交易程序都要经证券交易所立法规定，其具体步骤明确而严格。债券的交易有5个步骤，如图12-3所示。

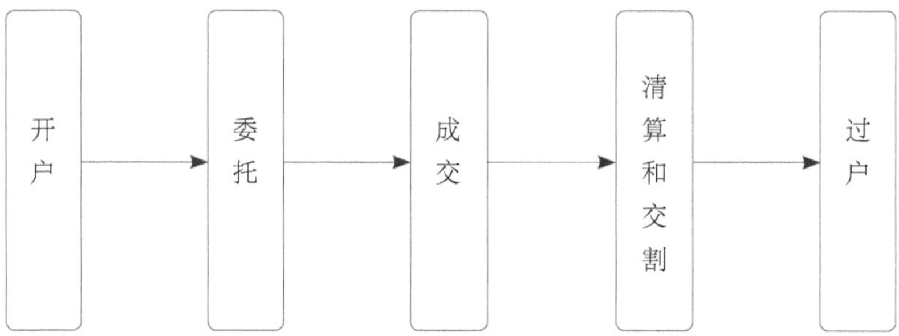

图12-3 场内交易的流程

场外交易

场外交易就是在证券交易所以外的证券公司柜台进行的债券交易。场外自营买卖债券就是由投资者个人作为债券买卖的一方，由证券公司作为债券买卖的另一方，其交易价格由证券公司自己挂牌。自营买卖程序十分简单，具体包括以下内容。

（1）买入、卖出者根据证券公司的挂牌价格，填写申请单。申请单上载明债券的种类以及买入或卖出的数量。

（2）证券公司按照买入、卖出者申请的券种和数量，根据挂牌价格开出成交单。成交单的内容包括交易日期、成交债券名称、单价、数量、总金额、票面金额、客户的姓名、地址、证券公司的名称、地址、经办人姓名、业务公章等，必要时还要登记卖出者的身份证号码。

（3）证券公司按照成交情况，向客户交付债券或现金，以完成交易。

12.2 4类基本操作，债券投资赚钱有道

债券是收益相对稳定，且风险不大的理财渠道。这种投资渠道对理财爱好

者具有吸引力。现在网上开通了债券理财业务，为中等收入的理财爱好者提供了很多便利。本节以“中国农业银行网上银行”为例，为大家介绍债券投资的 4 类基本操作。

12.2.1 行情查询

打开并登录中国农业银行个人网银，在导航栏中依次选择“投资理财” | “记账式债券” | “债券行情查询”选项进入其页面，设置相应的债券代码和名称，单击“查询”按钮，即可查询到债券详情信息，如图 12-4 所示。

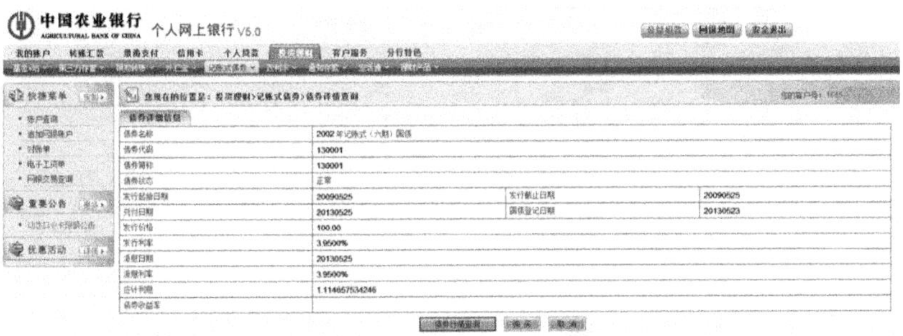

图 12-4 债券行情查询页面

12.2.2 购买技巧

打开并登录中国农业银行个人网银，在导航栏中依次选择“投资理财” | “记账式债券” | “购买债券”选项进入其页面，1 选择债券种类，2 输入买入份额与借记卡支付密码，3 单击“确定”按钮，如图 12-5 所示。根据提示完成支付操作，即可购买相应的债券。

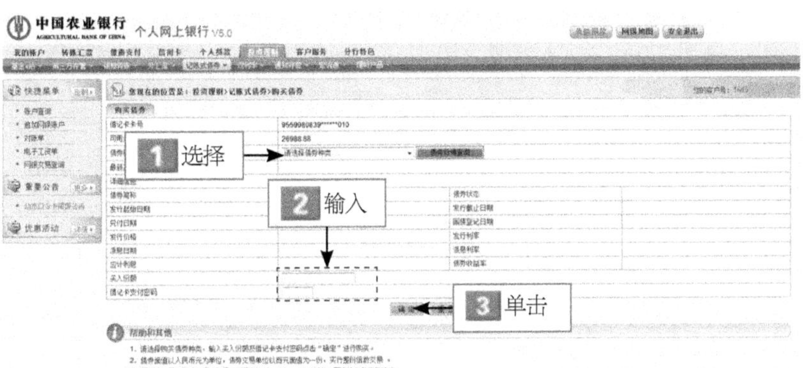

图 12-5 “购买债券”页面

12.2.3 卖出操作

打开并登录中国农业银行个人网银，在导航栏中依次选择“投资理财”|“记账式债券”|“卖出债券”选项进入其页面，1设置债券种类、卖出份额、借记卡账户密码等选项，2单击“确定”按钮，如图 12-6 所示，即可完成卖出债券的操作。

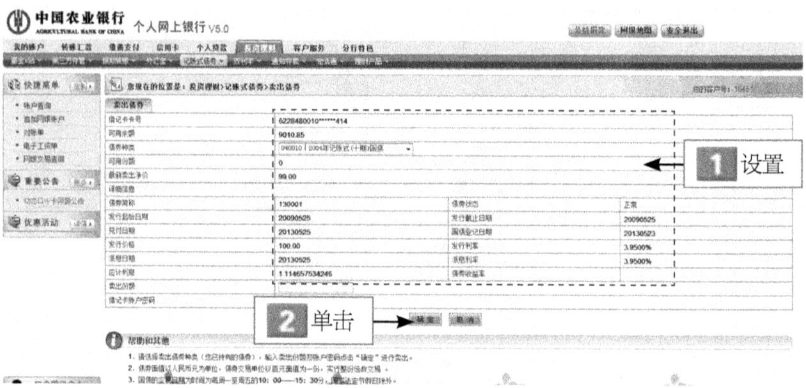

图 12-6 “卖出债券”页面

12.2.4 交易查看

打开并登录中国农业银行个人网银，在导航栏中依次选择“投资理财”|“记账式债券”|“交易明细查询”选项进入其页面，用户可以在此选择是查询当日委托查询还是历史交易查询，然后单击“确定”按钮，即可完成查询债券的交易明细，如图 12-7 所示。

图 12-7 “交易明细查询”页面

12.3 注意技巧与风险，债券理财这样更赚钱

投资者在进行债券投资前，除了要掌握收益率的计算方法外，还需了解影响可流通国债价格的因素。实际上，所有持有债券的投资者都面临市场变化和利率波动两种风险。投资者要想在债券投资中制胜，就必须掌握债券投资技巧。下面将与广大投资者分享债券投资技巧，以帮助大家获取更多收益。

12.3.1 债券理财 3 原则

我们想要驾驭某一事物，必须先摸清它的运行规律，然后再根据规律办事，投资债券也应如此。在投资债券之前，投资者除了要了解债券的基础知识外，还需要研究债券投资的一般原则。

1. 收益性原则

不同种类的债券其收益大小不同，投资者应根据自己的实际情况进行选择，例如投资国家（包括地方政府）发行的债券，一般认为是没有风险的投资；而投资企业债券则存在着能否按时偿付本息的风险，作为对这种风险的报酬，企业债券的收益率必然要比政府债券的收益率高。

2. 安全性原则

投资债券相对于投资其他投资工具要安全得多，但这仅仅是相对的，其安全性问题依然存在，因为经济环境有变、经营状况有变、债券发行人的资信等级也不是一成不变的。因此，投资者投资债券还应考虑不同债券投资的安全性。例如，就政府债券和企业债券而言，企业债券的安全性不如政府债券的安全性高。

3. 流动性原则

债券的流动性强意味着其能够以较快的速度将债券兑换成货币，同时以货币计算的价值不受损失；反之则表明债券的流动性差。影响债券流动性的主要因素是债券的期限，期限越长，则流动性越弱；期限越短，则流动性越强。另外，不同类型债券的流动性也不同。

例如，政府债券在发行后就可以上市转让，故其流动性强。企业债券的流动性往往就有很大差别，对于资信卓著的大公司或规模小但经营良好的公司，

他们发行的债券的流动性是很强的；反之，那些规模小、经营差的公司发行的债券，其流动性要差得多。

12.3.2 高手教你选债券

债券投资高手在选择债券时通常有 3 个技巧，如图 12-8 所示。

技巧一 → 根据自己的财务状况和投资偏好选择凭证式国债或记账式国债。凭证式国债收益明显高于同期银行定期存款的收益，但流动性相对较差，需要至少持有半年后才能提前兑现，适于进行中长期投资；如果对投资资金变现程度要求较高，投资者可以购买流动性较好的记账式国债

技巧二 → 投资者在“降息通道”中购买凭证式国债不妨早出手。目前，我国已经进入降息周期，一般而言，随着央行利息的下调，随后发行的凭证式国债利率较之此前发行的国债利率会有所下调，因此，购买凭证式国债的投资者不妨早做准备早购买，以尽早锁定相对较高的利率和收益

技巧三 → 购买记账式国债需关注投资风险。相比凭证式国债而言，二级市场上的记账式国债虽然流动性好，但其收益却是浮动的，因此存在一定的投资风险

图 12-8 高手选择债券的技巧

12.3.3 债券交易的技巧

在债券实际的交易过程中，投资者应该学会以下技巧，以进行理性投资。

1. 时间差拉动收益

一般发行的债券都有一个发行期，如 1 个月等。如果投资者在这 1 个月内要买进债券，则最好在最后一天购买；同样，到期兑付会有一个兑付期，最好在兑付的第一天兑现。这样，可以减少资金占用的时间，并拉动债券投资的收益率。

2. 新旧债券的换卖

当新国债发行时，投资者要提前卖出旧国债，再连本带利地买入新国债，其所得收益可能比旧国债到期才兑付的收益高。在进行新旧债券转换时，投资

者必须比较卖出前后的利率的高低，估算转卖是否合算。

3. 选择高收益债券

债券的收益是介于储蓄和股票、基金收益之间的，其安全性相对比较高。所以，在债券投资的选择上，投资者不妨大胆地选购一些收益较高的债券，如企业债券、可转让债券等。对于风险承受力较高的投资者，其可以选择其他一些高收益的债券。

4. 利用市场和地域赚差价

不同的证券交易所在交易同一品种国债时，其交易价格是有所差异的。利用两个市场之间的市场差价，投资者可以在其中赚取差价。同时，投资者可以利用各地区之间的地域价格差，进行买卖以赚取差价。

12.3.4 债券交易的风险

债券投资也属于风险投资，虽然其风险很低，但其还是存在风险的，债券交易主要存在两种风险，分别是信用风险和利率风险。下面就为大家分别介绍这两种风险。

信用风险

信用风险又称“违约风险”，指的是债券发行人在到期时无法还本付息而使投资者遭受损失的风险，其主要受到债券发行人的经营能力、盈利水平、业绩稳定程度以及规模大小等因素影响。一般来说，政府债券的信用风险最小，理论上认为中央政府债券是信用风险最低的债券，如我国的国债等。当然也有一些政局不稳的国家政府债券信用风险就很高。

利率风险

利率是影响债券价格的重要因素之一。由于利率变动而使投资者遭受损失的风险就是利率风险。当利率提高时，债券的价格就会降低；当利率降低时，债券的价格就会上升，这两种情况都会存在风险。

第13章

外汇信托，生财为道守财为基

学前提示 >>>

现在，越来越多的人不仅仅满足于把闲钱存在银行以收取微薄的利息，而是希望有更多、更方便的投资渠道。在这些投资渠道中，外汇和信托是不可忽略的，外汇能让投资者大赚一笔，信托能为投资者管理资产，让其没有后顾之忧。

要点展示 >>>

了解基础知识，做好外汇投资的必要准备
学会防套解套，掌握外汇投资赚钱实技
掌握入门知识，做好信托投资的必要准备
把握选择技巧，选对方向才能稳赚

13.1 了解基础知识，做好外汇投资的必要准备

相对于其他投资方式，外汇投资备受投资者青睐，它就像个充满智慧的市场游戏，具有独特的优势。下面就为大家介绍一些外汇投资前的必要准备。

13.1.1 外汇的概念及种类

外汇是以外币表示的用于国际结算的支付凭证。从通俗意义上来说，外汇指的是外国钞票，可是并不是所有的外国钞票都是严格意义上的外汇。外国钞票能否被称为外汇，首先要看它能否自由兑换，或者说这种钞票能否重新回流到它的所属国家，而且可以不受限制地存入该国的任意一家商业银行的普通账户上，并在需要时可以任意转账，满足上述条件的才能称为外汇。

外汇基本分为自由外汇与记账外汇两大类，自由外汇是指无需经过发行货币国家批准，既可以在国际市场上自由买卖，随时使用，又可以自由转换为其他国家货币的外汇。记账外汇通常只能根据协定，在两国间使用。一般只在双方银行账户上记载，既不能转让给第三国使用，也不能兑换成自由外汇。在我国，根据不同的分类标准，外汇可分为 3 种大类，如图 13-1 所示。

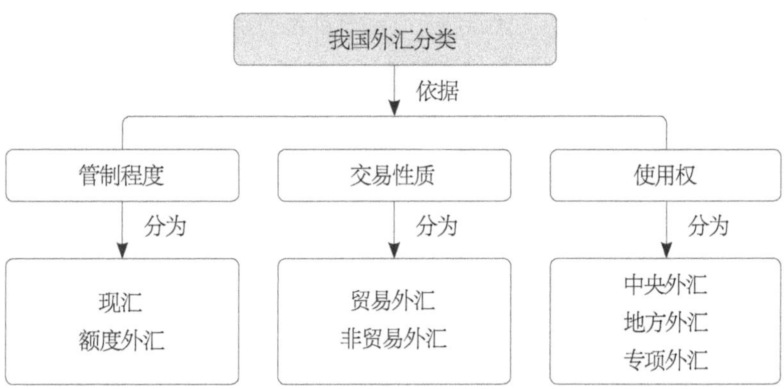

图 13–1 我国外汇分类

13.1.2 汇率标价法

汇率是一国货币同另一国货币兑换的比率。要确定两种不同货币之间的比价，必须先确定使用哪个国家的货币作为标准。由于确定的标准不同，外汇汇率的标价方法也有所不同，通常有直接标价法和间接标价法两种标价方式，具体如图 13-2 所示。

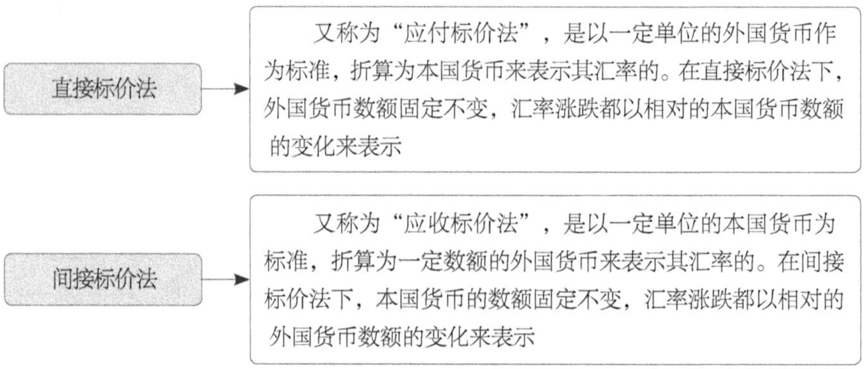

图 13-2 汇率标价法

13.1.3 外汇交易方式

外汇不仅是国际贸易的一种工具，更成了国际上最重要的金融商品。我国外汇交易的方式主要有以下 6 种。

（1）外汇保证金交易，其本质上是一种外汇合约现货交易，打破了地域的局限，使家庭和小型机构投资者可以更加方便地进行外汇投资。

（2）外汇实盘交易，指个人委托银行，参照国际外汇市场的实时汇率，把一种外币兑换成另一种外币的交易行为，我国主要的银行都开展了个人外汇实盘交易业务。

（3）现期外汇交易，又称为“现货交易”或“现期交易”，是指外汇买卖成交后，交易双方于当天或两个交易日内办理交割手续的一种交易行为。

（4）远期外汇交易，指市场交易主体在成交后，按照远期合同规定，在未来（一般在成交日后的 3 个营业日之后）按规定的日期交易的外汇交易。

（5）外汇期货交易，指外汇买卖双方于未来某日，以在有组织的交易所内公开叫价确定的价格，买入或卖出某一标准数量的特定货币的交易活动。

（6）外汇期权交易，指交易双方在规定的期间按商定的条件和一定的汇率，就将来是否购买或出售某种外汇的选择权进行买卖的交易。

13.1.4 投资风险及防范

投资者若想利用外汇投资来赚钱，必须先了解外汇投资的风险。外汇风险是指在一定时期的国际经济交易当中，以外币计价的资产（或债权）与负债（或债务），由于汇率的变动而引起其价值涨跌的不确定性。外汇投资的主要风险如图 13-3 所示。

外汇买卖风险	是指由于外汇交易而产生的汇率风险
交易结算风险	是指以外币计价或成交的交易，由于外币与本币的比值发生变化而引起亏损的风险
会计风险	又称“外汇评价风险”或“折算风险”，是指企业进行外币债权、债务结算和财务报表的会计处理时，对于必须换算成本币的各种外汇计价项目进行评估所产生的风险
经济风险	为了避免到期时赎回到再申购这一个时间段的资金闲置，投资者可以开通定期申购和定期转换功能，还可以设置自动转换功能
储备风险	虽然后端收费定投与前端收费定投短期收益差异较小，但从长期来看，其差异会日渐明显

图 13–3 外汇投资的主要风险

有风险就要有防范策略，在任何投资市场上，其基本的投资策略都是一样的。但对于复杂多变的外汇市场而言，投资者必须掌握一般的投资策略。在这个基础上，投资者更要学习和掌握防范风险的方法，这样才能在外汇市场中站得更稳、赚得更多。

（1）风险控制法。对于无法回避或转移的风险，最好通过各种手段来降低其发生的可能性或减少风险所导致的损失，也就是实施风险控制。

（2）风险回避法。风险回避是指通过隔断主体与风险来源的联系，即通过放弃所从事的风险事件或完全拒绝承担风险，从而达到完全消除风险的目的。

（3）风险隔离法。风险隔离是通过合理安排资源，使某个风险事件的发生不至于让主体所有资源都损失。

（4）风险转移法。风险转移法是把风险转由其他主体来承担，自己不承担风险的方法。

（5）风险结合法。风险结合法是将风险集中起来的方法。这里的“集中起来”不是将风险放大，而是通过对冲效应使风险化解。

（6）自我承担风险法。自我承担风险法是指由主体自己来承担风险带来的所有损失的方法。由于风险不可能被完全转移或消除，有时主体就必须自己承担风险。

13.2 学会防套解套，掌握外汇投资赚钱实技

为什么巴菲特没有被完全套牢（指进行股票交易时所遭遇的交易风险），而且始终是一个大赢家？其秘诀除了他独特的、成熟的投资理念外，还在于他坚持“安全第一、耐心第一”的投资原则。因此，外汇投资者也必须学会外汇投资的防套和解套的方法，这是投资外汇最重要和最实用的技能。

13.2.1 外汇防套 3 技巧

套牢之后解套，对于无论哪类投资者来说，都是一件相当困难的事。所以与其在套牢之后费尽心机愁眉不展地去想方设法解套，不如在下单之前就对可能出现的情况做好应对措施。下面介绍外汇防套的 3 个技巧，如图 13-4 所示。

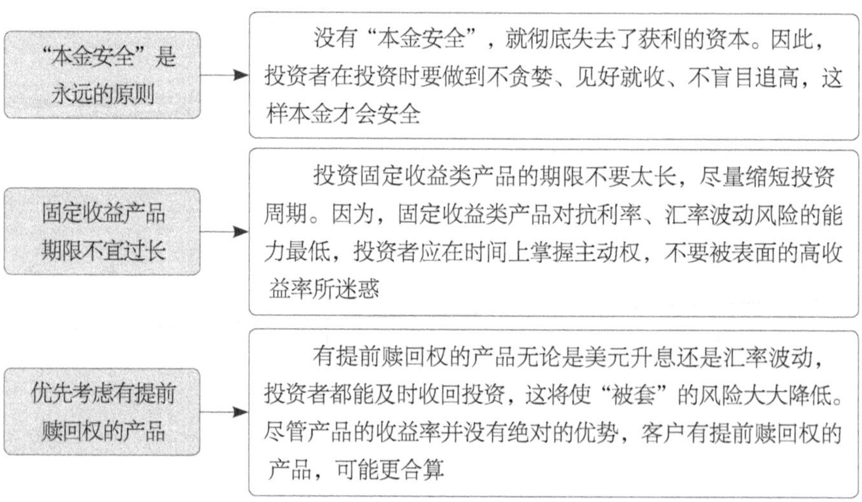

图 13-4 外汇防套的 3 个技巧

13. 2. 2 外汇解套 3 策略

购买外汇被套牢，这是常见的事情，投资者不要纠结于如何被套牢，而是要考虑如何尽快解套。下面介绍外汇解套的 3 个技巧。

（1）向银行进行产品质押。例如，兴业银行最近推出的“万汇通”理财产品，就可以提供质押服务。质押比率为产品金额的 80%，质押利率按照同档次消费的贷款利率计算。这样，至少可以把大部分资金套现。

（2）向其他投资者提前转让。一般而言，转让价格是根据转让时的市场利率水平以及产品的收益情况确定的。如果想联系下家，可以先向外汇公司表达想转让的意向。

（3）提前赎回浮动收益产品。尽管投资者可以提前赎回产品，但赎回的价格可能有高有低，也有亏本的可能，这取决于当时的市场利率水平和道琼斯指数的走势。

13. 3 掌握入门知识，做好信托投资的必要准备

信托已经发展了几百年，它对经济的渗透越来越深，而且在投资理财中发挥着重要的作用。本节将为大家介绍信托投资的相关知识。

13. 3. 1 什么是信托投资

信托即受人之托，代人管理财物。信托是指委托人基于对受托人的信任，将其财产权委托给受托人，由受托人按委托人的意愿以自己的名义，为受益人的利益或者特定目的，进行管理或者处分的行为。信托为一种财产管理制度，是由财产所有人将财产移转或设定于管理人，使管理人为一定之人之利益或目的，管理或处分财产。因此，信托的内容概括起来就是：受人之托，履人之嘱，代人理财。

由于划分信托业务种类的标准不同，信托业务的种类繁多。根据不同的标准，信托业务可以划分出不同的信托类型，具体如图 13-5 所示。

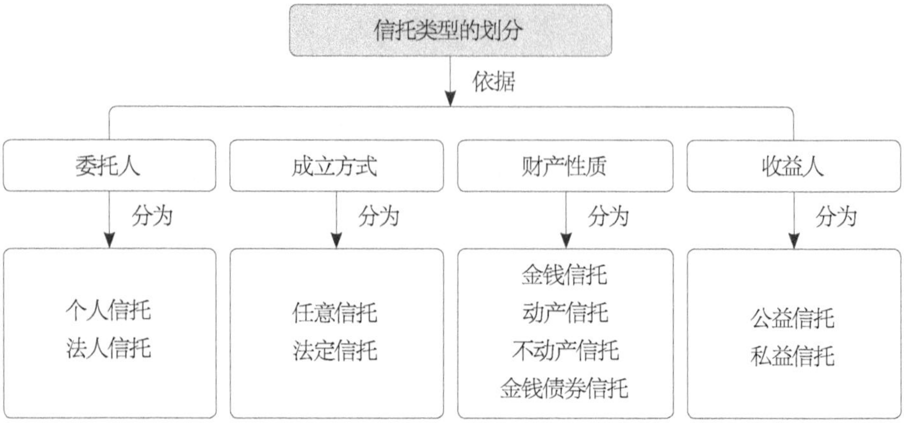

图 13-5 信托类型的划分

无论信托种类如何划分，每一种划分都只是从一个方面反映了信托业务的性质的，每种划分方法又都有相互交叉的地方。

13.3.2 信托产品的费用

信托公司作为以营利为目的的金融机构，在运作、管理信托理财产品时自然要收取相关费用。由于信托的投资金额比较大，所以 1% 的费用对于投资人来说就是几万元甚至十几万元的成本。不同信托类型的产品的收费标准也不相同，具体如下。

1. 固定收益类信托理财产品

固定收益类信托理财产品是指由信托公司发行的，收益率和期限固定的信托产品。融资方通过信托公司向投资者募集资金，并通过将资产抵押给信托公司，以及第三方担保等措施，保证到期归还本金及收益。

固定收益信托产品一般没有申购费和固定管理费，其主要的费用如图 13-6 所示。

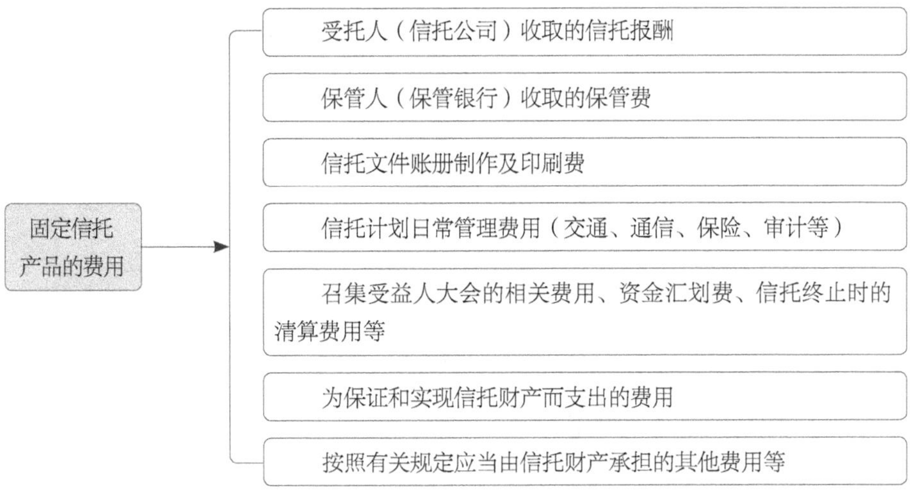

图 13-6 固定信托产品的费用

2. 证券投资类信托理财产品

证券投资类信托理财产品的费用虽然也是由信托财产承担的，但其与投资者高度相关，因为投资者的最后收益是信托财产扣除所有相关费用后的余额。

证券投资类信托理财产品的相关费用主要包括以下几方面。

（1）固定管理费（由信托公司收取，费率约为净值的 1% ~ 1.5%）。

（2）浮动管理费（由投资顾问收取，费率一般为盈利部分的 20% 左右）。

（3）保管费（由保管银行收取，费率一般为净值的 0.25% 左右）。

（4）认购费（一般是认购资金的 1% 左右）。

（5）赎回费（一般在封闭期内赎回要收取高额赎回费，超过封闭期以后免收）。

（6）信息披露费、信托事务聘用的会计师和律师等中间费用。

（7）信托终止时的清算费用、证券及其他投资品种交易手续费、印花税及其他费用、信托财产管理运用及处分过程中发生的其他相关税赋和费用等。

3. 股权投资类信托理财产品

股权投资类（PE）信托理财产品也和证券类信托产品一样，投资者持有其的最终收益也是信托财产扣除所有相关费用后的余额。

股权投资类信托理财产品的相关费用如图 13-7 所示。

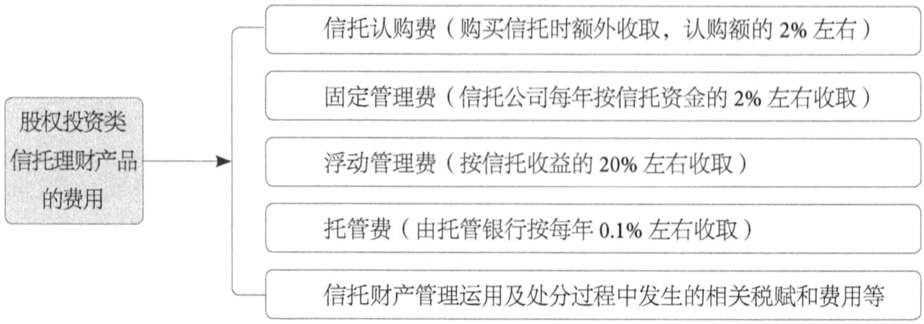

图 13-7 股权投资类信托产品的费用

13.3.3 信托投资的主要优势

信托产品在其设计时十分注意平衡财产的安全性与理财效率两者之间的关系，其在个人理财中具有其他金融理财工具无法比拟的优势。现将信托投资的主要优势归纳如下。

1. 独立的信托财产

《中华人民共和国信托法》规定，信托财产具有独立于委托人、受托人和受益人以外的独立的法律地位。信托合同一经签订，就把收益权分离给受益人，而把运用、处分、管理权分离给了受托人。合法设立的信托，其名下的财产不受委托人、受托人和受益人的死亡、破产、法律诉讼的影响，这三方的债权人均不能主张以信托财产来偿还债务。

2. 投资的收益较高

信托理财是由专家来打理资金的，而且风险低、收益高，投资者更省时、省心。通常情况下，信托产品的年收益率能达到 10% 左右。信托通过凭借专业知识和经验技能进行组合投资，从而避免了个人投资的盲目性，以达到降低投资风险、提高投资收益的目的。

3. 信托安全性较高

随着各方面制度的完善，如今信托正逐步成长为继银行、保险、证券之后金融服务业的“第四大行业”。正规信托公司发行的信托产品的安全性是比较高的，其风险仅次于国债的风险，因此，其属于常见的稳健型理财产品。

4. 经营的范围广泛

信托投资公司作为国内真正从事受托理财业务的金融机构，已经成功实现了信托业、银行业和证券业严格的分业经营与分业管理。信托公司运用信托财产的方式多样，既可以从事证券投资，又可以进行实业投资，还可以进行贷款、租赁、同业拆借、项目融资等操作，而且可以实行组合投资、化解金融风险。

5. 产品流动性创新

流动性是衡量信托产品创新水平的重要指标，信托产品只有通过流动，才具有变现能力，才能规避风险。信托公司可以根据客户的喜好和特性，量身定做非标准产品，通过专家理财最大限度地满足委托人的要求，这种投资方式和产品的灵活性是券商和基金公司所缺乏的，也是它们目前所无法提供的。

13.3.4 信托投资的风险分析

信托类理财产品虽然“收益固定”，但也有风险。信托投资的主要风险如图 13-8 所示。

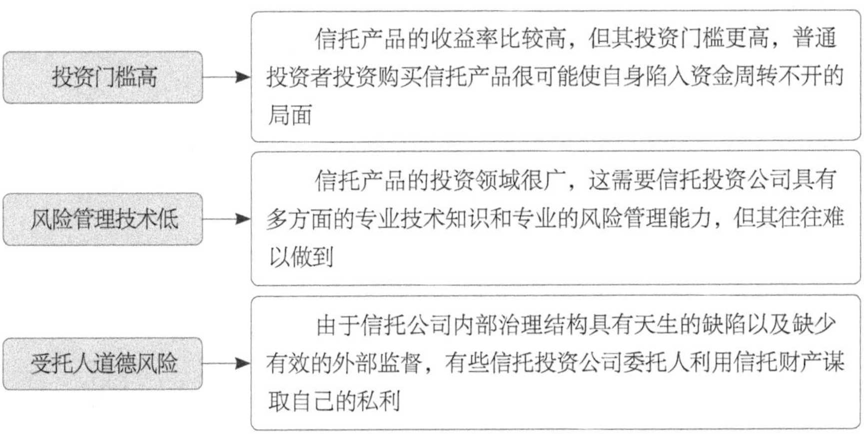

图 13–8 信托投资的风险

13.4 把握选择技巧，选对方向才能稳赚

面对信托这种投资理财方式和众多的信托品种，广大投资者应该如何应对，并根据自己的情况选择合适的投资品种和投资方向呢？下面就为大家介绍几个信托投资的技巧。

13.4.1 选好信托公司

选择一个实力强、信誉好的信托公司是成功投资信托理财产品的前提。信托公司的业务能力和投资风格是最重要的，投资者应该审慎选择信托公司。投资者可以从信托公司的注册资金、净资本金、管理的信托规模、信托公司经营风格等方面分析信托公司是否可以到期兜底或者刚性兑付；也可以参考信托公司的排行榜，从中选择排名靠前的公司产品。

13.4.2 掌握投资方向

信托产品的资金投资方向或领域会直接影响到受益人的收益水平。对资金信托产品的选择，应选择现金流量、管理成本相对稳定的项目资产，诸如商业楼宇、重大建设工程、连锁酒店、宾馆、游乐场或旅游项目以及具有一定规模的住宅小区等一些不易贬值的项目资产进行投资或借贷，而不应选择投资股市或证券的信托产品。

13.4.3 设好信托期限

资金信托产品期限至少在 1 年以上。投资者在设置信托产品期限时，必须做到 3 点，如图 13-9 所示。

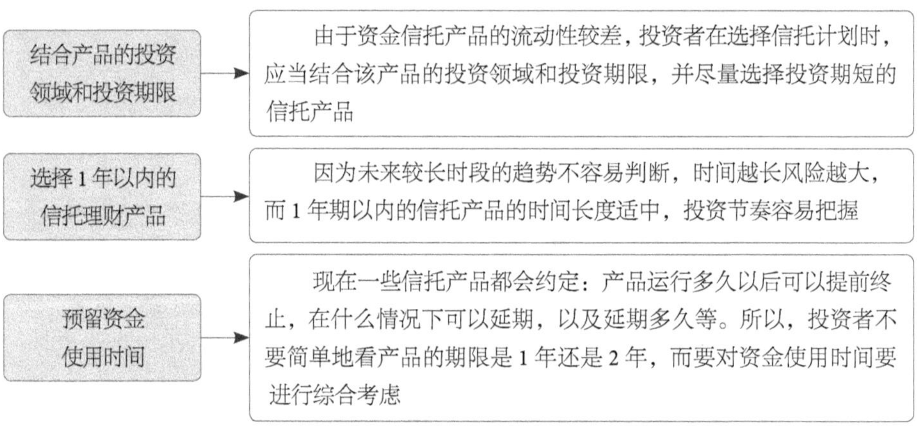

图 13-9 设置信托期限

13.4.4 认识自身偏好

投资者在面对琳琅满目的资金信托产品时，要保持清醒的头脑，根据自己的风险承受能力，综合分析产品的特点，有选择地进行投资。

第14章

原油投资，“液体黄金”让你赚爆

学前提示 >>>

原油是当今世界上最为重要的工业和能源资源之一，被称为“液体黄金”。有许多投资者选择对现在正炒得火热的原油进行投资，但是原油投资也是有盈有亏的，投资者要想从中获利，就必须掌握一定的方法。

要点展示 >>>

了解基础知识，做好原油投资的必要准备
把握时机，掌握原油投资的赚钱关键
学会技巧分析，让原油投资赚钱更顺利
注意风险管理，原油投资不可大意

14.1 了解基础知识，做好原油投资的必要准备

无论做什么，都要从基础开始，原油投资也是如此。投资者要想在原油市场中获利，就有必要对原油的相关常识有一定的了解。

14.1.1 什么是原油投资

原油即从油井中开采出来的未经加工的石油，也称为“黑金子”。它是一种工业上广泛被使用的棕黑色可燃液体，也正是因为其在工业上的突出作用，它也被称为“工业的血液”，甚至一些地方直接将原油与石油画上了等号。

原油在生产生活，尤其是在工业上的重要作用，使它具有了投资的价值，原油投资也因此应运而生。

石油是当前的主要能源之一，目前国际上可供投资者进行投资的石油产品主要有6种，具体如图14-1所示。

图 14-1 可供投资的石油产品

而在各大交易所中，最主要的石油投资产品是成品油和原油。这也是投资者为什么会特别关注原油投资交易的原因。

14.1.2 几大投资市场

原油投资主要以现货投资和期货投资的方式进行，投资者要对原油进行投资，就需要先对原油市场有一个清晰的认识。

下面从原油的现货市场和期货市场展开介绍，以期帮助投资者了解当前原油国际和国内市场的格局。

1. 现货市场

目前，全球原油现货市场呈现明显的地域性，其中，最主要的原油现货市场有 5 个，具体如图 14-2 所示。

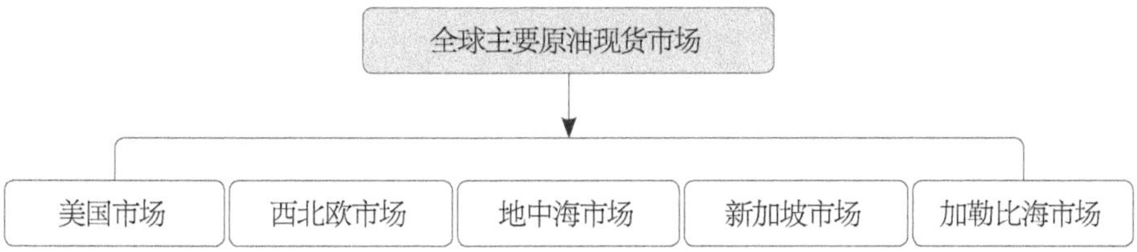

图 14-2 全球主要原油现货市场

2. 期货市场

与原油现货市场不同，原油期货市场是围绕几种主要的原油期货合约进行的。因此，投资者要了解原油期货市场，就需要先对重要的期货合约和相关的交易所有所了解。全球主要原油期货交易所有 4 个，具体如图 14-3 所示。

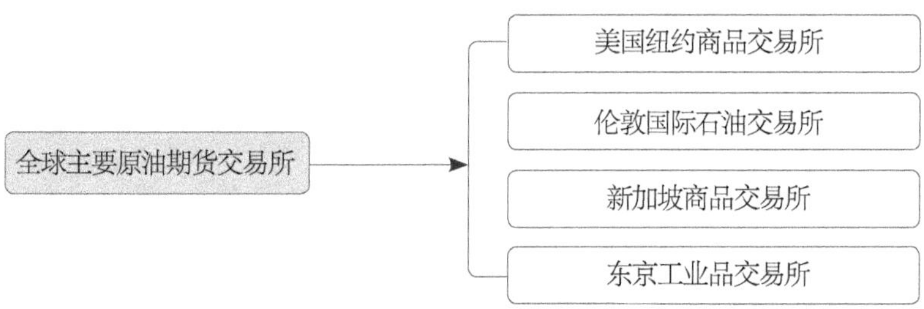

图 14-3 全球主要原油期货交易所

3. 国内市场

当国际原油市场被“炒”得火热之时，国内原油市场也开始“风生水起”。目前只有极少数国内交易平台可以参与海外原油交易。

综合各方数据，目前我国安全系数较高的正规原油交易平台主要有 6 个，具体如图 14-4 所示。

图 14-4 我国主要原油交易所

14.1.3 价格影响因素

原油作为当今世界上最重要的资源之一，影响其价格的因素是多方面的，其中主要的影响因素分别是供需关系、美元走势、会议决策、经济形势以及国际局势。

14.1.4 相关术语介绍

原油交易中有不少的术语，外行听起来可能一头雾水。为了让大家更好地理解现货交易的常用术语，现将其进行归纳，如表 14-1 所示。

表 14-1 现货交易的常用术语

术语	术语解释
开市	即交易系统允许下单的时间
开市暂停	即交易系统暂停下单的时间，也就是交易商交易中间的休息时间
闭市	即交易系统交易结束当天下单的时间
休市	是指星期六、星期日、节假日等交易系统停止交易的时间
开盘价	即原油产品由集合竞价产生的成交价格。如果集合竞价没有成交，则取其后的第一笔成交价为开盘价
收盘价	即原油产品当天的最后一笔成交的价格
最高价	即原油产品一定时间内最高的成交价格
最低价	与最高价相反，就是原油产品一定时间内最低的成交价格
最新价	即原油产品的当前成交价格
成交价	即交易系统根据客户指令，按照“价格优先、时间优先”原则，促成成交后产生的价格
结算价	即原油产品交易当天成交价格按成交量的加权平均价。如果当天没有成交价格的，则将上一交易口的结算价当作当大的结算价
前结价	即上一交易日的结算价
涨跌	即原油产品的最新价与上一交易日结算价之间的差额
最高买价	即原油产品买方申请买入的当前最高价格

续表

术语	术语解释
最低卖价	与最高买价对应，就是原油产品买方申请卖出的当前最低价格
成交量	即原油产品当日全部电子交易合同的成交双边数量
订货量	即原油产品已经签订电子交易合同，却没有完成交收的数量
爆仓	账户权益为负数，即亏损已大于投资者账户内的保证金
摘牌	即对原油商品合约进行买入或卖出的交易行为
持牌	即对原油商品合约进行持有的行为
点差	“点”是价格的最小变动单位，在原油市场中点差一般为 1 元

14.2 把握时机，掌握原油投资的赚钱关键

与股票等投资方式不同，原油现货和期货都是双向交易的。这也就让投资者做单的方向和时间的选择都显得格外重要。

因为一旦方向或者时间把握得不好，投资者就很可能输在了起点上。本节就为大家介绍原油投资时机把握的技巧。

14.2.1 出入选择

在做单之前，投资者需要对入场点和出场点有一些了解。

简单来说，入场点就是投资者的进场下单点。通俗地说，就是决定在什么时候做单。与之对应的出场点，就是决定什么时候撤离市场。

在入场点和出场点的选择上，投资者有两个需要把握的关键，即压力位和支撑位。压力位是指在现货价格价上涨时可能受到某些压力，因而反转向下的价位；而支撑位则是指在现货价格下跌的过程中因为受到某些支撑，从而由跌向稳的价位。正因为压力位和支撑位的特性，入场点和出场点的选择变得有章可循。

投资者把握入场点和出场点的意义在于：通过一定的预判，可以减少一些不必要的损失，在一定程度上保障资金的安全。

14.2.2 止损设置

止损点是指原油交易仓位允许承受的最大损失界限，一旦达到或突破这个界限，投资者就应该通过平仓或减仓防止亏损的进一步扩大。

通常来说，止损有3种方式，具体如图14-5所示。

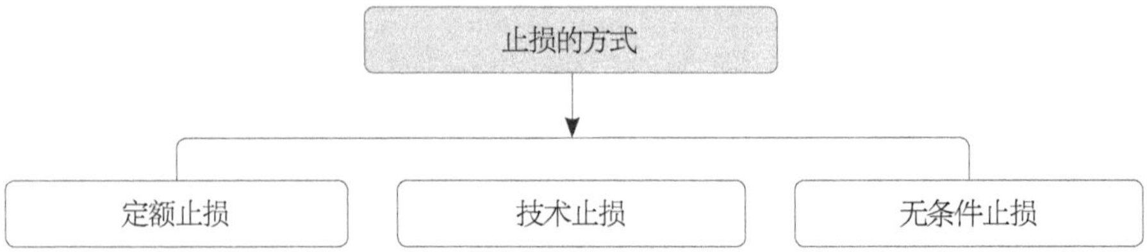

图14-5 止损的方式

接下来就对定额止损、技术止损和无条件止损这3种止损方式进行一一说明。

1. 认识定额止损

定额止损就是投资者根据可承受的亏损额度，设置一个相对具体的数额，一旦亏损超出该数额就立即平仓止损。

这种方式的最大优点就在于将风险控制在相对可接受的范围内。也正因为这个优点，定额止损主要适用于两大群体：其一是刚入市，对行情不太熟悉的投资者；其二是因为投资风险大的投资方式或投资金额比较大，容易造成较大损失的投资者。

2. 了解技术止损

技术止损，顾名思义，就是通过技术分析来设置止损点。这种方式要求投资者对技术分析能力和自制力有所把握，因此，其一般适用于对投资有丰富经验的老手。

3. 浅谈无条件止损

无条件止损是一种见势头不妙，不计较成本地立即进行平仓的止损方式。很多投资者之所以走到这一步，往往是对自己过于自信，而没有预先设置止损点。当然在市场发生根本转变的时候，未免产生更大的损失，因此，无条件止损，是很有必要的。到底应不应该进行无条件止损，这中间就有一个度的问题，还需要投资者根据实际情况进行把握。

巧用行情预警

行情往往是说变就变的，而人却不可能不眠不休，时刻紧盯着盘面以观察行情的变化。这时候就有必要用到行情预警功能，通过让行情软件（该软件为第 8 章所介绍的软件）发出声音提醒投资者适时进行操作了。

行情预警功能的用法很简单，只要在菜单栏中执行“工具 | 行情预警 | 预警设置”命令，就会弹出一个“预警设置”的对话框，如图 14-6 所示。1 在对话框中单击“添加”按钮，在里面选择相应的商品。商品选择完成之后，单击“确定”按钮，就会出现“修改预警条件”对话框，如图 14-7 所示。根据需要，2 设置好预警内容。3 单击“确定”按钮，即可完成预警设置。

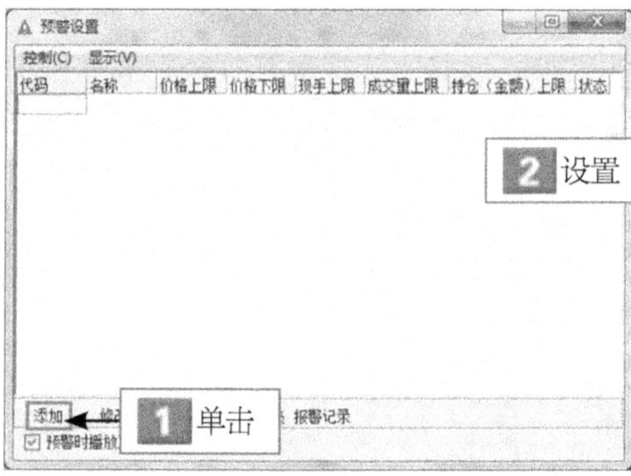

图 14-6 “预警设置”对话框

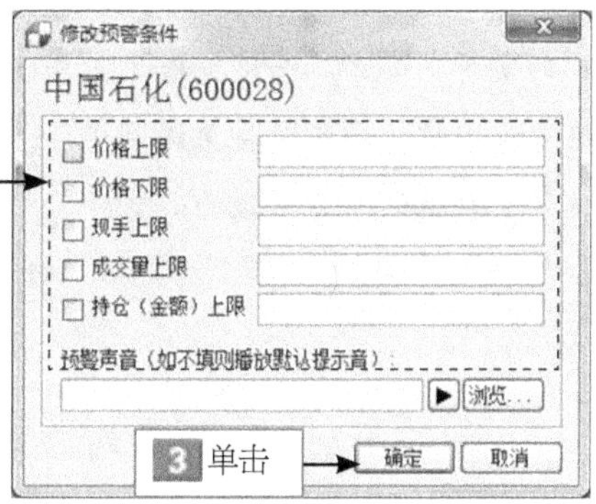

图 14-7 “修改预警条件”对话框

当然除了添加设置之外，预警也是可以对设置进行修改和删除的。如果已经知道怎么添加了，那么修改和删除就格外简单了。因为只需在之前提到的“预警设置”对话框中直接单击“修改”或“删除”按钮，就可以完成相关指令了。

14.2.3 时间框架

多重时间框架分析，顾名思义，就是利用不同的时间框架，如日线、分时走势、4 小时图等对同一现货的价格进行的趋势分析。影响原油价格走势的因素比较多，只参照单一的时间框架分析出的结果往往是不准确的，因此，投资者在分析原油价格走势时要进行多重时间框架分析。进行多重时间框架分析的意义就在于，通过全面的走势分析，可以得到更为准确的结果。

14.2.4 整数关口

这里的“整数”，和数学上所说的整数还是有一些区别的，它并非是个位数的“整”，而更多的可能是指原油价格点位中整十、整百、整千这种看上去更“整”的数，如 10、100、1 000 等。

神奇的整数

之所以说整数是神奇的，是因为投资者从心理上认为整数点不容易被跌破或者突破，所以当价格达到整数点附近时，大量投资者会进行减仓和平仓操作，进而在整数位形成了压力位和支撑位，使整数位发挥了受到压力和支撑的神奇作用。

这实际上是一种心理的错觉。原油的价格是市场决定的结果，不会以人的意志为转移的。但是因为抱有这种心理的投资者数量比较庞大，于是整数位就真的变得不那么容易被突破了。图 14-8 所示为美原油连续数日价格一度靠近 80 这个整数位，最高时甚至达到了 79.38 美元，但是却始终没能完成突破，这其实就是整数位的压力所致的。

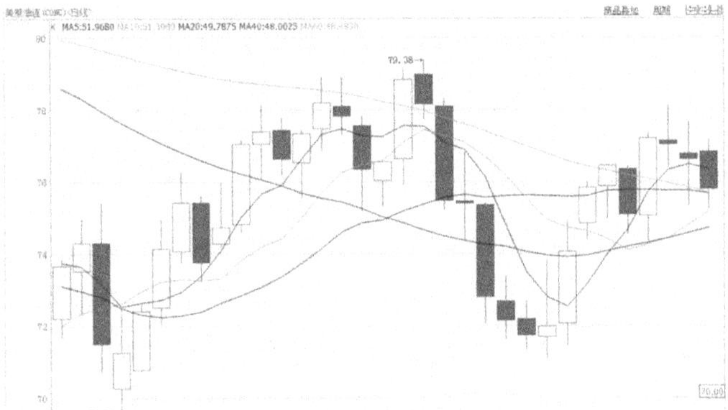

图 14-8 美原油连续的日 K 线图

虽然这只是一种心理定势，但是投资者在做单的时候如果运用得当，往往会取得不错的效果。例如，投资者以 80 点做多美原油，现在已经突破了 95 点。因为 100 点有可能会成为一个压力点，那么就在这时进行适当减仓或者直接平仓，这样就能使收益得到一定的保障。

失控的价格

就像上面说的一样，整数位虽然不易被突破，但也不代表就不会被突破，因为它终究是由市场决定的。图 14-9 所示为布伦特原油连续的日 K 线图。从这个图中我们可以看出，布伦特原油价格一路上涨，最终突破了 6 000 美元这个整数位。

整数位非但是能够被突破的，而且被突破之后如果能有效保持，就很可能会迎来新一轮的持续上升或下跌趋势。在图 14–9 中，布伦特原油的价格在突破 6 000 美元之后，依然保持着比较强劲的上涨趋势。

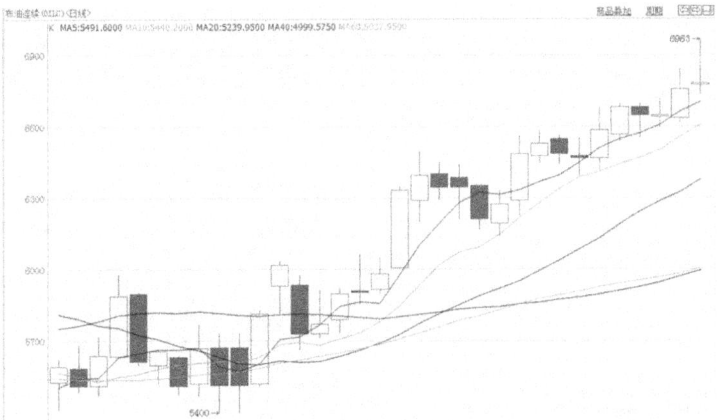

图 14–9 布伦特原油连续的日 K 线图

14.3 学会技巧分析，让原油投资赚钱更顺利

通过上面的内容，我们了解了原油投资的基础知识和时机的把握，本节就为大家介绍、分析几个投资原油的技巧。掌握相关的分析技巧，投资者能在原油市场上更加如鱼得水。

14.3.1 趋势分析

对于原油市场中的投资者来说，其对趋势的把握可谓称得上是“权死生之机”，其一旦对趋势判断错误，很可能从一开始就已经注定了败局，其重要性显而易见。

下面就为大家介绍两个趋势分析技巧。

圈养价格的通道

通道线，也称为“管道线”。它是在趋势线的基础上，在趋势线的相反方向绘制的一条和趋势线平行的直线。因为由这两条趋势线组成的趋势线组合将价格走势夹在中间，形状又与通道相似，故而得名。

通道线的作用主要表现在 3 个方面，如图 14-10 所示。

对价格波动幅度的限制作用	通道线一经确立，将在一定时间内限制价格在通道内运动，直到通道线被突破之前，这种限制作用都将一直持续
对趋势转向的警报作用	价格之所以会被限制在通道内，实际上是市场力量使然。如果价格在距离通道线还有很远的地方便发生了调头，就很可能是市场力量发生了转变，那么这就有可能成为一种趋势转变的警报信号了
价格被突破后的测算作用	这主要是指通道线被突破之后，价格往往还是会被限制在另一通道内的，而新通道的宽度很可能与原先通道的宽度相近或相等

图 14-10 通道线的作用

神奇的黄金分割线

黄金分割最早出现于数学领域中，13 世纪时一位名叫法布兰斯的数学家在他的书中提到了一组奇异的数字组合，即 1，2，3，5，8，13…（斐波那契数列）。

这一组数字从第 3 个数开始，任何一个数字都是它前面两个数的和值，即 1 + 2 = 3，2 + 3 = 5… 并且相邻的两个数，前一个数与后一个数的比值接近于 0.618，而后一个数与前一个数的比值又接近 1.618。

也正是因为这些原因，这组数字被称为神秘数字，数字间的神秘比例——0.618，就被称为“黄金分割率”，而以黄金分割率绘制的直线也就成了黄金分割线。

投资者在实际操作中运用黄金分割线时，还需要注意以下两点。

（1）黄金分割线只是将某一段行情在走势图上进行的呈现。所以根据投资者选择的不同，其会呈现不同的效果。

（2）黄金分割线中需要特别注意的两条线是 0.382 线和 0.618 线，这两条线具有特殊的意义。具体来说，如果价格处于回调中，那么 0.382 线表示的是弱势回调，0.618 线表示的是强势回调；如果价格处于反弹中，则 0.382 线表示弱势反弹位，0.618 线表示强势反弹位。

14.3.2 形态分析

形态分析，顾名思义，就是对原油走势的形态进行的分析。形态分析通常是在参照大趋势的情况之下，对中期趋势做出的分析。

下面就为大家介绍形态分析的技巧。

持续的三角形形态

三角形持续形态，表示原油价格在一段时间内小幅变化，其中的相对高点的连线、相对低点的连线，与价格走势的一部分，组成了一个三角形。三角形形态主要包括 3 种类型，分别是上升三角形、下降三角形和对称三角形，具体介绍如下。

1. 上升三角形

上升三角形表示原油价格上升至某价位附近时，因为受到压力，所以没有完成突破就回落了，但是回落的低点却在此过程中越来越高。如果将高点和低点分别连接起来，那么这两条线与价格走势的一部分就形成了一个三角形，并且其低点的连线呈现为一条上升的直线，故称为“上升三角形持续形态”，其形态如图 14-11 所示。

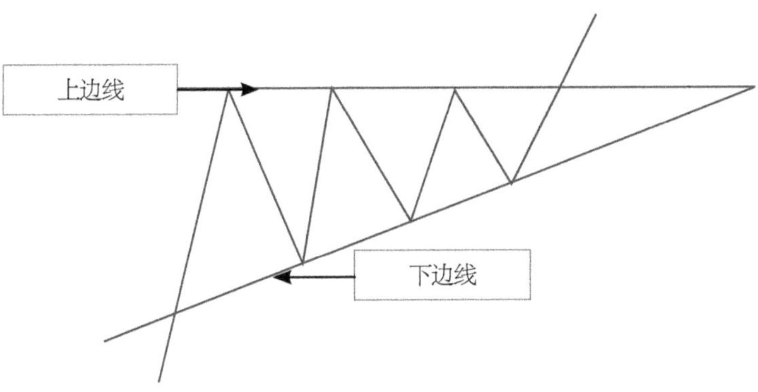

图 14-11 上升三角形持续形态

2. 下降三角形

下降三角形表示价格下降至某价位附近时，因为受到支撑，没有完成突破就回升了，但是回升的高点却在此过程中越来越低。如果将高点和低点分别连接起来，那么这两条线与价格走势的一部分就形成了一个三角形，并且其高点的连线呈现为一条下降的直线，故称为“下降三角形持续形态”，其形态如图

14-12 所示。

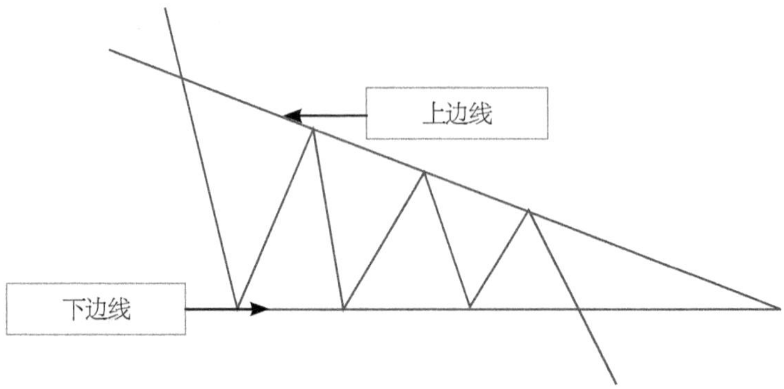

图 14-12 下降三角形持续形态

3. 对称三角形

对称三角形表示原油价格上升和下跌的幅度越来越小，也就是高点越来越低，而低点则越来越高。此时如果将高点和低点分别相连，就会发现这两条线与价格走势的一部分形成了一个对称三角形，其形态如图 14-13 所示。

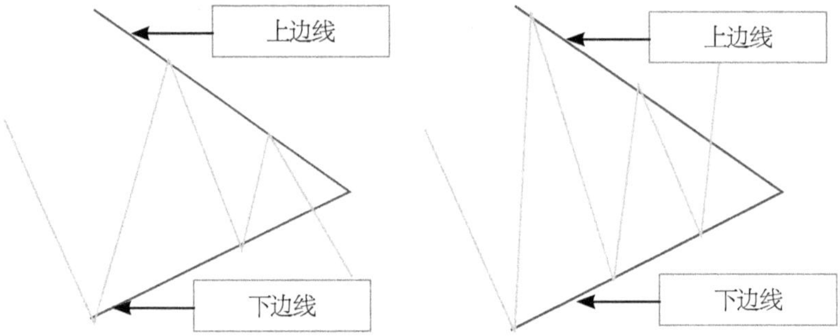

图 14-13 对称三角形持续形态

底部反转的 V 形底形态

V 形底也称为“尖底”，即价格快速下跌至某价位时，由于受某个因素的影响，突然出现快速的回落，因为它的形状像一个英语字母“V”，所以称为“V 形底”，其形态如图 14-14 所示。

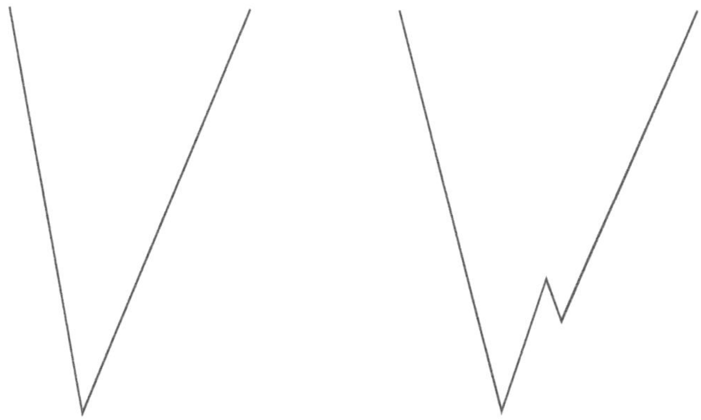

图 14-14 V 形底形态

“V 形底”在操作时，有以下几个技巧。

（1）“V 形底”和“倒 V 形顶”一样，转势的完成速度都很快，所以投资者一旦确定了转势，就要快速进行做单。

（2）当价格走势呈现 V 形底形态时，投资者对转势点的判断主要有两个依据，一是反转当天，日 K 线通常会呈现大阳线、十字星等形态；二是在转势点附近一般会出现较大的成交量。

14.3.3 指标分析

技术指标即根据相应的数理统计方法，通过一些数学公式的计算或者是数量模型的运用，而生成的指标值或者曲线。可以说技术指标只是一种将市场数据直观化了的工具，并非一种分析方法。

技术指标之所以不等同于技术分析的原因就在于技术指标是一种工具，而技术分析是一种分析方法。但是二者还是有一些联系的，用指标技术预测未来趋势的分析方法——指标分析法，就是技术分析中的一种类型。

下面就为大家介绍随机指标（KDJ）和布林指标（BOLL）两种指标分析技巧。

随机指标不随机的做单

随机指标也称为 KDJ 指标，是技术指标中较为新颖和实用的一种，也是最常用的技术指标之一。它最早应用于期货市场，后来被广泛运用于原油市场的中短期分析。图 14-15 中的框选区域就是布伦特原油的随机指标图。

图 14-15 布伦特原油连续的日 K 线及 KDJ 指标图

因为随机指标是对行情的直观反映，而行情变化是极为快速的，所以相应地，随机指标的变化也是比较迅捷的，这也是它能成为较好的分析中短期趋势的技术指标的原因。但是对于不同的人群，其应用的随机指标又有所不同。

具体来说，月 KDJ 值比较适用于用大资金做大波段的投资者，因为它呈现的是一个大趋势，所以投资者只需在该月 KDJ 值处于低位时看好时机，逐步进场吸纳，就可取得很好的投资效果。而周 KDJ 值一般会受到主力的青睐。主力通过对中线波段中的循环高低点进行分析之后做出判断，并决定交易方向。这也是为什么日 KDJ 值会经常出现钝化现象的重要原因。越短期的 KDJ 值往往看起来越清晰，所以日 KDJ 值或更短期的 KDJ 值往往更受短期投资者的欢迎。这种短期的 KDJ 值对原油行情的变化更为敏感，能更好地适应投资者即时交易的要求。对于需要即刻下单的投资者来说，其甚至可以参照 5 分钟 KDJ 值这种极短期的 KDJ 值。

布林指标以通道判波动

布林指标也称为“布林通道线”，是基于标准差原理而生成的由上、中、下 3 条轨道线组成的指标值，如图 14-16 所示。

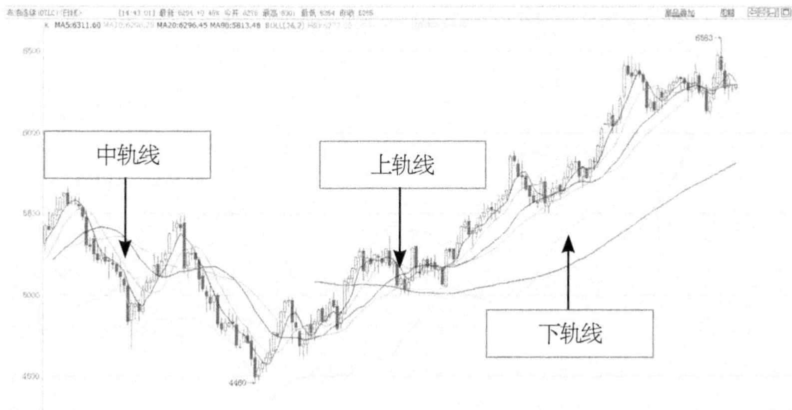

图 14-16 布油连续的日 K 线及布林指标图

在图 14-16 中可以看出，布是由上轨线 UP、中轨线 MD 和下轨线 D 这 3 条轨道线组成。这 3 条轨道是随着原油价格的变动自动进行调整的，因此价格通常在 3 条轨道形成的通道中间运动。也正是因为它是根据价格自动调整的，所以我们从通道的宽度也可以看出价格变化的幅度，具体来说就是通道越宽，价格变化就越剧烈。

使用要领不只随机指标有，布林指标同样也有。具体来说，布林指标的使用要领主要有以下几点，如图 14-17 所示。

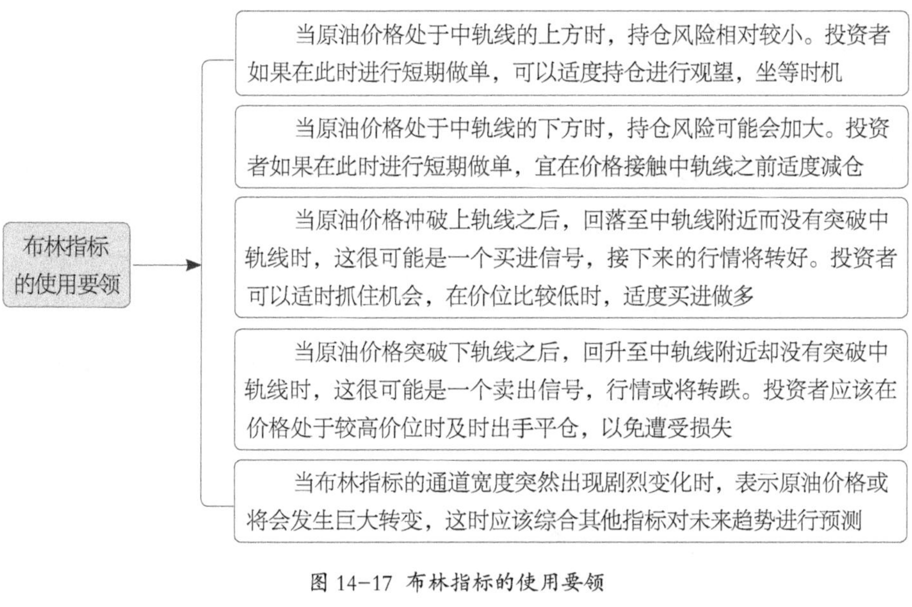

图 14-17 布林指标的使用要领

14.4 注意风险管理，原油投资不可大意

原油投资属于高风险投资，投资者投资原油时需重视风险管理工作。本节就通过两个具体的例子分析来帮助投资者更好地理解原油的交易风险。

14.4.1 侧翻的重仓

在原油市场中，重仓交易可以说是操作的大忌。然而部分投资者，特别是刚入市的投资新手，经常是因为重仓操作而给自己带来了巨大的经济损失。

例如，刘大爷听人说小王因为炒原油赚了大钱，不禁动了心，寻思着抓住机会也狠狠赚上一笔，于是他拿着自己几十年来的积蓄就进入了市场。但是因为对市场缺乏了解，再加上没什么操作经验，结果不到两个月他就输掉了大半。

市场永远都是机遇和风险并存的，而且风险通常要大于机遇。投资者要对市场的风险有一个正确的认识，在投资时应该要多一分谨慎，不应该抱着“一夜暴富”的心理在市场中进行重仓操作，而应该适度地进行投资，时时维稳，用安全来保障收益。

14.4.2 共享的密码

在原油市场中，有的投资者因为泄露了自己的交易密码，结果给了他人私自操作的机会，使自己的资金出现了一定的损失。

例如，赵先生和王某是朋友，两人又都在炒原油。因为工作的原因，赵先生需要去外地出差一段时间，王某便主动请缨，帮忙照看赵先生的账户。赵先生也不好拒绝，就把账户和密码告诉了王某。谁知在此期间，王某竟然私自做单，造成赵先生的资金大幅缩水。赵先生认为自己只是让王某帮忙照看一下，王某不该私自下单。而王某则认为既然赵先生将账号密码都告诉了他，那么就是授权他对赵先生的账户进行操作。两人因此而产生纠纷，最终不得不对簿公堂。

投资者必须要对交易密码有一个清晰的认识，密码就是打开资金大门的钥匙，我们应该时时握在自己手里，而不能轻易告诉别人，以免因此遭受损失。

第15章

大宗商品，以“货”生财新思路

学前提示 >>>

大宗商品交易分为现货和期货两种方式，其之所以能成为普通大众最适合进行的投资方式之一，主要就在于它对时间和资金的要求相对较低，并且投资者在操作顺利的情况下可以获得相当可观的收益。

本章就将为大家介绍大宗商品投资的相关知识。

要点展示 >>>

从零读懂大宗商品投资知识

学会分析技术，掌握大宗商品投资主动权

体会实战详解，大宗商品投资赚钱有道

注意风险防范，大宗商品投资需谨慎

15.1 从零读懂大宗商品投资知识

现货交易属于大宗商品中的一大类别，因此在学习之前，我们对现货交易、大宗商品的相关知识有一个大致的了解，是非常必要的。

15.1.1 什么是大宗商品投资

大宗商品就是指在流通过程中，拥有商业价值并大批量运用于工农业生产与消费的物质产品。对于大宗商品，我们只要抓住它数量大、可交易这两个主要特点，就很容易判断了。

具体来说，大宗商品可分为农副产品、能源材料、化工产品、金属原料 4 个大类，如图 15-1 所示。

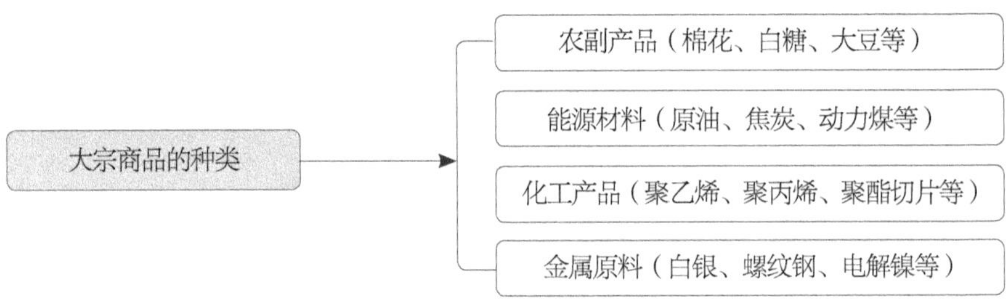

图 15-1 大宗商品的种类

15.1.2 大宗商品的投资渠道

大宗商品的投资主要有两种渠道，即内盘投资和外盘投资。

1. 内盘

内盘，顾名思义，就是中国内地的交易平台。内盘用人民币结算，资金交由第三方托管，受中国法律监管。内盘投资虽本金不受风险，但是它的手续费相较于外盘的手续费要高一些。目前，常见的交易平台有北京大宗商品交易所、新华大宗商品交易中心、东南大宗商品交易中心等。

相较于外盘，内盘的优势就在于，其毕竟是我国国内的平台，更容易把握一些，当交易出现问题需要维权时，也相对要简单一些。

2. 外盘

外盘就是国外的交易平台，更确切地说，就是非内地交易平台。外盘以美元计算，由国外法律监管，其虽然存在更高的利润和更大的机会，但是风险也随之加大。

这里需要强调的是，参与境外代理商的交易是不受我国法律保护的，一旦出现问题，维权可能会有一定的难度，这一点投资者务必要多加注意。

15.1.3 大宗商品价格影响因素

影响大宗商品价格的因素多种多样，具体如图 15-2 所示。

图 15-2 大宗商品价格的影响因素

下面就以美元走势的变化为例，为大家分析其是如何影响大宗商品价格的。

“背驰”的美元汇率

美元与现货价格的直接挂钩，使得现货价格不可避免地随着美元价格的变化而变化。从理论上来说，美元的趋势与现货的价格是负相关的。因为美元的上涨，相同金额的美元可以买到更多的现货，现货价格相应地也就下跌了；而美元的下跌，使购买同样数量的现货需要更多的金额，这样一来现货价格也就上涨了。

但是不能因此就说两者是完全的相反走势，因为美元的走势又是由其他的一些因素造成的，这些因素带来的不确定性，有时甚至会让美元走势和现货的价格呈同向变化。

15.1.4 大宗商品投资的盈亏计算

盈利 / 亏损额的计算没有想象中的那么难，只要将做单的价格与此时的价格进行简单计算，再结合所做单的相关比例就可迅速算出盈利 / 亏损的金额。在这里举个例子以帮助大家理解。

例如，小张做了 1 手原油的多，做单的时候价格是 48.0 美元，现在价格变成了 48.8 美元，那么小张的盈利就是 48.8−48.0=0.8 美元，而原油期货每变动 1 美元，对应的也就盈利 / 亏损 1 000 美元，所以小张的盈利总额就是 0.8×1 000 = 800 美元。

15.1.5 大宗商品现货与期货的差异

现货和期货都属于大宗商品的范畴，他们之间有一些共同点。具体说来，它们都是双向交易制，都有做空机制，无论涨跌都可以获利；采取及时交易制，当天可以多次交易；都要交付一定保证金，当保证金不足时，都会被强制平仓，即强制结算。

当然它们也存在不同之处，这表现在：现货可以无限持有，没有交割的限制；期货有相对固定的交割日，到时间必须交割，否则将被强行平仓或者以实物进行交割。

15.2 学会分析技术，掌握大宗商品投资主动权

现货市场的分析技术，简单来说，就是通过对现货的价格变化趋势进行的分析，预测现货价格的未来趋势，从而为投资者提供投资的参考意见，它包含两大技术，如图 15-3 所示。

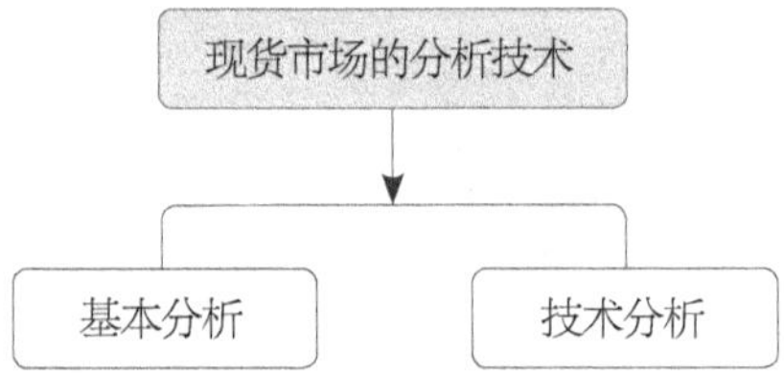

图 15-3 现货市场的分析技术

15.2.1 基本分析

基本分析也称为“基本面分析”，即通过现货的市场供需和影响市场需求因素的分析，对现货价格的变化趋势进行解释和预测的方法。

现货的价格是由市场买卖的对比力量决定的，而市场的这种对比力量又来自于供需状况和影响供需的因素。所以，投资者有必要通过对市场需求和影响市场需求的因素的分析，对现货价格的基本趋势有一个清晰的认识。

反相关的供给

现货的价格最终必然是由市场买卖的力量对比决定的，基本分析的主要分析对象就是供需关系。而在供需关系中，供给又是很重要的一环，所以先对供给进行分析是很有必要的。

可以说现货的供给变化与价格的变动是相互影响并相互制约的。现货的价格与供给是反相关的，随着供给的增加，价格最终必然因为供过于求而下跌；相反，伴随着供给的减少，价格最后必然因为“物以稀为贵”而上涨。现货价格和需求呈现正相关关系，需求的增加，使现货最终可能因为供不应求，而造成价格的上涨；反之，需求减少，现货最后可能会因为供过于求而变得不值钱，从而造成价格的下跌。

15.2.2 技术分析

技术分析即根据市场行为，判断市场的趋势并通过趋势的周期性变化而制定交易决策的方法。现货市场通常用 K 线图和技术指标分析过去和现在的市场行为，从而预测现货价格的未来变化趋势。

现货市场的分析技术主要包括 K 线、K 线形态和技术指标。需要注意的是，因为投资者关注点的不同，其可能在同一 K 线图看到不同的结果，到底哪一种是最有可能的情况，也只能由投资者具体把握。

基于假设的分析

技术分析的理论基础来自于3种合理的基本假设，具体如图 15-4 所示。因此，投资者如果只相信确切的结果，对这 3 个基本假设抱有怀疑的态度，那么技术分析或许就变得没有参考价值了。

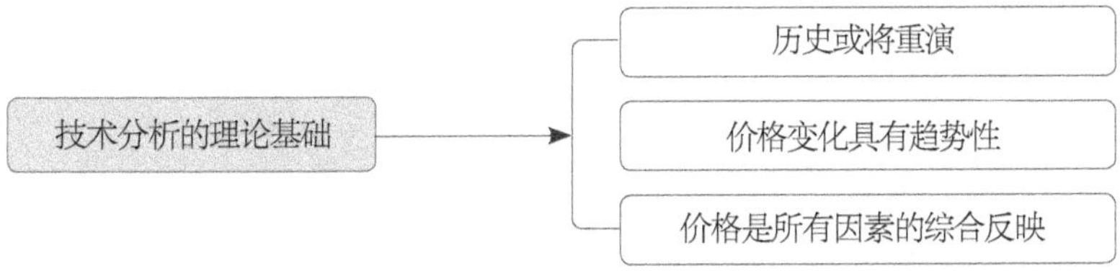

图 15-4 技术分析的理论基础

3 步快速入门

技术分析只需做好 3 步，投资者即可快速入门，具体步骤如图 15-5 所示。

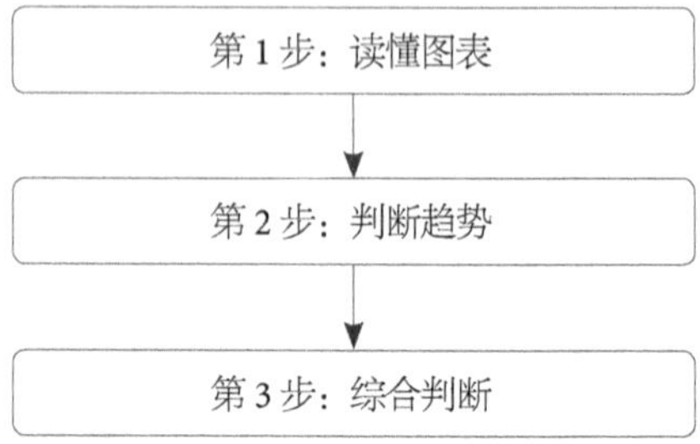

图 15-5 技术分析入门 3 步

1. 读懂图表

读懂图表是进行技术分析基础中的基础，投资者只有读懂图表中的信息才能达到信息获取的效果，并对投资对象的相关数据有一个大致的把握。例如在蜡烛 K 线图中，投资者应当了解每一根柱子代表的意思等。

2. 判断趋势

在了解了图表的基本信息之后，投资者还必须通过图表看懂历史趋势，乃至直接判断未来趋势，这是技术分析的第 2 步，也是关键的一步。当然，可能有些图上只有一些单纯的点，投资者难以对趋势进行判断，这时候就需要投资者动手连接图中的点，画出趋势线，甚至必要时还要画出一些线，如压力位、支撑位等作为参考。总之，最低要求是投资者能够根据一幅图判断出该图的趋势。

3. 综合判断

虽然通过上面两步投资者已经能够对趋势有所判断了，但是要使判断结果更为准确，投资者就应当利用图表之外的信息进行综合分析，例如通过结合技术指标进行分析等方式，全面地对趋势进行分析，以做出最后的判断。

15.3 体会实战详解，大宗商品投资赚钱有道

了解了大宗商品投资的基础知识和分析技术，接下来就再为大家介绍不同种类大宗商品的实战技巧，带大家在实战中体会大宗商品的投资技巧。

15.3.1 农产品实战技巧

农产品现货是大宗商品投资中人们十分看好的一种，因为农产品直接关系到国计民生，所以其价格运行通常要比其他种类现货价格运行平稳。下面以棉花为例，为大家介绍农产品现货投资的实战技巧。

【案例分析】棉花投资实战技巧

投资者在进行棉花现货投资时，除了要关注棉花现货的相关信息之外，还需要及时关注美元走势和棉花期货的走势。

关注美元的原因是现货是用美元计价的，美元会直接影响现货价格。而关注棉花期货的走势，则主要是因为期货往往作为现货的未来预期而存在，它可以给投资者指明短期的投资方向。

交易软件中通常会将棉花现货细分为几个品种，如在博易大师版中就有“棉花新疆”和“棉花华东”两个品种。图 15−6 所示为“棉花华东”的日 K 线图。

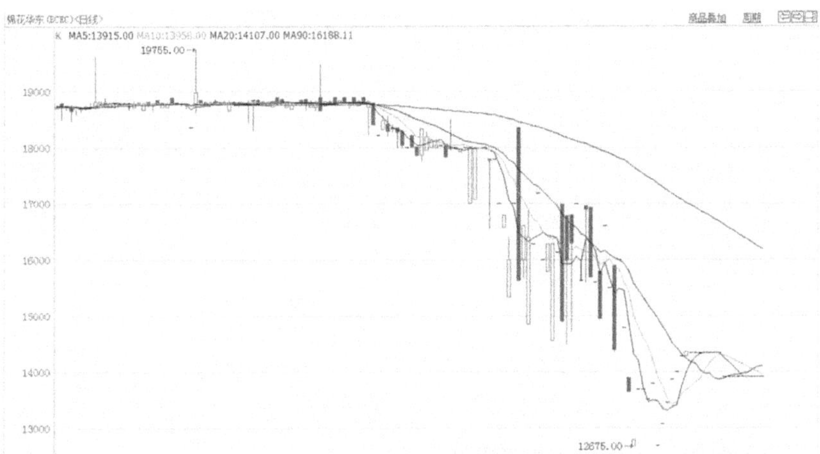

图 15−6 棉花华东的日 K 线图

从图 15−6 中可以看出，棉花华东的前期价格持续在同一价位附近小幅波动，在该时段，趋势不是很明显，投资者可选择进行观望；但是到了后期，K 线图中出现了一条“吊颈线”，价格随之出现回落。此时，做多的投资者需要警惕，价格可能进一步回落，此时应及时抛盘出场；而做空的投资者则应该把握住这个机会，于此时入场做空，坐等价格的下跌。

15. 3. 2 能源类实战技巧

与农产品现货品种相比，能源现货的价格波动空间通常要大得多，因此，投资者投资能源现货能够获得的收益更多，但其相对的风险也更高。要降低投资能源类现货的风险，投资者在投资时就要更有技巧。下面以焦炭为例，为大家介绍能源类现货的投资实战技巧。

【案例分析】焦炭投资实战技巧

图 15-7 所示为焦炭的日 K 线图，从该图中可以看出，焦炭的价格总体呈现上涨的趋势，特别是在 A、B 两处，K 线呈现出明显的稳步上升形态，此时，投资者宜及时买进做多，并可在趋势未发生改变之前长期持有。

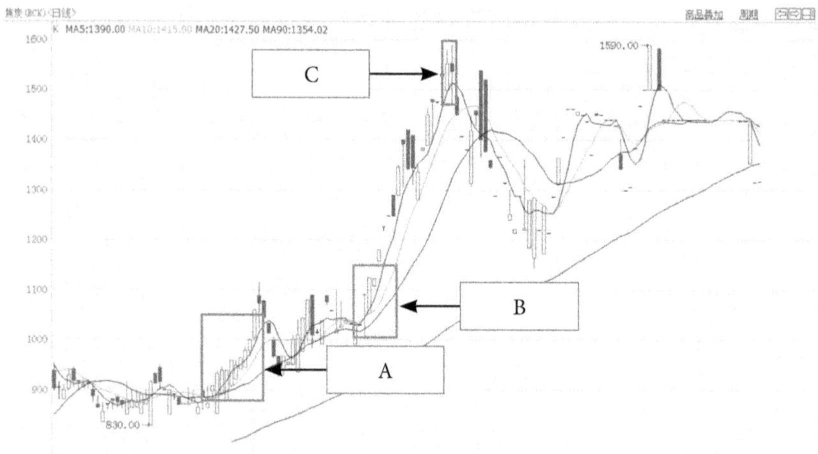

图 15-7 焦炭的日 K 线图

但是当价格到达 C 处时，出现了一个涨势中的尽头线，这就说明价格很可能将由涨转跌。所以，做多的投资者此时应及时抛盘出局；而做空的投资者可以选择在此时入场，或者在此时进行适度加仓。

15.3.3 化工类实战技巧

社会生产生活的正常进行，少不了生产原料的支撑，其中化工原料就是主要的生产原料提供者之一，这也是化工原料可以在现货市场中占有一席之地的原因。下面以聚乙烯茂为例，为大家介绍化工类现货的投资实战技巧。

【案例分析】聚乙烯茂投资实战技巧

图 15-8 所示为聚乙烯茂的日 K 线图。从该图中可以看出，聚乙烯茂的价格在这段时间内呈现出明显的阶段性特点，即前期的高位持续状态和后期的中低位大幅震荡，所以投资者在不同的阶段宜采取不同的投资策略。

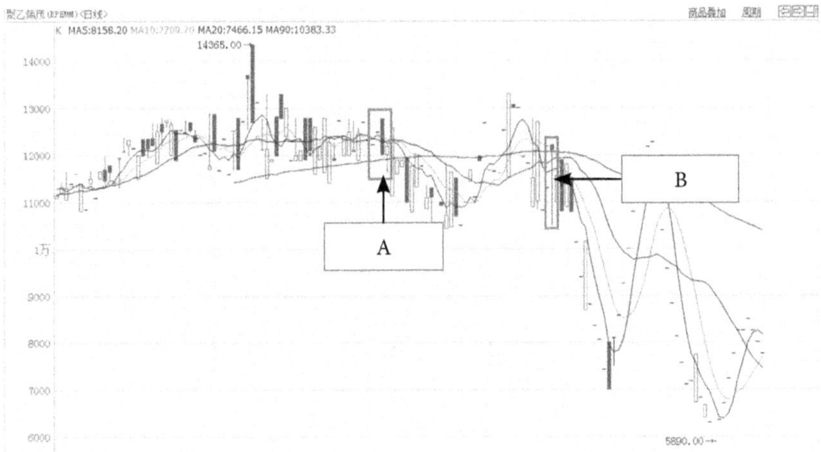

图 15-8 聚乙烯茂的日 K 线图

聚乙烯茂的前期价格在 11 000 元至 13 000 元之间波动，此时投资者宜以保护意识为主，进行短期做单，具体来说，当价格跌至 11 000 元附近时，应采取空出多进的策略；而当价格涨至 13 000 元附近时，需进行多出空进的操作。

但是当聚乙烯茂的价格到达 A 处附近时，出现了“断头铡刀”形态，此时投资者应引起警觉，聚乙烯茂的价格很可能在短期内出现回落，从而打破之前的持续状态。

而随着持续状态被打破，聚乙烯茂价格的波动幅度明显增大，此时，对具体的 K 线和均线进行分析就显得尤为重要了。如聚乙烯茂价格在运行至 B 处附近时，K 线呈现为“吊颈线”形态，这就是价格大幅回落的信号，投资者需进行多出空进的操作。

15.3.4 金属类实战技巧

金属的作用涵盖生产生活的方方面面，大到各种建筑的骨架，小至一根绣花针，都有它的身影。而在现货市场中，金属类现货也是备受投资者青睐的。下面以白银为例，为大家介绍金属类现货的投资实战技巧。

【案例分析】白银投资实例

图 15-9 所示为白银的日 K 线图，从该图中可以看出，白银价格在这一段时间内，呈现前期持续、后期上涨的趋势。因此，投资者在做单时应根据具体阶段采取相应的投资策略。

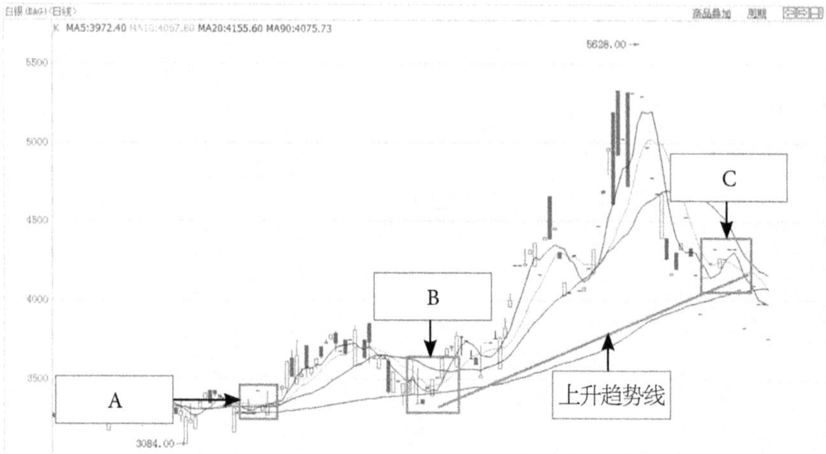

图 15-9 白银的日 K 线图

具体来说，当价格处于前期的持续状态时，投资者应采取保护意识，进行短期持单。当价格到达前一高点或前一低点价位时，需考虑是否入场或出场。

但是，当价格运行至 A 点附近时，均线呈现“银山谷”形态，与此同时，K 线多呈现为阳线，这就说明该处很可能成为一个价格上涨的信号，投资者可于此时进场适度进行做多，坐等价格的上涨。

当价格到达 B 处附近时，K 线呈现为“倒锤头线”形态，并且均线表现为“金山谷”形态，这就说明接下来的价格极有可能进一步上涨。所以，投资者此时应该敢于做多，并可在价格趋势不变的情况下，大胆持有，持筹待涨。

而当价格行至 C 处时，K 线多呈现为同价线，并且价格已经突破趋势线，这就说明价格很可能会出现一定的回落，投资者宜在此时采取多出空进的策略进行做单。

15.4 注意风险防范，大宗商品投资需谨慎

投资者都知道这样一句话：“入市有风险，投资需谨慎。”的确，无论是哪种投资方式，其都必然会存在一定的风险。本节就为大家介绍大宗商品投资风险防范的相关知识。

15.4.1 理性看待市场风险

在探讨如何防范和降低风险之前，投资者首先要对现货市场的风险有一个

理性的认识。随着现货价格的上下波动，置身其中的投资者的资金必然会有一定的风险，也就是说市场有赢也必然会有输。

因此，在进入市场之前，相较于赚钱的幻想，投资者更应该做好赔钱的准备。投资者需要明白，每个涌入市场的人，都是抱着赚钱的想法来的，但是少数人赚、多数人赔才是市场的必然结果。

在现货市场，单个投资者所有赚的钱都来自其他投资者的亏损，而单个投资者赔掉的钱也最终流向其他投资者的口袋。投机本身是不能创造价值的，它所起的作用，只是让所有投入的资金在各投资者的腰包间不停地流转。

投资者在市场中可能收获成功，但更可能的是面临失败。所以，投资者在入市之前就应该要对市场有一个理性的认识，认识到市场是机遇和风险并存的，同时又是风险很可能要多于机遇的。

15.4.2 增强自身抵御能力

投资者要想抵御来自市场的风险，就必须增强自身的抵御能力。这其中很重要的就是培养 4 种抵御市场风险的能力，具体如图 15-10 所示。

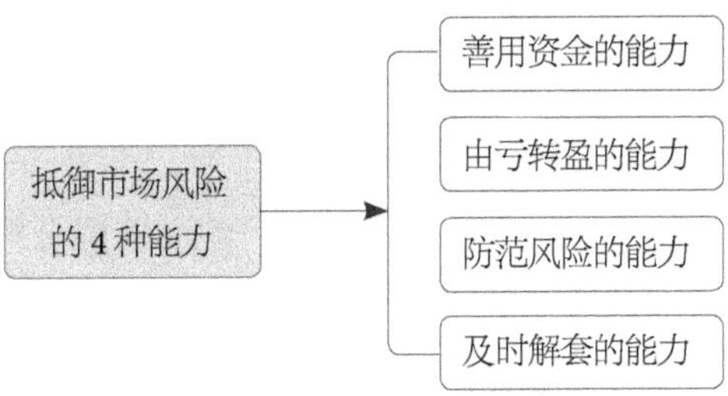

图 15-10 抵御市场风险的 4 种能力

下面就对这 4 种抵御市场风险的能力进行详细的解读。

1. 善用资金的能力

投资者要想在现货市场获得成功，很重要的一点就是对资金的合理运用。具体来说又分为以下两方面。

（1）权衡资金的投入量。市场是有风险的，谁也不能保证就一定会赚，所以投资者最好是投入部分资金，而不是投入全部资金。具体来说，一般的投资者应将投入资金控制在自己资产的 30% 以内，以免因此而造成难以承受的损失。

（2）投入资金的使用。投资者应该选择多种商品进行投资，而不应该把所有的鸡蛋都放在一个篮子里，以免一着不慎，导致满盘皆输；同时又不能一次投资太多种类的商品，以免精力过于分散而疏于对其中的某些投资的管理，进而造成不必要的损失。这就要求投资者要对投资的数量有一个把握。

2. 由亏转盈的能力

有的时候，投资者可能处于相对被动的局面，这时候如何由亏转盈，化被动为主动就特别重要了。例如，在资金被套牢而相反趋势还在持续的时候，就可以运用“T + 0”（指当天买入的期货在当天就可以卖出）的交易制度，适量减仓，然后反向做单，以此达到由亏转盈的目的。

这就要求投资者在面对亏损时不能慌乱，而应该冷静下来，仔细思考如何转变局面，由亏转盈。

3. 防范风险的能力

投资者与其在遭受风险时焦头烂额地思考如何降低损失，不如在投资之前，尽可能地收集和分析相关现货的信息，降低可能的风险；掌握一些防范风险的具体操作，使自己在真正面临风险的时候不至于手足无措。未雨绸缪，提早预防，总是不会错的。

4. 及时解套的能力

在市场中，投资者很可能面临资金被套的局面。这时候如何进行解套就显得至关重要了。具体来说解套又有两大策略，其一是通过“T + 0”的交易制度和做空等方式实现解套的主动性解套策略；其二是通过摊平、坐等等方式等待解套的被动性解套策略。

投资者合理运用解套策略，不仅能达到解套的目的，操作得当甚至还可能取得扭亏为盈的效果。